非公有制经济
健康发展的法治保障
——专家学者评析加多宝案

李雅云　王红◎主编

FEIGONGYOUZHIJINGJI
JIANKANGFAZHANDEFAZHIBAOZHANG
ZHUANJIAXUEZHEPINGXIJIADUOBAOAN

中共中央党校出版社

图书在版编目（CIP）数据

非公有制经济健康发展的法治保障——专家学者评析加多宝案 / 李雅云，王红主编 . —北京：中共中央党校出版社，2016.5

ISBN 978-7-5035-5851-1

Ⅰ . ①非… Ⅱ . ①李… ②王… Ⅲ . ①非公有制经济 – 经济发展 – 研究 – 中国 Ⅳ . ① F121.2

中国版本图书馆 CIP 数据核字（2016）第 083360 号

非公有制经济健康发展的法治保障—— 专家学者评析加多宝案

策划统筹	井 琪	
责任编辑	李 云	
版式设计	尉红民	
责任印制	王洪霞	
责任校对	宜 边	
地 址	北京市海淀区大有庄 100 号	
邮 编	100091	
电 话	（010）62805830（总编室）	（010）62805821（发行部）
	（010）62805034（网络销售）	（010）62805822（读者服务部）
传 真	（010）62881868	
经 销	全国新华书店	
印 刷	三河市恒彩印务有限公司	
开 本	700 毫米 × 1000 毫米 1/16	
字 数	287 千字	
印 张	23	
版 次	2016 年 6 月第 1 版 2016 年 6 月第 1 次印刷	
定 价	48.00 元	

网 址： www.dxcbs.net		**邮 箱：** cbs@ccps.gov.cn	
微 信 ID： 中共中央党校出版社		**新浪微博：** @ 党校出版社	

编写人员名单

主　编：**李雅云**　中央党校政法教研部经济法教研室主任　教授

　　　　王　红　中央党校政法教研部　教授

撰稿人：**潘云良**　中央党校经济学教研部副主任　教授

　　　　周天勇　中央党校国际战略研究所副所长　教授

　　　　秦　臻　全国工商联信息化工作领导小组办公室主任

　　　　　　　　全国工商联信息中心主任

　　　　刘春田等　中国人民大学知识产权学院院长　教授

　　　　张　平　北京大学法学院知识产权学院常务副院长　教授

　　　　　　　　北京大学网络法律中心主任

　　　　陶鑫良　上海大学知识产权学院院长　教授

　　　　李　扬　中山大学法学院、知识产权学院　教授

　　　　　　　　中国知识产权法学研究会副秘书长　常务理事

　　　　杜　颖　中央财经大学法学院知识产权法教研室主任　教授

　　　　徐初萌等　北京市君合律师事务所　律师

　　　　李雅云　中央党校政法教研部经济法教研室主任　教授

　　　　王　红　中央党校政法教研部　教授

　　　　傅思明　中央党校政法教研部　教授

　　　　王　伟　中央党校政法教研部经济法教研室副主任　副教授

　　　　王若磊　中央党校政法教研部　副教授、博士

　　　　金成波　中央党校政法教研部　讲师、博士

　　　　陈森国　中央党校研究生院硕士研究生　律师

学习习近平关于鼓励非公有制经济健康发展的重要论述（代序）

李雅云①　王　红②

当前，非公有制经济遇到了发展的"瓶颈"。就国际经济而言，由于国际金融危机的不良影响还在，世界经济还处于深度调整之中，全球可持续发展站在新的重要关口。世界人口快速增长、贫困问题远未解决、气候变暖凸显、区域环境污染严重、战略性资源和能源供需矛盾加剧等，导致世界经济复苏、发展面临新的困境。实现可持续发展面临的挑战依然严峻。

就国内而言，受制于市场的疲软和市场经营成本的不断攀升，许多企业利润下降，预期的盈利也比较低，民间投资增幅持续回落。许多民营企业发展看不清路标，转型找不到方向，面临着市场的疲软、融资的困难、转型的风险。我国社会发展、转型中不平衡、不协调的矛盾也日益凸显。

受国内外复杂形势的影响，我国经济下行压力持续加大，许多民营企业感到日子不好过。

在落实发展非公有制经济的政策中，许多地方存在"中梗阻""最先一公里"和"最后一公里"不到位的现象。例如，涉及垄断的特许经营领域的开放步伐缓慢；企业家财产权、知识产权等保护力度不足；中小微型企业融资难、融资贵、用工难等问题依然没有得到有效解决。

---

① 李雅云：中央党校政法教研部教授，经济法教研室主任。

② 王　红：中央党校政法教研部教授。

要在治理"中梗阻"上面下功夫。国家政策、法规以及主要改革的指令，到了一些机关干部嘴里就被"念歪了经"，到了一些机关干部手里就走了板、变了形，存在"拖、堵、压、拒、横、推"等官僚习气，甚至仍然有官员利用权力"吃、拿、卡、要"。一些官员在行使权力过程中，层关设卡、以权谋私，给民营企业制造麻烦、设置障碍，导致政令不通、执行不力、效能低下，最终导致中央政策和改革措施的落实出现"中梗阻"现象。

"最先一公里"不到位，是指地方政府不启动、不对接中央政策、中央改革的"最先一公里"。"最后一公里"不到位，是指基层政府不打通落实中央政策和不落实改革的"最后一公里"。快速启动促进非公有制经济健康发展的"最先一公里"，跑好促进非公有制经济健康发展的"最后一公里"，既注重对接中央政策和中央改革的"最先一公里"，又着眼打通基层落实改革的"最后一公里"，非公有制经济才能够真正健康发展起来。

在非公有制经济面临着上述困境的形势下，习近平总书记专门就促进非公有制经济健康发展发表了一系列重要讲话，对非公有制经济的困境进行破局。

习近平总书记就促进非公有制经济健康发展提出的新观点新论断，是中国特色社会主义理论体系和中国特色社会主义政治经济学的创新成果。习近平总书记站在党和国家事业全局的战略高度，从四个方面强调了促进非公有制经济健康发展的总体思路。

一、坚持"两个毫不动摇""三个没有变"

2016年3月4日，习近平总书记看望了参加全国政协十二届四次会议的民建、工商联委员，并参加了联组会，听取委员们的意见和建议。他在联组会上发表了鼓励非公有制经济健康发展的重要讲话。

讲话的主要内容如下：

"实行公有制为主体、多种所有制经济共同发展的基本经济制度，是中国共产党确立的一项大政方针，必须毫不动摇巩固和发展公有制经济，毫不动摇鼓励、支持和引导非公有制经济发展。

"非公有制经济在我国经济社会发展中的地位和作用没有变，我们鼓励、支持、引导非公有制经济发展的方针政策没有变，我们致力于为非公有制经济发展营造良好环境和提供更多机会的方针政策没有变。

"我们强调把公有制经济巩固好、发展好，同鼓励、支持、引导非公有制经济发展不是对立的，而是有机统一的。公有制经济、非公有制经济应该相辅相成、相得益彰，而不是相互排斥、相互抵消。

"我们党在坚持基本经济制度上的观点是明确的、一贯的，而且是不断深化的，从来没有动摇。公有制经济和非公有制经济都是社会主义市场经济的重要组成部分，都是我国经济社会发展的重要基础；国家保护各种所有制经济产权和合法利益，坚持权利平等、机会平等、规则平等，激发非公有制经济活力和创造力。要健全以公平为核心原则的产权保护制度，加强对各种所有制经济组织和自然人财产权的保护。"

2013 年 11 月 12 日，习近平在《关于〈中共中央关于全面深化改革若干重大问题的决定〉的说明》中指出："坚持和完善基本经济制度必须坚持'两个毫不动摇'。全会决定从多个层面提出鼓励、支持、引导非公有制经济发展，激发非公有制经济活力和创造力的改革举措。"

在当前经济形势下，为了鼓励民营企业发挥主观能动性和创新创造精神，适应经济发展新常态，使民营企业在新常态下有新作为、新提升、新发展，习近平总书记重申了"非公有制经济在我国经济社会发展中的地位和作用没有变，我们毫不动摇鼓励、支持、引导非公有制经济发展的方针政策没有变，我们致力于为非公有制经济发展营造良好环境和提供更多机会的方针政策没有变"。这"三个没有变"和"必须毫不动摇巩固和发展公有制经济，毫不动摇鼓励、支持、引导非公有制经济发展"的论述，是在坚持完善社会主义基本经济制度的前提下，针对经济发展新常态下民营企业信心不足、动力缺乏这一突出问题，为非公有制经济健康发展进行了把脉会诊，让民营企业吃了一颗"舒心丸""定心丸"。

公有制与非公有制的关系，一直以来是很多民营企业比较困惑的一个问题。实行公有制为主体、多种所有制经济共同发展的基本经济制度是我们党确立的一项大政方针，是中国特色社会主义制度的重要组成部分，也是完善社会主义市场经济体制的必然要求。我们党在坚持基本经济制度上的观点是明确的、一贯的、不断深化的。

一些人常常戴着有色眼镜看待非公有制经济，把非公有制经济人士当作消极甚至异己力量。习近平总书记的重要讲话，表明了党和国家鼓励非公有制经济发展的坚定立场，终结了一些人关于非公有制经济要不要给予重视、要不要给予鼓励的争论，回应了所谓"国进民退""民进国退"之类的纷争，澄清了认识误区。习近平总书记强调公有制经济与非公有制经济应该是有机统一、相辅相成、相得益彰的，对长期以来存在的公有制与非公有制对立的错误观点进行了有力批驳。任何想把非公有制经济否定掉的想法都是错误的。

二、构建"亲""清"的新型政商关系

2016年3月4日，习近平看望出席全国政协十二届四次会议的民建、工商联界委员并参加联组讨论时指出：新型政商关系，概括起来说就是"亲""清"两个字。对领导干部而言，所谓"亲"，就是要坦荡真诚同民营企业接触交往，特别是在民营企业遇到困难和问题的

情况下更要积极作为、靠前服务，对非公有制经济人士多关注、多谈心、多引导，帮助解决实际困难。所谓"清"，就是同民营企业家的关系要清白、纯洁，不能有贪心私心，不能以权谋私，不能搞权钱交易。对民营企业家而言，所谓"亲"，就是积极主动同各级党委和政府及部门多沟通多交流，讲真话，说实情，建净言，满腔热情支持地方发展。所谓"清"，就是要洁身自好、走正道，做到遵纪守法办企业、光明正大搞经营。

2015 年 5 月 18 日至 20 日，习近平在中央统战工作会议上发表重要讲话时指出："促进非公有制经济健康发展和非公有制经济人士健康成长，要坚持团结、服务、引导、教育的方针，一手抓鼓励支持，一手抓教育引导，关注他们的思想，关注他们的困难，有针对性地进行帮助引导，引导非公有制经济人士特别是年轻一代致富思源、富而思进，做到爱国、敬业、创新、守法、诚信、贡献。"

2013 年 3 月 8 日，习近平参加十二届全国人大一次会议江苏代表团审议时说道："现在的社会，诱惑太多，围绕权力的陷阱太多。面对纷繁的物质利益，要做到君子之交淡如水，'官''商'交往要有道，相敬如宾，而不要勾肩搭背、不分彼此，要划出公私分明的界限。"

在构建新型政商关系上，习近平总书记用"亲""清"两字。"清"是明确了政商交往的尺度，明确了公权力与私权利的界限。"亲"使企业家和各级干部都放下了思想包袱，知晓了政商应当保持什么样的正确关系。

领导干部与民营企业家接触交往，必须站在国家利益、公共利益的立场上，积极帮助民营企业家解决实际困难，真心实意支持民营经济发展，不懒政、不怠政、有所为、有所不为。领导干部同民营企业家交往要清正、廉洁，不能有贪心私心，不能以权谋私，不能搞权钱交易。

民营企业家应积极主动同各级党委和政府及部门多沟通多交流，讲真话，说实情，建诤言，满腔热情支持地方发展；洁身自好、走正道，做到遵纪守法办企业、光明正大搞经营。

习近平总书记关于新型政商关系的论述，驳斥了"反腐败阻碍经济发展"的谬论，对于理顺政府与市场的关系，维护正常的市场秩序，净化经济生态，有重要的意义。

三、不断增强民营企业政策获得感

2016年3月4日，习近平看望出席全国政协十二届四次会议民建、工商联界委员并参加联组讨论时说："改革开放以来，党和国家出台了一系列关于非公有制经济发展的政策措施。特别是中共十八大以来，中共十八届三中、四中、五中全会推出了一大批扩大非公有制企业市场准入、平等发展的改革举措，我们接续出台了一大批相关政策措施，形成了鼓励、支持、引导非公有制经济发展的政策体系，非公有制经济发展面临前所未有的良好政策环境和社会氛围。各地区各部门要从实际出发，细化、量化政策措施，制定相关配套举措，推动各项政策落地、落细、落实，让民营企业真正从政策中增强获得感。"

"当前，重点要解决好以下问题。一是要着力解决中小企业融资难问题，为中小企业融资提供可靠、高效、便捷的服务。二是要着力放开市场准入，凡是法律法规未明确禁入的行业和领域都应该鼓励民间资本进入，凡是我国政府已向外资开放或承诺开放的领域都应该向国内民间资本开放。三是要着力加快公共服务体系建设，支持建立面向民营企业的共性技术服务平台，积极发展技术市场，为民营企业自主创新提供技术支持和专业化服务。四是要着力引导民营企业利用产权市场组合民间资本，培育一批特色突出、市场竞争力强的大企业集团。五是要进一步清理、精简涉及民间投资管理的行政审批事项和涉企收费，规范中间环节、中介组织行为，减轻企业负担，降低企业成本。"

习近平总书记关于民营企业要有"政策获得感"的提法，要求我们贯彻落实促进非公有制经济健康发展的各项政策措施。

改革开放以来，党和国家出台了一系列关于非公有制经济发展的政策措施，已经形成了鼓励、支持、引导非公有制经济发展的政策体系。但由于一些原因，这些政策的配套措施还不是很实，政策落地效果还不是很好。民营企业面临"三门"问题（玻璃门、旋转门、弹簧门），面临三座大山——市场的冰山、融资的高山、转型的火山。习近平总书记在讲话中针对"最后一公里"工作不到位的症结，指出"政策执行层面落实不到位影响了政策有效性"，明确提出"要让民营企业从政策中增强获得感"。

"十三五"时期，我国经济发展的显著特征就是进入新常态。新常态既是挑战，也是机遇，关键看怎样认识和把握。民营企业应该发挥主观能动性和创新创造精神，正确认识、积极适应新常态，争取新常态下的新作为、新提升、新发展。

习近平总书记关于民营企业要有"政策获得感"的提法，表明了中央直面问题的勇气和能力。为了提高政策有效性、增强企业获得感，当前必须下决心从增强政策的含金量、可操作性，加大政策落实力度，着力解决好中小企业融资、市场准入、公共服务体系建设、利用产权市场组合民间资本、清理精简行政审批事项和涉企收费等五个突出问题。这"五个着力解决的问题"，不仅提出了完善发展民营企业政策环境的具体路径，而且在深层次上涉及金融体制、投融资体制、公共服务体制、行政审批制度等重点环节、关键领域的改革，都是当前供给侧结构性改革的突破口。各级政府要强化对非公有制经济的服务引导，推动各项政策落地落细落实，增强民营企业的政策获得感。

四、非公有制经济人士要提升自身素质，企业要更新更好发展

2016 年 3 月 4 日，习近平看望出席全国政协十二届四次会议民建、工商联界委员并参加联组讨论时指出："广大非公有制经济人士要准确把握我国经济发展大势，提升自身综合素质，完善企业经营管理制度，激发企业家精神，发挥企业家才能，增强企业内在活力和创造力，推动企业不断取得更新更好发展。""非公有制经济要健康发展，前提是非公有制经济人士要健康成长。广大非公有制经济人士要加强自我学习、自我教育、自我提升，十分珍视和维护好自身社会形象。要深入开展以'守法诚信、坚定信心'为重点的理想信念教育实践活动，积极践行社会主义核心价值观，做爱国敬业、守法经营、创业创新、回报社会的典范，在推动实现中华民族伟大复兴中国梦的实践中谱写人生事业的华彩篇章。广大民营企业要积极投身光彩事业和公益慈善事业，致富思源，义利兼顾，自觉履行社会责任。"

习近平总书记对非公有制经济人士健康成长提出了新要求——非公有制经济人士在经济新常态下当有新作为，民营企业当有新的发展。各级政府需要在推动广大非公有制经济人士做合格中国特色社会主义事业建设者方面，花大力气、下深功夫。

习近平总书记指出，非公有制经济要健康发展，前提是非公有制经济人士要健康成长。这表明了党和国家一直高度重视非公有制经济人士队伍建设。习近平总书记明确要求广大非公有制经济人士要加强自我学习、自我教育、自我提升，做合格的中国特色社会主义事业建设者；要求民营企业家积极践行社会主义核心价值观，做爱国敬业、守法经营、创业创新、回报社会的典范。

非公有制经济人士要加强自我学习、自我教育、自我提升，充分认识到守法诚信是企业安身立命之本。在生产经营中要坚守法律底

线，依法经营、依法治企、依法维权。非公有制经济人士要准确把握我国经济发展大势，认识和适应新常态，坚定发展信心。

年轻一代非公有制经济人士这一群体，有着自己的独特特点和成长规律，各级政府要有针对性地对他们加强国情党情教育，引导他们继承发扬老一代非公有制经济人士的艰苦创业和"听党话、跟党走"的光荣传统，在创业创新中健康成长。

民营企业家要积极参与生态环保事业、扶贫事业、光彩事业、公益慈善事业，积极参与反商业贿赂和商业腐败，做到致富思源、义利兼顾，积极履行企业的社会责任。

结语

习近平总书记关于促进非公有制经济健康发展的讲话，对于推动改革开放、践行五大发展理念、壮大爱国统一战线、巩固党执政的群众基础和社会基础具有重要现实意义和深远历史意义。

非公有制经济健康发展的法治保障
（编者语）

李雅云[①]　王　红[②]

2016年3月两会期间，习近平总书记在政协会议的联组会上发表了提振非公有制经济的重要讲话，再次重申"两个毫不动摇"和"三个没有变"，重点指出了"我们致力于为非公有制经济发展营造良好环境和提供更多机会的方针政策没有变"，要"毫不动摇地鼓励、支持和引导非公有制经济发展"。最高人民法院与最高人民检察院先后发表了关于依法平等保护、依法保障和促进非公有制经济健康发展的意见。[③]"两高"意见着重强调要为非公有制经济健康发展提供公正、平等、有力的司法保障，并明确强调要维护非公有制经济主体的产权和合法权益，这充分表明了党和国家对非公有制经济发展高度重视。党和国家十分重视对非公有制经济的平等保护，而且从多个方面提出了激发非公有制经济活力和创造力的重大部署要求，这无疑是给包括"三资"企业、独资企业、个体私营企业等在内的非公有制经济的所有者和经营者吃了"定心丸"，注入了"强心剂"，起到了稳定人心、激人奋进的作用，同时也给他们提供了广阔的发展领域和难得的发展机遇。

---

①　李雅云：中央党校政法教研部教授，经济法教研室主任。

②　王　红：中央党校政法教研部教授。

③　最高人民法院《关于依法平等保护非公有制经济　促进非公有制经济健康发展的意见》（法发〔2014〕27号）和最高人民检察院《关于充分发挥检察职能　依法保障和促进非公有制经济健康发展的意见》（2016年3月发布）。

市场经济就是法治经济，市场经济的完善必须依赖法治的完善。我国非公有制经济不断壮大的历史进程，正是我国相关的市场经济法律制度从无到有，从零散、不成熟、不完备走向系统、成熟、完备的历史进程。在此同时，我国的非公有制经济也完成了从"拾遗补缺"到"社会主义市场经济的重要组成部分"的地位转变。良好的市场竞争环境和法治环境是非公有制经济赖以生存与发展的前提与基础，它包括了完善的产权保护制度，能够依法严格保护私有财产；良好的市场交易秩序，能够尊重契约自由精神；公正的司法保障制度，能够让非公有制企业在每一个司法案件中感受到公平正义。

法治环境影响非公有制企业的发展信心，关乎经济新常态下非公有制经济的创新动力和活力，而公正的司法环境更是为非公有制经济落实政策、解决问题的"最后一公里"。

我国目前的非公有制经济面临的司法环境并不乐观，仍然存在不少不利于非公有制经济发展的问题。

其一，司法厚此薄彼，戴着"有色眼镜"看待非公有制经济。司法审判人员"重公亲私"的所有制歧视意识依然存在，尤其是在处理非公有制企业与国有企业的经济纠纷案件时，有时会出现偏倚和袒护国有企业一方，有时会出现利用司法手段故意刁难，制造难题，设置陷阱，甚至打压、排挤非公有制经济的情况。

其二，地方行政权与地方司法权联手，借助于地方保护主义，借口保护地方国有资产不流失，地方法院严重袒护当事人其中一方，甚至罔顾事实，违背法理，故意做出不公正的裁判。通过不正当的司法手段，恶意侵犯非公有制企业的合法权益，狭隘的地方保护主义成了打压、削弱和整垮非公有制企业的保护伞，其目的是用公有经济去压缩非公有制经济的生存空间，达到强化公有经济对市场的垄断的目的。

其三，一些原本是民商法范围之内的纠纷，司法机关却以刑事犯罪嫌疑之名越权介入，变相加大惩罚力度，其背后都可能与某些地方政府的利益驱动以及权力腐败、权力寻租不无关系。

全国工商联 2015 年的一份调研报告表明，40% 的民营企业家认为当前最大的担忧是财产得不到有效的保护，63% 的民营企业家认为有钱人移民海外的重要原因是担心人身和财产的安全。因此，要稳定非公有制企业家队伍，要激发非公有制经济创业热情和创新动力，最根本的途径就是健全和完善法治，公正司法，提高司法公信力。

中国社会出现的司法信任危机，以及非公有制经济人士对其财产权、人身权的不安全感、恐惧感，其根本的原因来自于司法裁判的不公。司法权一旦违法地充当剥夺民营企业劳动果实的工具，助长不劳而获、坐收渔利，必然导致诚信经营、光明正大经营、全力以赴打市场、创品牌的非公有制企业陷入困境，并使历经千辛万苦创立的民族品牌遭受灭顶之灾。这不仅会使非公有制企业家感到失望、寒心和迷茫，还会使真正的创业者、经营者没有获得感。不公正的司法裁判破坏了市场竞争的秩序，败坏了商德，鼓励了不正当竞争和不正当获利，更为严重的是损害了人们对法律的敬仰和司法的公信力。

公正是法治的生命线，司法公正是匡扶社会正义的最后一道防线。英国哲学家培根说过："一次不公正的裁判，其结果甚至超过十次犯罪，因为犯罪只是污染了一段水流，而不公正的审判污染了水源。"司法审判公正，是落实国家保护非公有制经济的产权和合法利益政策的"最后一公里"的关键。只有公正的司法裁判，才能让非公有制企业真正从政策中增强获得感，才能让非公有制企业在每一个司法案件中真切地感受到公平正义。

本书学习了习近平总书记关于提振非公有制经济的重要讲话精神，并结合最高检、最高法关于为非公有制经济健康发展提供司法保障的"两高"意见的精神，从为非公有制经济发展提供良好的法律服务的角度，积极探究如何为非公有制经济营造公平正义的司法环境，梳理了与非公有制经济权益保护的相关法律、法规和公共政策，并通过对加多宝这一典型案例的剖析，深入分析涉及非公有制经济案件中存在的主要法律问题。

我们之所以选择加多宝案作为本书的案例剖析对象，就是因为加多宝案是非公有制企业权利纠纷和权益保护案件的典型。这个案例具有代表性、典型性、普遍性、综合性、延伸性以及对司法裁决进行总结反思的深刻性。

其一，此案具有代表性和典型性。地方国有企业的代表广药集团和非公有制企业的代表加多宝集团之间的"红罐之争""凉茶之争"，旷日持久，至今仍在持续，在国内外均引起极大的反响，成为目前百姓热议的话题，更成为法学界、学术界持续不断研讨的课题。加多宝案涉及国企与民企之争，折射出社会上人们对所谓的"国进民退""民进国退"之类纷争的关注。

加多宝是一家集饮料生产、销售和原材料种植于一体的著名的饮料企业、大型的非公有制实体企业，20年前首创并推出了我国第一罐罐装凉茶。经过20年的奋斗，不遗余力地投入数百亿资金，奇迹般地做大了我国的凉茶行业，并为做大做强我国两大凉茶的民族品牌"王老吉"与"加多宝"立下了丰功伟绩。加多宝集团目前拥有员工两万多人，其所投资建立的16个实体企业和29个本草原料生产基地，已经形成完整的上下游生产链，共惠及200多万就业劳动者，其中原材料种植业惠及革命老区的数十万农民。加多宝最近几年来，年销售额均超百亿元人民币，年均纳税超过十亿元。

加多宝一方面企业红红火火，蒸蒸日上；另一方面却官司缠身、诉累连连，呕心沥血开拓的市场和开创的品牌危在旦夕，上下游生产链职工人心不稳，董事长"老板"仓皇落寞，在海外不能回国。加多宝案反映的非公有制企业所面临的司法裁判困境极具典型性，同时也反映出非公有制企业寻求公平公正的司法保护之路的曲折与艰辛。

其二，此案具有普遍性和综合性。加多宝案是一个跨学科、跨多个法律部门的案例，可以从政治、经济、法律、社会等多个学科来研究；也可以从民商法、知识产权法、反不正当竞争法、行政法、刑法、仲裁法以及诉讼程序等不同的法律部门来研究。

对加多宝案的解剖评析，极大地丰富和加深了对民商法、合同法、反不正当竞争法、仲裁法、刑法等相关法律问题的研究和实践。通过对加多宝案的解剖评析，使得以下几个方面法律的重点、难点问题更加清晰：

（1）民事合同法中的关于无效合同善后处理和责任认定问题；如何防止超越法律规定和合同约定，不当损害非公有制经济主体的正当权益问题。

（2）知识产权法和经济法方面关于知名商品与知名商标以及商品名称的区别；"反不正当竞争法"对知名商品特有包装装潢提供保护的条件和范围以及法理依据；根据信赖利益、期得利益保护原则，怎样看待商标使用许可的衍生权利、"后发商誉权"和品牌溢涨的市值。

（3）仲裁法方面，加多宝连环诉讼系列案是由仲裁的结果引发的，而仲裁案中需要探讨如何认定"恶意串通损害第三人利益"作为合同无效的法定条件；国有企业利益不能等同于国家利益；商业贿赂并不必然导致合同无效。

（4）刑法方面禁止用刑事手段处理民事纠纷；行贿罪与受贿罪并不必然对等成立；商业贿赂并不一定构成行贿罪，等等。

其三，此案具有延伸性和总结反思的深刻性。通过对本案例的评析，正确认定民商事合同效力，及时化解非公有制经济投资经营中的各类纠纷，尽量促使合同合法有效。充分发挥民商事审判职能，更好地理顺产权关系，正确界定国家利益、国有企业利益、非公有制企业利益之间的关系，既要依法保护公有制经济，有效防止国有资产流失，也要防止超越法律规定和合同约定，不当损害非公有制经济主体的正当权益，防止非法侵占非公有制经济主体的财产权。

通过对本案例的评析，旨在说明充分运用知识产权的司法保护，维护公平竞争的市场环境。妥善审理各类知识产权案件，保障和推动非公有制经济的自主创新、产业升级、提升核心竞争力，切实维护非公有制经济主体的商标专利等知识产权，依法制裁各种形式的不正当竞争行为，是司法机关义不容辞的责任。

通过对本案例的评析，强调要切实保障非公有制经济主体的诉讼权利。司法机关要坚持法治思维，充分考虑非公有制经济的特点，优先考虑企业生存发展和执法的社会效果，严格依法办案，严格规范司法行为，防止办案中对非公有制企业正常生产经营活动造成影响。坚决摒弃地方司法权与地方行政权联手，进行选择性司法和双重标准执法，以不公的司法裁判，践踏非公有制企业的合法权益。

通过对本案例的评析，强调区分经济纠纷与经济犯罪的界限、个人犯罪与企业违规的界限、合法的经营收入与违法犯罪所得的界限、经济活动中的不正之风与违法犯罪的界限等。依法惩治破坏市场秩序、侵犯非公有制企业产权和合法权益的经济犯罪、职务犯罪，营造诚信有序的市场环境，推动构建新型政商关系。通过分析个案中关于非公有制企业遭受不公正的司法裁判，以及诉讼活动中司法从业人员知法犯法的行为，维护非公有制企业的合法权益和司法公信力。

加多宝案最值得我们反思的是建立公有制企业与非公有制企业之间良好的市场竞争关系有多么重要。公有制经济与非公有制经济应该是相辅相成、相得益彰，而不是你死我活、相互排斥、相互倾轧和相互抵消。鉴于广药集团和加多宝公司曾经具有长达十多年的王老吉商标许可使用关系，在商标许可合同存续期间，广药集团生产绿色盒装王老吉凉茶，加多宝中国公司、广东加多宝公司生产红色罐装王老吉凉茶，各自生产的凉茶产品通过不同的包装装潢区分市场划清界限，不仅满足了不同消费者的需求，得到了消费者的认同，而且使双方获益。加多宝投入了大量资金做大做强了红色罐装王老吉，使得王老吉商标对王老吉商誉的积累和提升起到了难以替代的重要作用。因此，在终止王老吉商标许可合同关系后，双方成为同行竞争者，更应该本着诚信经营的理念，遵守商业道德，真正做产品，提升产品质量，提高生产经营和创新能力，提高为消费者生产服务的能力，开展正常的市场竞争，而不应以各种不正当竞争手段和方式，纠缠于各种诉讼，获取不当利益，更不宜将诉讼作为市场竞争的一种手段，滥用和浪费司法资源，搞不劳而获和坐收渔利。

我们认为王老吉和加多宝都已成为知名的民族品牌，都具备了向世界级品牌迈进的条件。在市场经济条件下，双方只有诚信经营，彼此互相尊重，互相谅解，才能增强和提升各自企业的核心竞争力，焕发各自品牌的生命力和活力，才能得到广大消费者的认同和赞誉。在市场经济条件下，双方只有停止争斗，停止内耗，尽释前嫌，共同协力、共同发展、双雄并存，一致对外，形成最强势的凉茶饮料势力，与国外占领我国饮料市场的巨无霸型跨国公司一争高低，这才符合我们国家发展民族品牌、打造拥有自主知识产权国货精品的大战略。

目　　录

非公有制经济健康发展

——理 论 篇

关于非公有制经济、私有财产保护法治化的研究

课题组

一、执政党对保护非公有制经济和私有财产权的认识

随着改革开放的不断深入，我们党对保护公民财产权利的认识在不断深化。这一问题是与党对中国特色社会主义基本经济制度认识上的与时俱进紧密联系在一起的。

党的十二大提出：坚持国营经济的主导地位和发展多种经济形式。

党的十二届三中全会提出：社会主义经济是公有制基础上的有计划的商品经济，要积极发展多种经济形式。

党的十四届三中全会提出：在积极促进国有经济和集体经济成分发展的同时，鼓励个体、私营、外资经济发展，并依法加强管理。

党的十五大提出："公有制为主体、多种所有制经济共同发展，是我国社会主义初级阶段的一项基本经济制度。""对个体、私营等非公有制经济要继续鼓励、引导，使之健康发展。"

党的十六大提出："必须毫不动摇地巩固和发展公有制经济。""必须毫不动摇地鼓励、支持和引导非公有制经济发展。""坚持公有制为主体，促进非公有制经济发展，统一于社会主义现代化的进程中，不能把这两者对立起来。"

党的十七大首次提出：创造条件让更多群众拥有财产性收入。

党的十八大提出：多渠道增加居民财产性收入。

党的十八届三中全会提出："健全归属清晰、权责明确、保护严

格、流转顺畅的现代产权制度。公有制经济财产权不可侵犯，非公有制经济财产权同样不可侵犯。""赋予农民更多财产权利。"

党的十八届四中全提出："保障公民人身权、财产权、基本政治权利等各项权利不受侵犯。""健全以公平为核心原则的产权保护制度，加强对各种所有制经济组织和自然人财产权的保护，清理有违公平的法律法规条款。""完善对涉及公民人身、财产权益的行政强制措施实行司法监督制度。"

党的十八届五中全提出："加强重点领域立法，加快完善体现权利公平、机会公平、规则公平的法律制度，保障公民人身权、财产权、基本政治权利等各项权利不受侵犯，保障公民经济、文化、社会等各方面权利得到落实。"

二、我国法律对私有财产权利的保护

（一）宪法对私有财产的保护

新中国前三部宪法明确提出了"公有财产不可侵犯"，但几乎没有保护私有财产的内容。1982年宪法被公认为是建国以来四部宪法中最具科学性、稳定性、实效性的一部宪法。这部宪法先后经过四次修改，每次修改都包含有私有财产权的内容。1988年修宪为"私营经济"正名；1993年，又将"市场经济"写入宪法；1999年宪法修正案中明确"国家保护个体经济、私营经济的合法权利和利益"，"国家依照法律规定保护公民的私有财产的继承权"，这些提法都涉及了私有财产保护问题。2004年宪法修正案明确规定："公民的合法的私有财产不受侵犯。""国家依照法律规定对公民的私有财产实行征收或者征用，并给予补偿。""国家为了公共利益的需要，可以依照法律规定对土地实行征收或者征用并给予补偿。"

（二）民法通则对私有财产的保护

《民法通则》是我国保护民事权利的基本法，该法根据宪法的规定对私有财产作了具体的规定。民事权利包括所有权及与所有权相关的债权、知识产权和人身权。《民法通则》规定了公民对于个人财产，包括合法收入、房屋、储蓄、生活用品、文物、图书资料、林木、牲畜和法律允许所有的生产资料以及其他合法财产的所有权。

（三）物权法对私有财产的保护

《物权法》规定："私人对其合法的收入、房屋、生活用品、生产工具、原材料等不动产和动产享有所有权。""私人合法的储蓄、投资及收益受法律保护。国家依照法律规定保护私人的继承权及其他合法权益。""私人的合法财产受法律保护，禁止任何单位和个人侵占、哄抢、破坏。"同时，对于抵押权、留置权等与财产所有权有关的财产权保护也作出了相应规定。

（四）知识产权法对私有财产的保护

我国的《著作权法》《专利法》《商标法》对知识产权中的人身权和财产权作了明确的规定。公民、法人依法享有著作权，依法享有署名、发表、出版、获得报酬等权利。公民、法人依法取得的专利权受法律保护，专利权人对专利之发明创造享有独占使用权，还享有通过实施、转让专利取得经济利益的权利。任何专利侵权行为都应当受到法律制裁。法人、个体工商户、个人合伙依法取得的商标专用权受到法律保护。

（五）商法对私有财产的保护

商法主要规定对了公民个人依法设立的公司、合伙企业、个人独资企业、外商投资企业等经济组织的私有财产保护。如《公司法》《合伙企业法》和《个人独资企业法》等，不仅规定了这些经济组织的私有财产范围，而且规定了这些经济组织的投资者的收益权、所有权。

（六）刑法对私有财产的保护

《刑法》设专章对侵犯财产罪作出规范，规定："抢劫、盗窃、诈骗、抢夺、聚众哄抢、非法占有、敲诈勒索、故意损毁公私财物等行为，构成犯罪的，都要追究刑事责任。"此外，还设专节规定了侵犯知识产权罪。

三、我国对私有财产权利法律保护存在的缺陷

（一）对私有财产界定不明确，保护范围有限

对于什么是私有财产、私有财产权、私有财产继承权等，法律没有明确的概念加以界定。法律对公民的私有财产形态所作的列举，侧重于收入、储蓄、房屋等有形财产，而对于在市场经济条件下新出现的其他财产权利，则规定得很不够。

在观念上，存在着把私有制等同于私有财产，进而把两者完全混淆起来的错误认识。一些法律概念的表述不规范，使得人们对这些法律概念与术语难以准确把握。在私有财产法律性质和地位上的认识存在误区。改革开放以来，我们认识到了不同所有制经济在社会主义初级阶段的重要作用，并将公有制为主体、多种所有制经济共同发展作为我国的基本经济制度确立了下来。但也要看到，人们对于消灭私有制是不是消灭私有财产、保护私有财产是不是保护私有制等问题仍然存在着不少疑惑。

（二）对公有财产与私有财产的保护存在不平等性

尽管宪法确立了公有制为主体、多种所有制经济共同发展的经济

制度，但私有财产的法律地位和保护力度远低于对公有财产的保护，法律的规范性和强制性也较之对公有财产的保护差得多。比如《宪法》对公有财产的保护规范为"社会主义的公共财产神圣不可侵犯"，而对于私有财产的保护规范为"公民的合法的私有财产不受侵犯"。《刑法》亦采取了将公有和私有财产区别对待的原则，如侵占、挪用同样数额的公司、企业财产犯罪行为，就会因该行为发生在一家私营企业的员工和一家国有企业所谓从事公务的人员身上不同，在定罪量刑上有很大的差异。在执法和司法方面，对待和处理私有财产受到侵害的案件时，往往首先从道德角度出发，而不是用法律规范来处理问题，把一些侵财犯罪看成是双方当事人的财产纠纷，抑或是人们的个人恩怨而已，使得权利人要走上漫长的维权路。花钱消灾、丢财保命等观念始终左右着人们对私有财产的保护意识。

（三）保护私人财产权利的法律体系不健全

我国现行法律对私有财产的保护不够全面、系统和具体。上位法与下位法之间以及部门法之间在私人财产保护方面的规定不尽一致。在许多强拆案例中，拥有财产权利的被拆迁人在与政府和开发商交涉中，一直以《宪法》《物权法》相关条款据理力争，而拆迁方则根据《城市房屋拆迁管理条例》认为地方政府有权行政强拆。可见，在实际拆迁过程中，由全国人大及其常委会制定的法律甚至宪法面对由国务院颁布的具体行政法规显得苍白无力。

（四）对"公共利益"界定模糊导致行政权力的滥用

现实中对私人财产权利的侵犯，尤其是强制拆迁，往往与"公共利益"内涵和边界的不确定性有关。2004宪法修正案规定，"国家为了公共利益的需要，可以依照法律规定对土地实行征收或者征用并给予补偿"。随后"公共利益"出现在各部有关私产保护的法律之中，但无论是《土地管理法》《城市房地产管理法》《民法通则》乃至《物权法》均未对"公共利益"的内涵作出明确界定。直至 2011 年通过的《国有土地上房屋征收与补偿条例》才对房屋征收规定了六条公共利益的范围，但这些规定仍缺乏明确的判断标准，且其第六条作为兜底条款——法律、行政法规规定的其他公共利益的需要，实际上又将公共利益的解释置于无限放大的语境之中，使得宪法确立的私有财产权利保护制度成为空乏的文字甚至为投机者所利用。追逐私利的商业拆迁完全有可能借助于公权力，以"公共利益"名义对私人财产权利造成侵犯。如果这种情况大量出现，试问法律的公平和正义何在？更有甚者，个别官员甚至为强拆行为辩解，认为"从某种程度上说，没有强拆就没有中国的城市化，没有城市化就没有一个'崭新的中国'，是不是因此可以说没有强拆就没有'新中国'"，这是没有法治观念的表现。

（五）司法救济制度不完善

当行政执法对公民财产权利发生侵害行为时，由于公民个人所处的弱势地位，公民缺少有效的法律手段予以抵制和补偿诉求。以拆迁纠纷为例，根据最高人民法院有关司法解释，在拆迁中达不成拆迁补偿安置协议，被拆迁者提起民事诉讼状告拆迁人的案件，法院不再受理。这实际上意味着当发生拆迁纠纷时，被拆迁人不能状告拆迁人，需要先向有关行政机关申请裁决，如果不服裁决可以提起行政诉讼，状告裁决机关。这种规定很容易造成财产权利人无法或难以保护其自身财产不受侵害，尤其面对的是国家机关的行政违法行为，财产权利人维权的难度就更大了。有些权利人在感到无助时往往会采取诸如暴力、自杀等一些极端的行为来维护自身的财产权利。

如果某人拥有一定的私有财富而没有或不愿救济他人或捐赠社

会，则必然受到某种道德的谴责和压力。因此，人们有时不得不在某种道德观念的压迫下放弃自己的私有财产。这样，就在一定程度上削弱了法律对私有财产权的保护作用。

目前中国社会普遍存在着仇富心理。仇富心理是指人们对财富拥有者表现出的怀疑、迁怒、嫉妒、蔑视、仇恨等复杂的心理状态。看到别人比自己富有，心里不舒服，制造理由惩罚富人，极端的结果是"杀富济贫"。财产多的人们比财产少的人们更有能力抵御危险，更容易得到利益。但是，穷人却在富人身上看到自己由于能力弱产生的不良后果。例如当一个富人把自己的孩子送到国外上学，提高自己孩子的生存能力时，穷人从中看到的是自己的孩子竞争能力相对减弱，生存受到威胁。仇富心理在穷人身上表现得极为突出。每逢社会矛盾激化和不满意度增加时，富人往往就成了人们发泄不满的直接对象，成了人们发泄不满的替代品。

"等贵贱，均贫富"和"不患贫而患不均"是中国人的传统观念。在执政者眼里，"均"和"稳定"几乎画了等号。仇富，往往与权钱交易、贪污腐败、滥用职权、贫富分化、为富不仁等等联系在一起，似乎仇富具有正当性。"仇富"心理一旦泛化，就对一切富者都怀有愤慨态度。这种"仇富"其实是一种嫉妒心理。

随着我国个人财富的增加和收入水平的不断提高，随着社会保障制度的完善，我们有理由相信老百姓的仇富心理会有递减的趋势。

四、我国法律对非公有制经济保护的不足之处

随着非公有制经济宪法地位的提升，各种法律对非公有制经济的保护在逐步加强。但是，仍然存在着许多对私有经济与公有经济实体不平等保护的法律规定。

用"保护私有财产"替代或者涵盖"保护非公有制经济"，使"非公有制经济"不具有独立的受法律保护的客体地位，对非公有制经济缺乏立法上的保护。

"私有财产"与"非公有制经济"是两个性质完全不同的概念。私有财产的范围较之非公有制财产的范围要小得多。

（一）我国的宪法缺乏肯定非公有制经济的条文

党的十八届三中全会公报指出，公有制为主体、多种所有制经济共同发展的基本经济制度，是中国特色社会主义制度的重要支柱，也是社会主义市场经济体制的根基。公有制经济和非公有制经济都是社会主义市场经济的重要组成部分，都是我国经济社会发展的重要基础。公报指出，必须毫不动摇巩固和发展公有制经济，坚持公有制主体地位，发挥国有经济主导作用，不断增强国有经济活力、控制力、影响力。必须毫不动摇鼓励、支持、引导非公有制经济发展，激发非公有制经济活力和创造力。党的十八届三中全会公报在发展非公有制经济方面有了"两个都是"的新提法，即"公有制经济和非公有制经济都是社会主义市场经济的重要组成部分，都是我国经济社会发展的重要基础"。这样的表述在中共文件中是首次出现。它体现了党和国家对民营经济发展的充分肯定，也为今后在具体政策制定上为民营企业进入更广阔领域扫清了意识形态和理论上的障碍，民营经济在进入各个产业领域方面将取得更大的进步。

但是，"两个都是"的新提法尚未进入宪法修正案。目前我国的宪法缺乏肯定非公有制经济的条文，有必要把"公有制经济和非公有制经济都是社会主义市场经济的重要组成部分，都是我国经济社会发展的重要基础"写入宪法修正案，使"非公有制经济"具有独立的受宪法保护的客体地位。

（二）我国《刑法》缺乏保护"非公有制经济"的条文

从我国现行《刑法》第2条规定看，虽然将"保护公民私人所有的合法财产"作为刑法的任务，但没有出现保护"非公有制经济"的条文。另外在刑法典和刑法修正案中多处使用"国有公司、企业、事业单位"的字样来表述犯罪行为侵害的对象，而"非公有制经济"实体无此刑法保护上的优待。

（三）对非公有制经济保护不平等

与对公有制经济的保护相比，刑法对非公有制经济的保护存在着很多不平等之处。

第一，同种性质的犯罪行为因主体所在的单位的性质不同，构成不同的罪名，处以不同的刑罚。

同样是在公司、企业中的从业人员，利用职务之便非法占用单位的财物，只因所在单位的性质不同，刑法规定的罪名和刑罚适用就不相同。公有制经济中的国家工作人员的上述行为构成贪污罪，而非公有制经济中的人员的上述行为却仅构成职务侵占罪。对此《刑法》第183条的规定表现最为明显。其表述如下："保险公司的工作人员利用职务上的便利，故意编造未曾发生的保险事故进行虚假理赔，骗取保险金归自己所有的，依照本法第271条的规定定罪处罚。国有保险公司工作人员和国有保险公司委派到非国有保险公司从事公务的人员有前款行为的，依照本法第382条、第383条的规定定罪处罚。"另外，贪污罪的法定最高刑是死刑，而对职务侵占罪，法定最高刑只有15年有期徒刑。基于同样的利用职务之便的受贿行为，公有制经济中的国家工作人员构成受贿罪，而非公有制经济中的工作人员则仅构成公司企业人员受贿罪；前者的法定最高刑是死刑，而后者的法定最高刑是15年有期徒刑。同样是挪用本单位的资金，公有制经济中的国家工作人员构成挪用公款罪，而非公有制经济中的工作人员仅构成挪用资金罪；前者的法定最高刑是无期徒刑，而后者的法定最高刑是10年有期徒刑。同属公司、企业的人员犯罪，同样侵犯公司、企业的财产所有权或使用权或者公司、企业人员职务行为的廉洁性，但所定罪名却迥然不同，所处刑罚也明显有别，这也体现了对公有制经济和非公有制经济区别对待的态度。

第二，相同的犯罪行为，因发生在不同的所有制经济形式中，导致罪与非罪的不平等。

公有制经济与非公有制经济都是社会主义市场经济的重要组成部分，这就要求刑法在保护其经济利益方面，不能因所有制经济不同而区别对待。现行刑法对非公有制经济利益的保护力度与对公有制经济的保护力度显然不同。例如根据《刑法》第165条的规定，国有公司、企业的董事、经理利用职务便利，自己经营或者为他人经营与其所任职的公司、企业同类的营业，获取非法利益，数额巨大的，构成非法经营同类营业罪。根据《刑法》第166条的规定，国有公司、企业、事业单位的工作人员，利用职务便利，具有该条所列情形之一，使国家利益遭受重大损失的，构成为亲友非法牟利罪。根据《刑法》第167条的规定，国有公司、企业、事业单位直接负责的主管人员，在签订、履行合同过程中，因严重不负责被诈骗，致使国家利益遭受重大损失的，构成为签订履行合同失职被骗罪。根据《刑法》第168条第1款的规定，国有公司、企业的工作人员，由于严重不负责任或者滥用职权，造成国有公司、企业破产或者严重损失，致使国家利益遭受重大损失的，分别构成国有公司、企业人员失职罪，国有公司、企业人员滥用职权罪。根据《刑法》第169条的规定，国有公司、企业或者其上级主管部门直接负责的主管人员，徇私舞弊，将国有资产低价折股或者低价出售，致使国家利益遭受重大损失的，构成徇私舞弊低价折股、出售国有资产罪。然而，在现实生活中，也存在着或者可能发生非公有制公司、企业的工作人员为亲友非法牟利，签订、履行合同失职被骗、失职、滥用职权，徇私舞弊低价折股、低价出售公司、企业资产，并且造成非公有制公司、企业财产或者经济的重大损失的行为，这些行为也具有严重的社会危害性，应该受到刑法的规制。现行刑法以行为对象的所有制性质作为制罪的标准，明显具有轻非公有制经济的保护而重公有制经济保护的色彩，体现了公有制经济与非公有制经济在刑法上的不平等地位。

（四）司法实践中对非公有制经济进行歧视

我国《刑法》第 384 条规定："国家工作人员利用职务上的便利，挪用公款归个人使用，进行非法活动的，或者挪用公款数额较大、进行营利活动的，或者挪用公款数额较大、超过三个月未还的，是挪用公款罪。"而在司法实践中，最高法院的一个相关司法解释就体现了对非公有制经济的歧视。1998 年最高人民法院通过的《关于审理挪用公款案件具体应用法律若干问题的解释》中第 1 条第 2 款规定，挪用公款给私有公司、私有企业使用的，属于挪用公款归个人使用。从中不难看出，挪用公款归国有公司、企业使用就不在刑法调整的范畴，很显然，这是对非公有制经济的歧视。直到 2002 年全国人民代表大会常务委员会通过了《关于〈中华人民共和国刑法〉第 384 条第 1 款的立法解释》，其中第 2 款第 2 项规定：以个人名义将公款供其他单位使用的，属于挪用公款归个人使用。这次立法解释纠正了司法解释的错误，取消了身份差异带来的法律地位的不平等，使非公有制经济的刑法地位得到了提升。

发展非公有制经济，鼓励民间投资，有利于坚持和完善我国社会主义初级阶段基本经济制度，有利于完善社会主义市场经济体制，有利于激发我国经济增长的内生动力，有利于扩大就业、促进社会和谐。

（五）政府执法存在侵犯公民私有财产、私营企业利益的现象

地方党委、政府随意以公权侵犯公民私有财产的事情屡见不鲜。例如在强制拆迁的案件中，所建设的项目没有实行民主决策、没有做到让公民有序参与决策，更没有做到依法决策、科学决策；没有进行社会稳定的风险评估、生态环境的风险评估就盲目上项目；强拆中没有与当事人达成协议、没有把补偿款发放到位、没有提前告知、没有举行听证会，就进行暴力拆迁、偷袭式拆迁、听任黑恶势力介入拆迁，等等。有的地方党委、政府与民争利，利用公权力——利用行政立法或者地方立法，设置收费项目，侵犯公民的财产权。有的地方党委、政府与民争利，利用公权力剥夺公民的财产权。

五、非公有制经济和私有财产法律保护不足的负面效应

（一）制约了社会发展的动力和创造力

人类社会的发展历史表明，人类的进步、社会的发展，必须激发作为个体劳动者的活力，发挥人的创造力。财产权体现了对公民个人物质利益的保护以及对公民追求个人物质利益的肯定，可以鼓励人们追求和创造财富，正所谓"有恒产者有恒心"。在我国现阶段，因为法律对私有财产的保护不力，一些人对其财产权的实现及其自身利益的享有处于不确定的状态，很难形成所谓的恒产，也很难产生投资的信心、置产的愿望和创业的动力。由于法律体系不完善，对私人财产的保护还较薄弱，一些富人担心财产得不到法律保护，纷纷将资产转移到国外。尤其是一些人的财富来路本来就不尽合法，带有转型时期的"原罪"性质，为摆脱财产不安全的阴影，洗刷原罪，逃脱国人的仇富心理，纷纷选择移民。从中国外流的资产一年就超过上千亿美元。同时，对私有财产权利保护不力还衍生出隐瞒财富、转移财富、

挥霍财富而不敢进行长期投资的怪现象，甚至出现所有权依附于行政权并产生出权力资本的畸形形态，进而导致社会的腐败。

（二）削弱了社会主义市场经济的制度基础

市场经济是法治经济和信用经济，市场主体之间严格遵守契约约定是市场经济有效运行的基础，政府严格遵守法律依法行政是市场经济有效运行的制度前提。对公民财产保护不力直接影响到公民财产的安全感和收益的合理预期，进而动摇市场经济有效运行的根基。在一个财产权利得不到有效保护、政府不依法行政的国家里，将难以建立起有效的法治化的市场经济体制。

（三）无法做到充分地尊重和保障人权

生命权、自由权和财产权一起被称为公民的三大权利。这三大权利是相互联系、密切相关的。财产权是实现生命权、自由权的物质基础。人权与财产权是紧密联系的，财产是人格发展的基础，是自由空间的支撑。可以说，没有财产权为依托的生存权和自由权是空洞的权利。保障私有财产，为人们享有、行使其他权利奠定基础，同时也为人权保障创造良好条件，最终促进社会主义和谐社会的建设。对私有财产权利保护不力，一定程度上限制了公民权利的实现，也在一定程度上有损于我国在国际上的人权形象，并进而影响我国对外资的吸引力。

六、完善非公有制经济和私有财产法律保护制度

（一）确立保护非公有制经济和私有财产权的立法原则

在确立我国保护非公有制经济和私有财产权的立法原则时，有四个基本的立法原则需要把握：

一是坚持公有制主体地位的原则。我国是社会主义国家，以公有制为主体的所有制结构是社会主义市场经济与资本主义市场经济的根

本区别，尽管我们强调对私有财产的法律保护，但并不能因此动摇公有制的主体地位。

二是确立"两个都是"的原则。建议把"公有制经济和非公有制经济都是社会主义市场经济的重要组成部分，都是我国经济社会发展的重要基础"写入宪法，成为鼓励和推进非公有制经济健康发展的基本原则。

三是坚持"两个毫不动摇"的原则。建议把"毫不动摇巩固和发展公有制经济，毫不动摇鼓励、支持和引导非公有制经济发展"作为其他单行法律、部门法的立法原则，成为鼓励和推进非公有制经济健康发展的立法指导思想。

四是确立国家、集体、私人所有的财产一律平等保护的原则。现阶段我国对非公有制经济、私有财产权的法治保护，应当是立足国情，兼收并蓄，有机融合，更新观念。即从中国基本国情出发，批判吸收西方资本主义国家在市场经济立法上的成功经验。既不能用"私有财产神圣不可侵犯"来表述对非公有制经济和私有财产的保护，也不能突出国有财产、国有企业的财产优先、优等保护。

从世界范围看，市场经济早已走出近代自由市场经济，进入了现代市场经济，有关对私有财产的法律保护经历演变和发展，近代自由市场经济所谓的"私有财产神圣不可侵犯"之表述已经得到修正，法律对私有财产的公共制约，是以公共利益优先、权利与义务统一、权利不得滥用作为制约的前提条件的。

实行社会主义国家公有制主体与市场经济的有机融合，就要树立在法律面前所有财产一律平等的新型法律观。

（二）完善对非公有制经济和私有财产权保护的法律规定

对非公有制经济和私有财产权的保护，首先应当体现在宪法中。把"公有制经济和非公有制经济都是社会主义市场经济的重要组成部分，都是我国经济社会发展的重要基础"写入宪法，是非常有必要的。

对私有财产权的保护也应当上升为宪法权利，确立私有财产权为公民基本权利，是公民其他权利的基础。宪法对公有和私有财产权利给予平等的保护，任何国家机关和社会团体及任何人要取得公民的财产都必须经过公民的同意。

当然，宪法对公民私有财产权的保护是建立在合法财产基础上的。一切合法的私有财产宪法都给予平等的保护。对于贪污贿赂等非法财产，不仅得不到宪法的承认和保护，还将受到刑事法律的追究和严惩。在充分尊重宪法精神的前提下，完善私有财产权保护的其他法律规定。在民法方面，加紧制定民法典，不仅对物权法意义上的私人财产权给予有效保护，对其他形态的私人所有权同样加以保护。在行政法方面，抓紧制定国家征收或征用公民私有财产法，使征收或征用的条件、范围、程序、补偿等都有法可依，同时限制公权力的滥用，将公权力关进笼子。在刑法方面，改变对公有财产与私有财产区别对待的状况，改变对侵犯公有财产犯罪行为和侵犯私有财产犯罪行为在量刑上采取差别对待的做法。

对与宪法精神有冲突和不一致的下位法和部门法相应条款，该废止的废止，该修改的修改。当前特别要加大对各级政府和部门规章制度、规范性文件的清理力度。切实解决上下两张皮现象，确保法律制度真正落到实处。

（三）正确处理保护国有企业与保护民营企业、保护私有财产与维护公共利益的关系

必须正确界定公共利益的内涵和边界，有效限制国家征收权的滥用。结合我国的实际情况，可以从四个方面来界定公共利益：一是公共利益能够使不特定的多数人受益，使社会公众获得利益。二是公共利益应体现为向社会大众提供公共产品或服务。三是公共利益以促进政治、经济、社会、文化、生态各方面的发展为目标。四是公共利益必须经过法定程序，如对涉及公共利益的决策，需要经过公众参与、专家论证、风险评估、合法性审查、集体讨论、人民代表大会决议的程序。

在明确公共利益内涵和边界的基础上，要对土地征收补偿的性质、方式、数量标准及时限等作出规定，使之具有较强的操作性，从而缓解由于公共利益需要而征收征用土地或房屋拆迁等引发的矛盾，更好地保护公民合法私有财产，使之不受到任意的侵害。

（四）强化保护非公有制经济和私有财产的执法与司法

对非公有制经济和私有财产权保护，存在的突出问题就是如何防止国家公权力对个人私权利的侵害。要加强对公民私有财产权的保护，必须要强化行政执法和司法。

有的地方的公检法机关，对非公有制经济和私有财产的执法和司法，不能够准确把握法律政策界限，没有严格执行宽严相济的刑事政策。不充分考虑非公有制经济的特点优先考虑企业生存发展，而是对非公有制经济采取"抓人逮捕""全面停工停产"等"一棍子打死"的措施，不讲罪与非罪界限、不讲法律与政策界限、不讲方式方法，进行选择性执法和司法，任意侵犯非公有制企业合法权益。把经济纠纷与经济犯罪的界限混为一谈，把老板高管的个人犯罪与企业违规混为一谈，把非公有制经济的企业正当融资与非法集资混为一谈，把经济活动中的不正之风与违法犯罪混为一谈，把执行和利用国家政策谋发展中的偏差与钻改革空子实施犯罪的界限混为一谈，把合法的经营收入与违法犯罪所得混为一谈，把非公有制企业参与国企兼并重组中涉及的经济纠纷与恶意侵占国有资产混为一谈。有的还把一般违法违纪、工作失误甚至改革创新视为犯罪，不听取行业主管、监管部门的整改建议。凡此种种打击非公有制经济的行为，导致法律与政策界限不明，罪与非罪、罪与错不清，实质上是没有做到依法惩治犯罪者、支持创业者、挽救失足者、教育失误者。结果公检法的办案的质量和结果，达不到政治效果、法律效果和社会效果的统一，也经不起历史的检验，更经不起法治的检验。

通过严格执行和适用法律，大力弘扬保护私有财产的法治意识及价值观念，从而使法律制度的运行更自觉、更理性、更顺畅。同时，应完善司法救济措施，使公民受伤害的私有财产权利能够得到及时有效的司法救助。

毫不动摇发展非公有制经济是党的大政方针

潘云良 [1]

习近平总书记在参加两会联组讨论时强调，实行公有制为主体、多种所有制经济共同发展的基本经济制度，是中国共产党确立的一项大政方针，必须毫不动摇巩固和发展公有制经济，毫不动摇鼓励、支持和引导非公有制经济发展。我们理解，基本经济制度不是一般的，更不是权宜之计，而是具有法律效力的制度。而把包括非公有制经济在内的"多种所有制经济共同发展"作为"一项基本经济制度"固定下来，充分肯定了非公有制经济的历史地位与作用，阐明了党和国家对非公有制经济发展所采取的态度与政策，无疑是给包括"三资"企业、独资企业、个体私营企业等在内的非公有制经济的所有者和经营者吃了"定心丸"，起到了稳定人心、激人奋进的作用，同时也给他们提供了广阔的发展领域和难得的发展机遇。

一、必须充分认识非公有制经济在我国经济发展中的地位作用

如何促进非公有制经济发展，不仅是关系非公有制经济本身发展的问题，而且是关系社会主义事业乃至中国理想中国梦实现的大问题。因此，正确认识非公有制经济的地位与作用，是各级领导干部正确贯彻中央大政方针的重要前提。而要真正做到毫不动摇支持非公有制经济发展，必须从规律上认识。

---

① 潘云良：中央党校经济学教研部副主任，教授，博士生导师。

（一）立足发展生产力看非公有制经济的作用

制度往小了说，可以是法律制度，往大了说，便是社会制度。而人类社会在不断的发展中分别经历了原始社会、奴隶社会、封建社会、资本主义社会、社会主义社会，理想目标是共产主义社会。在人类经历的五种社会制度中有一条"隐形"的绳子，贯穿了整个人类社会，那便是：生产力。看非公有制经济的作用，立足点也在此。生产关系一定要适合生产力发展状况的规律是我国经济体制改革的理论基础。只有运用这一规律我们才能够深刻地认识我国发展非公有制经济的必然性和必要性。

生产力和生产关系之间的相互作用和矛盾运动，构成了生产力和生产关系的内在的、本质的联系。历史唯物主义称之为生产关系一定要适合生产力发展状况的规律。其基本内容是：生产力决定生产关系，决定生产关系的性质及其发展变化的方向；生产关系对生产力的反作用归根结底取决于和服从于生产力发展的客观要求。这一规律表明，在人类社会的发展过程中，特别是在生产方式的矛盾运动中，生产力始终是决定的因素；生产关系的性质和发展变化，生产关系的变革及变革的方向和形式，归根到底取决于生产力的状况和要求。

社会主义的初级阶段是我国的国情、最大的实际。它是我国建设社会主义必然要经历和不可逾越的历史阶段。生产力落后、商品经济不发达主要指生产力整体水平低，发展不平衡，社会主义所必需的物质基础还比较薄弱。我国社会主义初级阶段生产力的发展程度、水平、特点，是我们考虑和构建社会主义所有制关系的基本出发点。这样的生产力实际客观要求在坚持公有制为主体、保证我国社会的社会主义性质的前提下，还需要有个体经济、私营经济、外资企业等各种非公有制经济作为补充。只有发展多种经济成分，才能适应多层次生产力发展的要求，才能有利于调动一切积极因素，充分利用各种资源，促进我国国民经济的发展。经过中国特色社会主义建设实践和我党的不懈探索，1997年党的十五大第一次明确了我国的所有制结构是除了作为主体地位的公有制经济以外，还包括个体经济、私营经济、中外合资经济和外资独营经济等。改革开放30多年我国国民经济迅速发展壮大的事实充分表明，非公有制经济是促进经济社会发展的重要力量。因此在整个社会主义初级阶段，我们都必须坚持公有制经济的主体地位，都必须坚持多种所有制经济共同发展。只要社会主义初级阶段这个基本国情没有发生变化，我们就不能改变这个基本经济制度。当前我国正处于并将长期处于社会主义初级阶段，因此在毫不动摇坚持公有制经济主体地位的同时，必须毫不动摇鼓励、支持和引导非公有制经济发展。

（二）立足发展社会主义市场经济看非公有制经济的作用

　　鼓励、支持和引导非公有制经济发展的另一个重要原因是我国发展社会主义市场经济的客观要求，它在加强和完善社会主义市场经济体制建设方面发挥着重大作用。

　　首先，在市场经济条件下，参与经济活动的主体，公有制企业、集体所有制企业、个体所有制企业、外资企业、中外合资企业等共同构成多元经济主体。这些经济主体均有独立的法人地位和明晰的产权，有自身的利益和自己经济行为的方式。即使是公有制企业，所有权和经营权的分离，也要求它们与集体所有制企业、个体所有制企业一样，在经营活动中自主经营、自负盈亏、自我发展和自我约束。形成产权明晰的多元经济是市场经济运行的必要条件，没有多元的经济主体，就不能形成公平的竞争机制。多元经济主体只有以自身的生存、发展为内在动力，并受到竞争形成的外部环境的压力才能实现社会资源的最佳配置，才能有效地促进社会生产力的发展。

　　其次，在市场经济条件下，利益是各个经济主体追求的目标。各经济主体在追求利益过程中产生的矛盾，只能通过平等竞争的市场机制来解决。而多元经济主体之间地位平等、权利平等、参与机会平等，它们之间不存在从属和依附关系，平等地置身于国际国内的剧烈竞争中，通过竞争，打破计划经济状况下社会资源分配的不公正，实现各经济主体获得利益的差异。多元经济主体之间地位平等、权利平等、参与机会平等是市场经济健康运行的必要条件。舍此，市场经济很难形成。

再次，市场需求是多种多样的。随着我国经济发展水平的提高，居民的消费需求日趋多样化和个性化，各类服务业迅速发展。而非公有制经济在满足居民多样化需求和促进服务业发展上具有独特优势，其本身也会随着现代科学技术的发展不断提高自己的生产力水平。

（三）立足于国家各项事业的发展看非公有制经济的作用

非公有制经济是社会主义事业的重要组成部分。我国是社会主义国家，必须坚持以公有制为主体。但我国的社会主义脱胎于经济发展极端落后的半殖民地半封建社会，虽然经过 60 多年的社会主义建设，特别是改革开放 30 多年的快速发展，综合国力有了显著增强，但我国仍处于并将长期处于社会主义初级阶段的基本国情没有变，人民日益增长的物质文化需要同落后的社会生产之间的矛盾这一社会主要矛盾没有变，这就决定了我国必须继续大力促进非公有制经济的发展。非公有制经济是我国建设社会主义现代化的一支重要力量。

首先，非公有制经济是就业的主渠道。据工商部门统计，截至 2015 年底，全国登记个体工商户由 2011 年的 3756.47 万户增长到 5407.92 万户，增加 1651.45 万户，增长 43.96%，年均增长 10.99%；私营企业由 2011 年的 967.68 万户增长到 1908.23 万户，增长 97.20%，将近翻了一番。2014 年商事制度改革以来，新登记私营企业每年以超过 23% 的速度增长，两年新登记私营企业 766.3 万户，占现有私营企业总数的 40.16%。全国三分之一就业、城镇新增就业的 90% 都集中在个体私营经济部门。近年来，在城乡就业总规模趋于稳定的情况下，个体私营经济就业实现了长期的快速增长（见表 2-1）。

表 2-1　2011—2015 年全国就业人员与个体私营经济从业人员对比

年度	城乡就业人员（万人）	个体私营经济从业人员（万人）	占比（%）
2011	76420	18298.88	23.95
2012	76704	19924.43	25.98
2013	76977	21857.3	28.39
2014	77253	24974.96	32.33
2015	77451	28077.06	36.25

　　根据 2015 年国家工商总局牵头的"个体私营经济与就业关系研究"课题组抽样调查，2010 年以来，城镇私营企业就业人员每年增长 500 万—850 万人，城镇个体就业人员每年增长 200 万—800 万人，两者之和已经接近或超过城镇就业人员的增长量，也接近或超过了每年城镇新增就业数量。同时，农村的个体就业和私营企业就业也在逐年增长，每年增长 300 万—800 万人。城乡合并结算，我国每年个体和私营企业就业增长 1200 万—1900 万人，远远超出城镇就业人员的增长量和城乡就业人员的总增长量。这意味着，个体私营就业不仅吸纳了从其他经济部门转移过来的劳动力，还创造了大量的新增就业岗位。调查显示，个体私营经济具有强有力的就业带动能力，未来还会进一步加强（见下列表格）。

表 2-2　2011—2015 年个体工商户及从业人员增长情况

年度	户数（万户）	增长率（%）	从业人员（万人）	增长率（%）
2011	3756.47	8.79	7945.28	13.38
2012	4059.27	8.06	8628.31	8.6
2013	4436.29	9.29	9335.74	8.20
2014	4984.06	12.35	10584.56	13.38
2015	5407.92	8.5	11682.2	10.38

表2-3 2011—2015年新登记个体工商户情况

年度	户数（万户）	同比增长（%）
2011	715.34	3.46
2012	732.89	2.45
2013	853.02	16.39
2014	896.45	5.09
2015	1011.04	12.78

最后，非公有制经济是国家税收的重要来源。我们以国家税务总局最新的2015年12月税收月度快报来说明各种经济成分的税收贡献。

表2-4 2015年9种企业类型税收收入情况 （单位：亿元、%）

项目	税收总额	同比增长	税收比重
税收收入合计	136021.48	5.0	100.0
其中：国有及国有控股	43185.52	8.4	31.7
其中：国有企业	16129.57	1.2	11.9
集体企业	891.24	−10.1	0.7
股份合作企业	622.25	−3.1	0.5
股份企业	67615.09	8.8	49.7
私营企业	12944.58	3.7	9.5
涉外企业	24762.96	−0.6	18.2
个体经营	6585.14	−0.9	4.8
其他企业	6470.65	12.3	4.8

由上表可知，2015年国有及国有控股税收占全国税收的比重为31.7%。由此推算出，除国有及国有控股之外的广义民营经济占全国税收的比重大约为68.3%。从分类看：

（1）国有及国有控股税收。占全国税收31.7%，其中，没有进行股份公司改制的国有企业占比为11.9%，其余的19.8%为进行了股份公司改制的国有控股企业的税收贡献。

（2）涉外企业中的国有控股企业税收。据国家税务部门有关专业人士介绍，涉外企业中有不少是国有控股企业（如注册地在香港的华润集团），占全部涉外企业税收的12%，亦即占全国税收的2.18%。这类税收列入国有及国有控股税收的31.7%之中。

（3）其他企业中的国有控股税收。据了解，其他企业中大约有一半税收属于国有及国有控股单位（如上证所的印花税收等列入其他企业之中）。

（4）股份企业税收占49.7%，这里的股份企业包括国有控股、私营控股和集体控股，其中国有控股税收构成为：国有及国有控股的31.7%，减去国有企业的11.9%、涉外企业中的国有控股2.18%和其他企业中的国有控股2.4%，共计15.22%。其余的为私营控股与集体控股税收贡献。从实际的总体情况看，在非国有控股的股份企业中，私营法人控股的股份企业可能占90%以上，集体控股的股份企业可能占10%以下，由此估计推算，私营控股的股份企业税收约占全国税收的31.5%左右，集体控股的股份企业税收约占3%左右。

（5）私营企业税收。这是指以自然人出资为主的企业，税收占9.5%。它不包括以私营法人控股的股份企业。

（6）全部私营经济，包括私营企业、私营控股的股份企业和个体企业、股份合作企业、其他企业中的私营控股，总体税收贡献比重大约为51%，已经明显超过国有及国有控股经济的31.7%。

表2-5　2014年三个概念民营经济和公有与非公有制经济税收比重

（单位：亿元、%）

项目	税收总额	比重	备注
全国税收合计	136021.48	100.0	
国有及国有控股	43185.52	31.7	
涉外企业	24762.96	18.2	
广义民营经济		68.3	除国有及国有控股外的全部经济
内资民营经济		52.3	对涉外企业外的民营经济

续表

项目	税收总额	比重	备注
狭义民营经济		约51	对集体企业的私营法人控股企业、自然人控股企业、个体企业、股份合作企业和其他企业（不含其中的国有控股）
私营个体经济	19529.72	14.3	自然人控股的私营经济和个体经济
公有经济		约34	国有及国有控股、集体及集体控制
非公有制经济		约66	对国有及国有控股、集体及集体控制之外的全部经济

注：表中有总额数据均直接源于税务总局快报数据，无总额数据、只有比重者是根据快报数据进行的推算。

由上表可知，如果将国家税务总局的9类企业归类到广义、内资和狭义民营经济中，可以看出，广义民营经济占全国税收的68.3%，内资民营经济占全国税收的50.1%，狭义民营经济占全国税收的约51%。归类到公有与非公有制经济，公有经济占全国税收的约34%，非公有制经济占全国税收的约66%。

最后，非公有制经济是推动产业发展的重要力量。近几年非公有制经济已经开始从轻工纺织、普通机械、建筑运输、商贸服务等领域向重化工业、基础设施、公用事业等领域拓展。在40个工业行业中，非公有制经济在27个行业中的比重已超过50%，在部分行业已经占到70%以上。在商贸餐饮等传统服务业，非公有制经济已占主体地位。在冶金、汽车、电力等行业，已经出现投资规模在几亿、几十亿甚至上百亿元的私营企业。在道路桥梁建设、城市环保、公共交通领域，不少私营企业成为大型项目的中标者。另外，在科技创新方面非公有制经济也显示出巨大的潜力。

二、在新常态下非公有制经济面临的困境与挑战

不可否认，当前非公有制经济在发展的过程中，还面临着以下一些突出问题。

（一）市场准入限制多，政策不平等

一些行业和领域在准入政策上虽无公开限制，但实际进入条件却限制颇多，主要是对进入资格设置过高门槛。人们将这种"名义开放、实际限制"的现象称为"玻璃门"，看着是敞开的，实际是进不去的。

（二）非公有制中小企业融资渠道窄、贷款困难

虽然银行业信贷资金投放较多，多层次资本市场也取得重大进展，但由于资金供给的结构性矛盾突出，中小企业融资仍然十分困难。主要表现在：一是金融机构信贷服务限制多、条款多、门槛高、程序繁、难度大；二是部分企业诚信度较低，拖欠银行债务，贷款更加困难；三是融资渠道狭窄；四是银企交流合作机制作用尚未真正发挥出来，银企之间相互交流少、互信度低，影响了信贷服务。

（三）企业权益不时遭受侵犯

近年来，非公有制企业权益受到侵害案件屡屡见诸报端。以广药和加多宝这场"红罐保卫战"为例，媒体为什么一边倒地支持加多宝？案例值得有关主管部门深思。经过商标权之争、广告语之争后，双方将战火蔓延到了包装"红罐之争"。这背后的本质是什么？按照法院判决，王老吉的商标所有权属于广药集团，这不会有任何异议。因为"王老吉"三字所代表的仅仅是凉茶的商标权，而商标价值不等于品牌价值。

问题是，加多宝经过 17 年的运作之后，已经把凉茶从过去不过两亿销量的品牌，全面扩张到年销售额 160 亿的巨头——也恰恰是在加多宝集团的运作下，王老吉品牌在 2008 年打破了当年海尔创下的 855 亿元的品牌价值纪录，一跃成为自有品牌的新贵。然而过去 10 年令人意想不到的是，就是这样一个价值千亿、年销售额超过 160 亿元的品牌，在 2001 年加多宝集团提出商标租赁续约时，其续约费用仅为 500 万元人民币。因此可以推断，广药与加多宝的"红绿之争"

背后还是利益在作祟，是对王老吉品牌价值如何分割的博弈，而不仅是争商标归属权。

广药并非真的想收回红罐王老吉商标，而是试图通过"提出终止合约"的手段，达到抬高继续合作的租赁价格的目的，这才是双方博弈的关键所在。其实当事情进展到这一步，分析整个事件中孰对孰错都已经没有意义了。有意义的是，它们任何一个都没有强大到能跟"两乐"——可口可乐与百事可乐较量。能够跟美国文化竞争的只有中国元素，而饮料行业现在看来只有中国的凉茶有这种可能。

我们最希望看到的是，两个企业共同发展，然后联手跟可口可乐、百事可乐竞争，这才符合国家大战略！

（四）政府管理体制不顺，地方政府在履行政府职能时经常会出现"越位""缺位"或"错位"现象

近年来，中央、省、市相继出台了一系列鼓励和支持非公有制经济发展的政策和措施，但在执行过程中，打折扣和无法落实的现象依然存在。一是现行非公有制经济行政管理机构不明确，自上而下体制不顺，职能交叉，责任主体不明。如省委批准省工商局成立非公有制企业党工委，而地方则挂靠组织部门，各县区还曾成立过非公有制经济局，但目前又都挂靠到各级商务局，实际发挥作用不大，工商部门和个私行业协会按照职责还有管理非公有制经济的大量任务和职责，可是逐级工商联好像也在履行着重复工作，因此，存在职能交叉、权责不明、多头管理、机制不健全的问题。二是缺乏发展非公有制经济的有效协调机构和机制，难以形成众多政府职能服务部门各司其职、密切配合、共促发展的强大合力。

（五）非公有制经济发展的制度环境还相当滞后

与我国 30 多年改革开放进程中非公有制经济较快发展的趋势相

比，非公有制经济发展的制度环境还相当滞后。某些制度的缺陷和缺失是非公有制经济发展的主要矛盾和突出问题。在税收、土地、投资政策、审批手续等方面亟待改进。

（六）非公有制企业发展过程中自身存在的违规经营现象

有些私企只顾眼前利益不顾环境污染和资源浪费造成的负外部效应，给国家造成了极大的损失。更有些违法经营现象，比如假冒产品的生产、偷税漏税等，严重扰乱了社会经营秩序，合法经营的企业处于劣势，违规经营者反而处处占上风。在内部管理制度方面，非公有制经济一般是固守业主制度，不能适时根据自己的情况加以改进和创新；另外，非公有制经济普遍采用家族式管理体制，这种管理体制虽然适应了初创的需要，却制约了企业的发展壮大。

（七）非公有制经济中劳资矛盾突出

目前我国非公有制经济出现了很多劳资矛盾，具体表现在：工作时间长，工资水平低且任意拖欠劳动者工资；工作环境差或存在很大的安全隐患；没有劳动合同或劳动合同不规范，等等。导致劳动者无论是生理还是心理都得不到满足，形成企业与劳动者的对立局面。同时，劳资矛盾引起了更深层次的社会问题，如由于工资太低，引起的"民工荒"给企业带来损失，这也是劳动者对企业方不公待遇的回应。再如，劳动者的低收入影响劳动者购买力，致使内需不振，经济发展的内在动力不足，而导致企业低价出口，依赖国外市场并频频发生倾销。

（八）自身素质低，内部管理不善

一是企业经营者自身素质不高，普遍缺乏现代企业经营管理理念和知识，在资本运营、技术创新、做大做强上往往力不从心。二是企业经营管理较为粗放，质量、营销、成本、资金、财务管理等方面大部分还处于较低水平。三是专业人才缺乏。企业家族式管理已经成为进一步发展的桎梏。不少企业主自身文化程度较低，主要靠经验管理，靠运气发财，使企业的投资经营决策存在较大的风险。企业普遍没有建立科学、规范的人才引进、留用和培养机制，人才队伍不稳定。四是劳动用工制度不够规范。相当一部分企业没有依法与员工签订劳动用工合同，不为员工缴纳"三金"（养老、失业、医疗保险费），企业员工享受不到法定的劳动保护。

三、优化发展环境，进一步激发非公有制经济发展活力和创造力

非公有制经济要健康发展，离不开国家政策的有力支持。在联组会上，习近平向委员了解企业是否从国家政策中获益。习近平要求，要"推动各项政策落地、落细、落实，让民营企业真正从政策中增强获得感"，"各地各部门要细化量化政策措施，制定相关配套举措"。

针对非公有制经济的困难与不足，习近平提出了重点要解决好的五大问题。从中小企业融资、市场准入、公共服务体系建设、产权市场以及行政审批事项和涉企收费五个方面作出部署，着力解决民营企业发展中的困难，减轻企业负担，降低企业成本。切实转变发展方式是贯彻科学发展观、实现非公有制经济又好又快发展的根本要求。非公有制经济要实现由数量向质量、由粗放向集约、由外延向内涵发展的转变。为非公有制经济发展创造公平竞争环境，应当成为国家支持非公有制经济发展的重点，特别是在准入和融资方面。具体来说有以下几个方面。

（一）深化行政管理体制改革，推进政府职能转变

新形势下推动非公有制经济发展，必须切实转变政府职能，加大

简政放权力度，进而逐步改变政府对资源的配置权力过大和对微观经济活动干预过多的局面，全面提升服务能力，努力营造有利于非公有制经济发展的外部环境。政府应该坚持依法行政原则，把握好自己的角色定位，完善相应的法规和制度，做好执法和监督，维护正常的经济环境，强化服务意识，积极构建完善高效的服务体系，为非公有制经济创业、经营和发展提供全程的优质服务，充分发挥政府在开拓市场中的组织和推动作用，提升服务水平。最大限度地减少审批手续、审批环节，规范审批程序，为非公有制经济发展提供方便、优质、低成本的服务。

（二）打破行业垄断、地方保护

市场竞争规则是保证市场主体能够在平等的基础上充分竞争的行为准则。就非公有制经济发展而言，改善竞争的体制环境首先必须清除市场准入方面的障碍。长期以来，我国教育、医疗、民航、通信、住房、水电、煤气等公共服务领域的产品或服务质低价高的问题相当突出，至少在一定程度上说明其供给的相对不足（不排除垄断提价因素）。而这些恰恰都是行政性垄断极强的部门，整个社会都在为行政性垄断无奈地支付过高的成本。内需不足、过度竞争、供给短缺、结构升级等一系列经济问题都与此有关。在现代市场经济条件下，由于技术进步、社会筹融资体系发达以及成本收益的变化，许多传统上只有政府才能介入的领域都在转由民间资本介入。而且，引入非公有制经济对于提高经营效率、缓解财政压力具有积极作用。2005年2月，国务院出台的《关于鼓励支持和引导个体经济等非公有制经济发展的若干意见》（国发〔2005〕3号），为非公有制经济进入垄断行业和领域扫除了制度障碍。但是，我国大部分传统基础领域依然维持着较强的行政性垄断，对非公有制经济的进入障碍还没有从根本上消除，这表现在如金融、电力、电信、铁路、民航、石油等垄断行业和领域。发展非公有制经济，重在给予民营企业同等的国民待遇，放宽市场准入的限制，按照市场原则向民间资本开放包括现代服务业在内的所有可能领域，形成社会主义市场经济条件下的有序竞争，促进整个社会资源的合理有效配置，充分调动非公有制经济发展的积极性。要致力于建立规范有序的市场环境，强化市场监管和行业自律，规范市场主体的行为，维护公平竞争、优胜劣汰的市场秩序。

（三）切实解决非公有制经济融资难、融资贵问题

从外部环境看，虽然中央已经出台相关政策，同意银行向民营企业增加贷款，但是由于各种原因，银行还是更多地向大企业投放贷款。从内部情况来看，民营企业一般都是从自身的积累起步发展的，普遍存在本钱小、底子薄的问题，缺少银行贷款所必需的担保品，导致从银行渠道贷款融资的空间非常小。在直接融资方面，企业内部职工集资和社会集资曾是民营企业筹资的一条重要渠道。经过近年来的金融整顿，民营企业原有的融资渠道关闭了，与中小企业发展相配套的融资体系又没有相应地建立起来。在资本市场上融资也很困难，尽管目前股票发行实行核准制，企业上市不再由政府推荐，预示着将有更多的有民营背景的公司能够上市融资，但对于大多数规模很小的企业来说，其企业现状根本不具备上主板的条件。因此，必须让金融回归服务实体经济本位，构建与非公有制经济发展相匹配的多层次金融体系，形成大中型金融机构和草根金融机构、商业金融和政策性金融共生共存的多元化金融生态系统，缓解企业融资困境。

另外，要通过小微企业贷款的税收激励、扩大风险补偿基金和信贷差别化管理措施，鼓励商业银行加大对中小微企业的信贷支持。更要降低商业银行发行小微企业金融债的门槛，扩大发行规模，引导城商行通过差异化和特色化发展，提升竞争能力和服务小微企业融资的水平。也要加大对金融担保的财政投入，创新抵押品，切实解决中

小微企业"担保难"和"抵押难"的问题，多方位降低小微企业融资成本。

（四）完善非公有制经济产权保护制度体系

我国非公有制经济的组织形式一直以个人、家族企业为主，而这种家族式的企业管理模式已经严重制约了我国民营企业的成长。近年来，股份多元化的私营公司开始迅速发展，在我国民营企业开始向现代企业制度靠拢的时候，产权问题就显得尤为突出。完备而规范的产权保护制度体系是现代市场经济成功的精髓，因此，必须完善非公有制经济产权保护体系。首先，政府在贯彻执行宪法有关规定的基础上，要突出强调对公民财产权利的保护，维护各市场主体的平等、合法权利。在立法原则上应由过于偏重管制转向注重权利与责任、义务对称，重视权利的授予和保护，重视产权保护对于构建现代市场经济信用关系的基础作用。只有保证各类性质的不同产权在市场交易中的平等权利，良好的信用关系才能得以确立，公平竞争和市场秩序才能真正形成。其次，要细化有关产权保护的法律。有效的产权保护，必须有一系列相关法律对财产权利、责任以及遭受侵害后的诉讼法律适用等内容进行明确、具体的规定。如果没有相关的法律规定或者虽有规定但过于简单，则很难实现对产权的有效保护。因此，政府应针对现实经济关系变化中出现的突出问题，有重点、有步骤地制定和完善相关法律，使产权保护切实得到贯彻和实施。

（五）营造良好的政商关系

按照习近平总书记概括的"亲"和"清"两字，推动政商关系在界限分明、关系清白、公开透明、依法依规的轨道上密切互动、良性互动。对待民营企业，要基于对国家发展和人民福祉的责任感同企业家真诚交往、清白交往，真正帮助企业解决实际困难，支持民营经济发展，努力营造有利于非公有制经济发展的政策环境、法制环境、市场环境、社会环境。

（六）非公有制经济要不断提升自身素质和创新能力

要清醒地看到，与我国经济不断发展的形势和国际市场日趋积累的竞争相比，也有不少非公有制企业在治理结构、经营模式、管理理念、人才队伍等方面还存在明显不足。企业人员素质、技术水平、产品档次不高，能源资源消耗、环境污染相对较大，内部治理结构不够完善、管理水平比较低下、创新能力依然薄弱等问题还比较普遍，科技管理人才、海外市场开拓人才等严重匮乏也制约着企业的进一步发展。

面对国内外复杂的经济发展形势和自身发展状况，广大非公有制企业要自觉苦练内功，不断提升自身素质，为实现自身持续健康发展打下扎实基础。一要着力加快建立现代企业制度，完善公司治理结构，根据现代企业管理理念和自身实际，积极探索有利于企业更快更好发展的产权制度，建立健全内部激励约束机制，形成科学规范的经营管理模式。二要着力提高经营管理者素质，树立宽广眼界，掌握现代经营管理知识，增强科学决策和市场应变能力，更好带领企业发展壮大。三要着力加强吸引和使用人才工作，加大人力资本投入，注重培养高层次人才和高技能人才，广泛吸纳人才、真心对待人才、放手使用人才，充分调动人才的积极性、主动性、创造性，为企业发展提供有力人才支持。四要树立世界眼光，加强战略修养，树立和践行社会主义核心价值体系，不断提高自身综合素质，带领和推动企业科学发展。

同时，非公有制经济具有规模小、适应性强、应变迅速等比较优势，灵活性很大，能够比国有企业更迅速地将市场需求商业化，它们往往是将新技术应用于产品生产的先驱，是集群创新的推动力量。非公有制企业要增强创新能力，通过对产品、技术、工艺及营销模式等的自主创新，寻找转型升级的突破口；要加大创新投入力度，开发具有自主知识产权的高新技术产品、核心技术、关键技术、领先技术，促进向产业链和价值链的高端发展，提高产品的科技含量和附加值；要加强产学研技术合作，加快建立以企业为主导的技术开发推广体系，加快先进技术成果的转化和产业化。

非公有制实业经济面临的市场困境

周天勇 [①]

从中国改革开放以来的商品生产和服务形成的 GDP 的分配来看，民营经济收入分配的比例，先是上升，后是持续下降，政府分配的比例在持续上升；国有企业创造和分配 GDP 在比例上下降后，21 世纪开始又在回升，但其容纳的就业比率在下降，导致所分配的 GDP，要么形成企业的收入和资本，要么形成政府收缴的利润；而对 GDP 的另一个分配走势是，银行和其他借贷的利润率越来越高，分配规模越来越大。三者的挤压力，从国民收入分流来看，不断地挤出相应城乡居民和民营企业在国民收入中的分配流量。

经济增长为什么下行了？除了人口萎缩老化和城市化中断外，第二个很重要的原因，就是政府、国企和金融体系长期对 GDP 分配力量日益强化，导致流向民营企业和城乡居民的部分减少，使其投资和消费能力下降；而政府、国企和银行等金融体系，由于负债率高企，国企产能过剩和结构转型困难，政府和国企投资及银行大规模地向政府和国企放款受到可能触发金融危机的阻拦，而政府、国企和银行的三公消费由于反腐倡廉，受到抑制。因而，加上人口萎缩原因，社会总投资和消费需求的增幅从 2011 年后掉头下行。

一、政府、银行、国企 GDP 收入分配比例的上升

一年内一个国家的财富是有限的，政府、金融体系和其他国企在 GDP 中分配的比率如果越来越高，挤出的将是城乡居民和民营经济

---

① 周天勇：中央党校国际战略研究所副所长，教授。

所能分配的比例。

（一）政府收入占 GDP 的比例是多少

中国各级政府的财政收入数据，一直是一个谜。除了每年公布的狭义的预算收入外，还有各种基金、社会保险金、国有企业上缴利润（包括地方国企上缴的利润）等收入，还有一部分没有列入这些项目的各行政及事业机构的行政性收费及罚没款等，如表 3-1 所列的项目。

表 3-1　政府实际收入占 GDP 比例（单位：亿元、%）

年份	税收	土地出让金	社会保险金	国有企业上缴	彩票销售	预算外及非税收入	没进入预算统计的	政府实际总收入	GDP总规模	政府收入占GDP
1995	6038		187			2938	680	9843	59810	16.45
2000	12581	522	1006		181	4919	1476	20685	98000	21.10
2005	28778	5505	2645		411	8608	2582	48529	183617	26.43
2010	73211	28198	19276	440	1662	16693	5316	144796	399759	36.22
2011	89738	31140	25153	700	2216	14136	6016	169099	468562	36.09
2012	100614	26652	30739	1154	2615	16639	7290	185703	518214	35.84
2013	110497	39073	35253	1288	3093	18645	8828	216677	566130	38.27
2014	119158	42606	39592	2211	3824	21192	10682	239265	636463	37.59
2015	124892	32547	31633	2560	3679	27325	12818	235454	676708	34.80

数据来源：第 1 到 6 项数据来源和整理于国家统计局、财政部、国资委等网站；第 7 项数据是根据我博士彭鹏所著论文研究进行的推算；① 倍数是 2013 年与 2000 年相比。2014 年国企上缴利润，央企数只是 1411 亿元，地方国企上缴数估计为 800 亿元。

---

① 据没有进入预算的仅几个项目，2012 年卫生费 205 亿元，消防收费 400 亿元，交通罚款费 4000 亿元（类似相当多没有进入收支两条线，或者进入了在政府的另一个账上），由企业交纳的工会费 3400 亿元；2013 年社会抚养费推算 260 亿元，交通罚款 4900 亿元。以这些不完全数据我们推算了一个仅卫生、计生和交通罚款三项没有进入政府预算的数据，2010 年到 2013 年的数据分别是 2685 亿元、3005 亿元、3645 亿元、4414 亿元。还有考试、城管、质监、物价等一系列的政府行政和事业性机构收费罚款，相当多的收支两条线，没有进入预算；或者根本就没有进入收支两条线。这些不能取得数据的收费罚款，非常保守地估计占上述能大体得到数据收费的 50%。则 2010 年到 2013 年没有进入预算的非税收入分别约为 5370 亿元、6010 亿元、7290 亿元、8828 亿元。

从狭义的全国财政收入，即政府税收加进入预算内的收费等占GDP 比例的变化看，1995 年只有 10%，到 2014 年为 22%。但是，从项目看，土地出让金从无到有，社会保险金从很少到规模很大，再加上行政机构和行政性事业收费罚款等非税收入增长较快，政府实际收入占 GDP 的比例迅速上升，1995 年到 2014 年分别为 16.45%、21.1%、26.43%、36.22%、36.09%、35.84%、38.27% 和 37.59%，2014 年比 1995 年上升了 21 个多百分点。其中，土地出让金增长规模太大，一方面表明对农民的土地财产分配过多，一方面高出让金和税费对城镇居民的收入形成分配；而在政府税收之外，又有相当大一块进入统计和没有进入统计的非税收入，成为再分配企业和城乡居民收入的不合理的强行分配机制。

平心而论，1995 年政府全部收入占 GDP 的 16.45%，对于提供公共服务来说是太低。但是，2014 年的 GDP 比 1995 年增长了 10.64倍，而政府的全部收入增长了 24.31 倍，作为一个发展中国家，并没有提供相当多的公共服务，在看病、上学、住房都很贵的格局下，政府所收的钱也确实过头了。比例增长的这部分，实际就是对城乡居民对 GDP 分配很大程度的挤出。

（二）借贷利润对实业和城乡居民收入的再分配

我国银行，特别是商业银行，多年体制的垄断和行政定价特征较为明显。商业银行数目逐年增加，但是资产和业务的集中度仍然很高；贷款利率由央行定价，逐步放开，而存款利率 2014 年前则一直是央行定价，并且存贷利差只有 1.8 个百分点，而到 1997 年后扩大到 3 个百分点以上，实行到 2013 年，远高于国际平均水平。[①]加上银

---

① 2014 年和 2015 年，由于余额宝等互联网金融的冲击，存款利率改革才被迫有所松动，特别是 2014 年 11 月末央行存贷款利率的调整，就带有利率双向改革的意图。

行其他费项的增加，以及花样翻新的业务，从城乡居民存款中所分配的收入越来越丰厚。

银行的净利润，是指扣除上交税费和工资以后的银行所得，从收入法讲，是 GDP 的一个组成部分。银行凭着垄断收费和各种花样，以及行政定价获利的不合理的收入部分，是商业资本和银行资本竞争不对等，以及银行对储户权力过强格局下，银行对非金融企业和居民收入的一种扭曲的再分配。

实际上，除了银行外，还有其他金融和非金融机构进行借贷融资。一个国家，其借贷融资利润，占 GDP 的比例我认为应以不超过 3% 为合理。然而，从近几年的变化情况看，2010 年，银行净利润为 7430 亿元，非银行非家庭的机构，如小贷公司、信托、租赁、典当行、担保、国企财务公司、基金发放的债券等，其利润规模估计在 7500 亿元左右，民间家庭、集资、地下钱庄等借贷利润估计在 5500 亿元左右，全社会总的借贷利润为 20430 亿元，占当年国民生产总值的 5% 左右，而当年全部非国有非银行实体经济利润收入匡算为 44560 亿元，占 GDP 的 11.15%。

到了 2014 年，情况比 2010 年还要恶化。银行业的净利润收入达到了 18200 亿元，非银行非家庭的借贷利润是 10600 亿元左右，民间借贷是 18500 亿元左右，全社会借贷利润是 47300 亿元，占国民生产总值的比重已经从 5% 左右上升到了 7.44%，与此同时，非国有非银行实体经济的收入才 42900 亿元，占比从 11.15% 下降到了 6.74%。全社会借贷利润比非国有非银行实体经济的利润收入还要多 4400 亿元。2014 年非银行和非国有实体经济的利润收入，比 2010 年的数还减少了 1660 亿。整个国民经济已经严重高利贷化了。

表 3-2　借贷业净利润　　　　　　（单位：亿元）

年份	1982	1985	1990	1995	2000	2005	2010	2014	2015
银行净利润	7.6	15	42	121	447	1480	7430	18270	15926
非家庭高利贷利润						565	7515	10583	11641
民间家庭高利贷利润							5490	18500	20350

2005、2010、2013 年数据来自于银监会网站；1982、1985、1990、1995 年，按照贷款余额乘以 3% 存贷利差，再乘以 8% 净利润率估计，2000 年按照 15% 估计。根据社会融资减去人民币贷款及外币贷款和股票融资后，乘以利率，2014 年为 18%、2010 年为 15%、2005 年为 12% 计算。民间借贷按照规模，2010 年和 2014 年分别以 15%、20% 利率计算。2015 年非金融机构高利贷和民间高利贷分别增长 10%。

国民经济高利贷化形成的原因在于：①最重要的一点就是银行的高度垄断性，资金在几家大银行中太集中，几千万买家对应着为数不多的中农建工交银行，再通过各种服务理财信托等表内到表外环节流动，垄断导致资金分布和最终价格扭曲，所以中小企业贷到的总是高利贷资金。②信托、租赁、国有企业财务公司、村镇银行、典当行、小贷公司等，都成了倒钱的机构。③整个社会都有一种投资短期化、高利化、赌博化等"不劳而获、一夜暴富"和"天上掉馅饼"的心态，由此一些融资机构和单位允诺高利率、借新债还旧债的庞式骗局、集资、地下钱庄也对利率的不合理上涨起了推波助澜的作用。司法解释民间借贷，"利率可以超过法定基准利率的四倍"，起到了保护和怂恿高利贷的不良作用。

从上述商业银行利益的增长率看，远高于非金融企业净利润和城乡居民收入的年增长速度。可以看出，这种与 GDP、实业和城乡居民收入增长不同步的高增长，实际就是银行优势位势对实业和城乡居民收入分配的一种挤出。

（三）国有企业利润规模

国有企业是创造和分配 GDP 的一个重要领域。在 GDP 的创造中，相当多的国有企业从政府手中获得了较为便宜的划拨和出让土地；从银行获得了相当于民营企业利润一半，甚至三分之一的贷款；有的企业，获得了定价和经营方面的垄断权利；而有的企业，则得到了政府相当多的补贴。2013 年，国有企业总资产 104 万亿元，权益资产 37 万亿元。总资产利润率 1.83%，净资产利润率 5.13%。[①]

表 3-3　国有企业净利润　　　　　（单位：亿元）

年份	1982	1985	1990	1995	2000	2005	2010	2014	2015
净利润	−48	−32	−349	−883	1914	7238	15896	24765	23028

数据来源：财政部和国资委网站。

国有企业净利润，是缴纳财政税费和支付工资年薪等后所分得的收入分配，是 GDP 的重要组成部分。我们现在可以将政府、银行、国企所分配和再分配的 GDP 部分相加，看它们总的占到 GDP 的比例是多少？

表 3-4　政府、银行、国企收入　　　　（单位：亿元）

年份	1982	1985	1990	1995	2000	2005	2010	2014
国企收入	亏损	亏损	亏损	亏损	1914	7238	15896	24765
银行收入	7.6	15	42	121	447	1480	7430	18270
政府收入	2015	3535	5646	9843	20685	48529	144796	239265
国民收入	5330	9041	18719	59811	98000	183617	399759	636463
三项收入	37.95	39.27	30.38	16.66	23.52	31.18	42.05	44.35

根据表 3-1、3-2、3-3 计算整理。

可以看出，政府、银行、国企收入占国民收入比例从 1982 年的 37.95%，1995 年下降到 16.66%，后又逐步上升，2014 年达到了

[①]　见韩洁等报道，新华网 2014 年 7 月 31 日。

44.35%。剩下的国民收入，除了其中还有一部分文化广电出版等净利润外，就是城乡居民和民营企业对 GDP 的分配部分。

二、城乡居民和非国有实业分配了多少 GDP

除去政府、银行、国企收入在 GDP 中的分配部分，剩下的就是城乡居民和民企在 GDP 中的分配部分。观察这几个方面分配比例流程的变化，可以解释中国经济增长后面的投资和消费各个不同方面的拉动力的变化。

（一）城乡居民收入比例持续下降

我们先来看城乡居民分配了多少国民生产总值。1978 年时，城乡居民收入占 GDP 比率为 45.2%，改革开放后，城镇居民增加工资，发展个体私营经济，国企实行大包干，农村实行联产承包制，城乡居民增收，加上当时行政事业机构和人员负担还较少，政府轻税少费，1983 年时，城乡居民收入占 GDP 的比率上升到 62.8%，而到了 2008 年最低时，下降到 41.8%，2014 年才回升到 44.34%，比城乡居民收入分配比例最高时，下降了 18.46 个百分点。

表 3-5　城乡居民收入占 GDP 比例　　（单位：亿元）

年份	1982	1985	1990	1995	2000	2005	2010	2014	2015
城乡居民总收入	0.331	0.506	1.033	2.862	4.704	8.245	16.77	27.58	29.60
国民生产总值	0.533	0.904	1.872	5.981	9.800	18.36	33.96	63.65	67.67
居民收入比率 %	62.00	56.03	55.21	47.86	48.00	45.34	41.95	44.34	43.74

数据来源：根据国家统计局网站数据及其计算和整理。

从 1983 年城乡居民收入分配占 GDP 的水平看，2014 年城乡居民少分配了 12.39 万亿元；如果我们将城乡居民收入分配定在较为合理的 55% 水平上，则城乡居民也少分配了 7.42 万亿元。

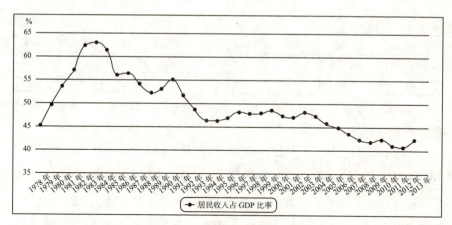

图 3-1　居民收入比下降情况

数据来源：国家统计局网站。

（二）非国有实体经济分配受到挤压

国民收入中，政府、银行、国企收入，减去城乡居民收入，就是非银行和非国有等经济收入。通过下表的匡算，我们看出，非银行和非国有经济收入，1982 年时，只有 2.4 亿元，占国民收入比例仅为 0.045%，1995 年时规模为 19097 亿元，比例为 31.93%，其后逐年下降，而到了 2014 年时，规模虽为 42901 亿元，但是占国民收入的比例下降到了 6.74%。非国有经济，从比例变化上可以看出，受到越来越强的政府税费罚没、银行净利润和国企净利润等三方面强制和垄断分配的挤压。

表 3-6　非国有实体经济国民收入分配额及比例　（单位：亿元）

年份	1982	1985	1990	1995	2000	2005	2010	2014
国民收入	5330	9041	18719	59811	98000	183617	399759	636463
政银国收入 %	37.95	39.27	30.38	16.66	23.52	31.18	42.05	44.35
居民收入 %	62.00	56.03	55.21	47.86	48.00	45.34	41.95	44.34
非国有收入 %	0.045	4.23	12.97	31.93	25.63	20.82	11.15	6.74
非国有收入额	2.4	382	2428	19097	25117	38233	44560	42901

年份	1982	1985	1990	1995	2000	2005	2010	2014
非家庭高利贷利润						565	7515	10583
家庭企业高利贷利润							5490	18500

数据来源：据表3-4、3-5，政府、银行、国企收入比例减去居民收入比例，再扣除10%左右的国有文化新闻广电出版和其他国有经营净收入，大体匡算非国有实体经济收入比例和总额。

可以看出，2013年银行业从业人员只有356.7万人，创造了14200亿元的净利润，人均高达近40万元；国有企业如果仅算正式职工，每人净利润8万元，如果算全部职工，为5.14万元，全部创造了19000亿元的净利润；而多达25836万人的非国有实业经济从业人员，只创造了56839亿元的净利润，人均只有2.2万元。

表3-7 2013年银行、国企与非国有实体经济人均利润

（单位：万人、万元）

经济类型	银行业	国有企业①	国有企业②	非国有实体
从业人员	356.7	2365	3698	25863
人均净利润	39.8	8.03	5.14	2.37

就业数据来源：人民银行网站、国资委网站、国家统计局网站。

我们也可以计算出，2013年与2000年相比，GDP分配中，政府分配的规模增加了4.8倍，银行增加了8.9倍，国企增加了30.8倍，而非国有实体经济的分配，只增加了1.3倍。可见国民收入向政府、银行、国企的分配倾斜和集中力度十分强大。

需要指出的是：①土地出让金在21世纪以来的高速和大规模增加，以越来越高的地价和房价体现为地方为主的财政增收，然而，其实质是，由于土地进入建设领域，需要强制地将农村和城郊的集体土地征用为国有土地，政府对征地的补偿很低，而出售价格很高，实际上是将应该归农民的一部分土地财产从农业和农村用地转成非农产业和城市用的增值性收益，大部分归为了政府自己所有；而另一方面，则通过推高房价，又从刚性需要住宅和投资房产的居民手中，集中了

一部分价格脱离价值的收入。实际是，通过高地价和高房价，对农民和城镇居民两面不合理地分配他们的收入，而集中于政府。②社会保险金，高达工资的42%—50%，如我们这样水平的发展中国家，以30%为宜，实际上是过度从企业和员工收入中进行再分配，将其收入集中于政府手中。③虽然中央和国务院三令五申要清理，但特别难清理，并且逆中央和国务院清理意愿高速增长，说明了近几年政府行政和事业机构的膨胀，并且行政和事业协编、临编和合同工大幅度增加，使地方财政需要更多的收费和罚款，导致中央和国务院禁令实际上难以执行，使企业、居民特别是中小微企业利润遭各种收费罚款盘剥的局面，久不能得以改观，并且有恶化的趋势。其后果无疑是，居民消费能力的下降和非国有实体经济创业和投资能力及意愿的下降。

三、利润被挤压和债务高风险迫使投资增速下行

非国有经济收入占国民收入比例的高低，同样也影响着民营经济投资的水平。非国有实体经济，其净利润分配在国民收入分配中的持续下降，说明政府，特别是地方政府，其众多的机构和庞大的行政事业及协编、临编和合同工供养人员，包括社会保险金巨额的缺口，再加上地方政府扩张和攀比性建设的需要，所赖依运转的高土地供给成本、过头税收、高工资比例社会保险金，以及繁多的收费和罚款，长期侵蚀非国有实体经济的净利润，再有银行的高利率，使非国有的实体经济遭到重创，投资意愿也日益下降，在2014年表现得尤为显著。

2008年，全球金融危机爆发，中国为了刺激经济增长，出台了4万亿元投资的经济扩张计划，2009年人民币贷款和外币贷款的规模达到了10.5万亿元人民币。其两个严重的后果是：（1）由于中国货币不是国际货币，扩张的几乎全部流入国内经济，导致了后来地价、房价和消费价格的快速上涨；（2）地方政府和国有企业利用这次经济

刺激，从金融体系借了大量的债务，使其 GDP 负债率急剧上升，而国有企业的资产负债率指标也出现恶化，还进一步加剧了全社会向高利贷格局发展，金融体系的风险越来越大。

（一）非国有实业经济投资意愿在下降

内资非国有实业经济，除了个体和私营经济外，还包括国有及银行以外的非国有控股的有限责任、股份有限等经济，从近几年这些经济的调查看，其扩张投资的意愿在下降。主要是这样几个方面的原因所致。

首先，税费负担持续增加，侵蚀了商户和企业的利润。这两年政府正在进行营业税转增值税，以及提高规模以下小型企业税收起征点的改革，国务院也再三下达给企业清费的文件，但是，根据中国企业家调查系统在 2014 年的调查，在税收方面，认为税收负担"基本未变"的企业经营者占 60.1%，"有所增加"或"明显增加"的占 29.9%，"有所减少"或"明显减少"的占 10%。关于企业非税费用的变化情况，与 2013 年相比，认为 2014 年以来非税费用"基本未变"的企业经营者占 52.5%，"有所增加"或"明显增加"的占 34.3%，"有所减少"或"明显减少"的占 13.2%。[①]

从 2010 年到 2014 年，非国有实业经济净利润不仅没有增长，而且从 57565 亿元下降到了 42901 亿元。其净利润实际上通过政府的过度收税收费，加上银行的高利率，转移成了政府的税费收入和银行超额利润。比如 2014 年 1–9 月，地方非税收入 12613 亿元，增长 12.2%；11 月地方非税收入 1212 亿元，同比增长 13.4%，远高于税收

---

① 国务院发展研究中心企业调查：《仅一成企业家说税负减轻》，澎湃新闻网 2015 年 1 月 8 日。

增长和 GDP 增长的速度，实际上是过头收税和更过度地收费罚款。①

上述数据说明，即使在中央政府减税清费非常强烈的意愿下，这样的减轻企业负担的大政方针，在地方总体上没有被执行，并且还在恶化。究其主要原因，地方四级政府运转没有正规和大额的税收来保障，行政事业机构太多和人员庞大，协编临编人员越来越多，加上公务员、事业人员和协编临编人员工资社保的增长，最大限度地收税，以及许多政府部门和事业单位收费罚款、收支两条线、超收奖励和罚款分成的运行体制，地方已经形成了向商户和企业千方百计收费罚款的强有力机制，各类国务院的文件也已经难以撼动。

其次，企业融资的高利率，已经重创实业：（1）银行方面，从民营经济的银行融资看，大型企业的贷款利率及其他收费一般为 12%，中型企业一般在 16%—18%，小微型企业在 20%—25% 之间。尽管中央政府三令五申要求银行贷款向中小企业倾斜，并降低利率，但实际上大多数银行机构并不听政令，或者明降暗升，除了不断上浮的贷款利率，抵押物、担保费、咨询费、强行搭售理财产品等五花八门的要求也让企业不堪重负。②（2）多家到香港上市的小贷公司，其平均贷款利率高达 15% 到 20%。③（3）近年兴起的网贷，在 2014 年第一季度时，平均利率 20% 以上，11 月虽然下降为 16%，仍然远高于实业经济的平均利润率。（4）民间借贷方面，根据 2014 年 5 月 29 日西南财经大学中国家庭金融调查与研究中心发布的《中国家庭金融调查》报告显示，民间有息借出资金规模在 7500 亿元，全国范围看，民间借贷利率为 23.5%。

---

① 财政部网站：2014 年 9 月财政收支情况。
② 赵宇：《企业实际资金成本高出贷款利率近一倍》，《经济参考报》2014 年 9 月 29 日。
③ 乔加伟：《多家小贷公司赴港上市 平均贷款利率 15%—20%》，《21 世纪世界经济报道》2014 年 10 月 28 日。

那么，非国有的实业企业，资金利润率到底为多少呢？从宁波的百强制造业企业看，其总营收首超万亿，但其平均利润率却不足4%。[①] 从全国餐饮业统计数据来看，2014年1—10月，营业总收入达到22591亿元，同比增长9.7%。不过餐饮企业的利润率较2013年有10%的降幅，平均水平不足2.5%。小微企业的盈利能力较2012年有明显下降。2014年第三季度亏损企业的比例上升至15.9%，与2012年的6.3%相比，激增了1.5倍。许多制造和服务业企业表示，融资利率远远高于企业实际的利润率，不贷款是渴死等死，去贷款是吸毒找死。[②]

尽管第四季度央行降息"放水"，但根据央行2014年12月23日公布的《2014年第四季度银行家问卷调查报告》显示，2014年第四季度贷款总体需求指数为64.9%，较上季度下降1.7个百分点，创下2011年四季度以来的新低。[③] 据日前汇付天下与西南财经大学中国家庭金融调查与研究中心共同发布的报告显示，2014年第二季度，21.6%的小微家庭工商业有信贷需求，2014年第三季度，该比例下降至16.4%，下降了5.2个百分点。[④]

在现在这种倒置的情况下，无论国有企业、民营企业还是家庭，都在想办法用钱赚钱，国有企业用财务公司参与放贷，有些大的国有企业用财务公司赚的钱比它的实体赚的钱还多。有的私营企业干脆把工厂卖了去放高利贷。这将进一步影响整个经济的下行。

---

① 李华：《百强企业总营收首超万亿，平均利润率却不足4%》，《钱江晚报》2014年7月21日。

② 陈若然：《小微企业生存压力仍大 借款意愿创十年新低》，《南方日报》2014年12月8日。

③ 马元月、岳品瑜：《四季度银行贷款需求较上季度下降 再创新低》，《北京商报》2014年12月23日。

④ 陈若然：《小微企业生存压力仍大 借款意愿创十年新低》，《南方日报》2014年12月8日。

　　2014 年和 2015 年初值得注意的一个情况是：许多银行怕不良资产率上升，诱导中小企业还款，答应还后一段时间后可以续贷。一些中小企业按要求还款，在这"一段时间"中，借了高利的"过桥"贷款，结果银行不再贷款，致使企业不能过桥，陷入高利贷陷阱，相当多的中小企业停产、跑路，目前各地中小企业家以自杀消债的数量增多。当然，银行也有苦衷，也有骗贷的。

　　国民经济高利贷化，已经严重干扰了中央货币政策的有效性。资本无法流动到实业，而是被抽到了以钱赚钱的渠道，即使国家降息降准，钱还是跑到了银行表外，通过信托、租赁、理财、小贷公司放高利。通过降息降准扩大到流动性中的钱又变成了高利贷，降息降准对实体经济的作用已经非常有限。

　　再次，体制环境仍然不利于民营经济的发展。从调研的情况看，一是许多办事人员红包不敢收了，礼物不敢拿了，宴请不敢出席了，但是，事也停着不办了；二是审批在清理，但是，清无关紧要的而不清实质性的权力，清很少要人去审批的而不清经常办理及有实惠的，清不收钱和收钱很少的项目而不清能大量收费的项目；三是负面清单管理，总是在宣传，但是没有落地，政府行政和行政性事业机构，总是要干预经济活动；四是环保、土地、技术、食品安全等准入，以及各监督方面，在环评、资质等各方面，企业成本不减，刁难还不少；五是对于干预企业创办投资建设经营的体制机制改革力度如此之大的局面下，政府行政和行政事业性机构及其公务员，仍然以加强监管为名，为利益层层设置障碍，群蝇乱舞骚扰，使创业和企业可以说一步一求，甚至到了寸步难行的地步，这在蔡晓鹏所作的《国缺廉律 鼠辈猖獗》一文中描绘得淋漓尽致，触目惊心。①

---

　　① 蔡晓鹏：《国缺廉律　鼠辈猖獗——在中纪委、工商联座谈会上的发言》，财新网 2014 年 11 月 27 日。

　　在世界银行对 189 个经济体 2013 年 6 月至 2014 年 6 月全球营商环境的评估中，营商环境便利度、开办企业、办理施工许可、获得电力、登记产权、获得信贷、保护少数投资者、纳税、跨境贸易、执行合同和办理破产，中国内地排第 90 位，其中"办理施工许可证"，在全球排名倒数第 11 位。"开办企业"一项，虽然中国政府进行了大刀阔斧的改革，从 2014 年的 151 名升至 128 名，但在通常要求的所有手续，完成这些手续所需的时间和费用，以及最低实缴资本等方面，仍然是排在后面的国家。① 如果反腐松懈，体制不能向负面清单管理彻底转轨，对行政权力的约束监督制度建设不能配套，创业投资建设经营环境恶化可能会复归。中国的营商环境并不乐观。

　　最后，创业者和企业家们对产权保护司法体制能否清廉公正、未来所有制走势等，不甚明确，缺乏信任和安全感，也是国内投资实业经济意愿下降的重要原因。一是恶法和司法腐败，随意侵扰和吞噬企业资产。唱红打黑，通过抽逃注册资金为罪等这样的恶法条款，加上公检法等机构可以在此类案件中提成和拍卖资产创收，地方政府也可以通过拍卖其资产获得政府罚没收入；甚至有的官商勾结、徇私舞弊，通过司法途径将正当企业的资产拍卖转移给利益相关的侵吞者，使一些民营企业家投资和经营有恐慌和不安感。二是意识形态在经济方面总是争论不断。不时地挑起剥削、阶级、无产阶级专政等论战，高调坚持公有制和反对私有化，使许多民营企业家感觉这个社会总归要"打富豪、分财产"，没有资产的安全感，最好还是"见好就收，小富则隐，转移国外"。一大批民营企业家已经移民、停业和向外转移资产，并且许多民营企业家总是观望，犹豫不定，一有风吹草动，便可转移资金。

---

　　① 世界银行：《2015 年全球营商环境报告》，2014 年 10 月 29 日发布。

全社会投资持续下降，与人口萎缩老化而消费市场相对不景气，劳动力成本上升，即人口红利的消失相关联；与体制惯性扭转缓慢，营商环境不佳，意识形态争论，创业者和企业对未来缺乏信任和安全感，投资意愿下降有关；更重要的是，与政府、银行、国企方面的强势分配力，对民营企业资源空间的压缩和对其利润的分配挤出关系更大。综合来看，民营经济投资的乏力，是从 2009 年开始的全社会固定资产投资增长速度持续下滑的最重要原因。

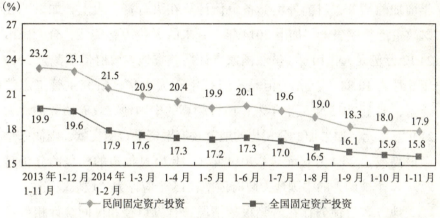

图 3-2　民间固定资产投资和全国固定资产投资增速

数据来源：国家统计局网站。

可以看出，民间投资，从 2013 年的 23.2% 急剧下降到了 2015年 1 到 5 月的 12.1%，增长速度下降了接近 50%。

（二）金融高风险与政府国企投资再难重振

有的学者认为，消费主导推动，力度不够，特别是经济下行期，更要政府主导投资于交通、新能源、水利和其他基础设施等，包括加大国有企业的投资力度，来拉动经济增长。但是，需要特别指出的，一是 2008 底实施的投资扩张政策，造成了 2009 年开始的地价、房价和消费物价的过快上涨；二是借债投资，使得政府、国企和房地产商的 GDP 和资产负债率提高，经济下行和土地财政的收缩，使还款的违约风险加大，银行坏账率也上升。如果似 2008 年底的大规模投资再来一轮，可能会引起金融体系的剧烈动荡。

1. 政府债务

截至 2013 年 6 月底，全国各级政府负有偿还责任的债务为 206988.65 亿元，负有担保责任的债务为 29256.49 亿元，可能承担一定救助责任的债务为 66504.56 亿元。即使不算 2013 年下半年和 2014 年增加的债务，目前外汇储备负债计算在央行资产表上，如果算在财政资产负债表上，加上 2014 年 9 月末的 3.89 万亿美元，合人民币 24.12 万亿元人民币。[1] 虽然国家审计局核查地方政府借债截至 2013 年 6 月为 10.88 万亿元。但是，渣打银行大中华区研究主管王志浩透露，截至 2013 年上半年末，该行测算的中国地方政府债务估计为 21.9 万亿元，如果加上公司化的地方政府融资平台的贷款，则债务总额最高或达 24.4 万亿元。[2] 2014 年 11 月 20 日报道的标普的分析暗示，31 个被调查的中国地方政府债中，15 个应评为"垃圾级"。

地方政府债务存在着瞒报的情况，官方口径和民间统计相差悬殊，地方债规模一直以来就像个谜。财政部要求 2015 年 1 月 10 日之前地方上报政府债务余额，江苏省南部某县级平台公司负责人说："我们来回搞了 5 次，才最终确定上报数据。"张涛告诉本报记者："政府划定的存量债务红线是 2014 年 6 月底审计数字乘以 GDP 增长率，绝对不能超过这个限额；所以，最后确认为政府债务的数字不到我们上报的 1/3。"[3]

---

[1] 日本 2012 年底外汇储备为 12681.25 亿美元，GDP 为 59639.55 亿美元，公共债务达到 GDP 的 214.3%，其中外汇储备占 GDP 的 21.3%。

[2] 魏枫凌：《中国地方政府债务或近 25 万亿元》，财经网 2012 年 10 月 10 日。

[3] 吴建华、赵士勇：《中国地方债玄机：数字大了省里不给上报 最终砍到 1/3》，《华夏时报》2015 年 1 月 8 日。

未来地方政府难以有足够的还款能力，将形成债务严重违约和展期格局。（1）土地出让金收入是地方政府融资还款的主要基础，但是住宅严重过剩，住宅用地市场火爆不再。从 2014 年 10 月土地供求情况看，全国 300 个城市共推出土地 2279 宗，环比减少 14%，同比减少 42%；成交面积 4801 万平方米，环比减少 35%，同比减少 63%；土地出让金总额为 1317 亿元，环比减少 8%，同比减少 56%。[①]（2）2014 年由于经济形势下行，加上近几年的营业税改增值税，营改增的增量部分向中央财政集中，地方政府的税收收入增幅下滑，一些地方甚至出现了发放公务员和事业单位人员工资都困难的局面，更谈不上顾及对本级政府以往债务的还本付息，只能等中央银行再一次核销，或者中央财政出资相救。

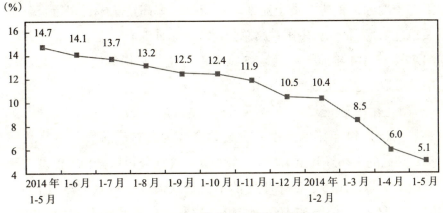

图 3-3　全国房地产开发投资增速

数据来源：国家统计局网站。

2011 年房地产开发投资 61740 亿元，比上年增长 27.9%。其中，住宅投资 44308 亿元，增长 30.2%；办公楼投资 2544 亿元，增长

① 中国指数研究院：《2014 年 10 月中国 300 城市土地市场交易情报总结分析》，中商情报网 2014 年 11 月 4 日。

40.7%；商业营业用房投资 7370 亿元，增长 30.5%。但是，到 2015 年 1 到 5 月，只增长 5.1%。

2. 企业负债率

企业的高负债率也影响到整个金融体系的稳定。中国非金融企业整体负债率已经处于过高水平，企业负债占 GDP 的比例高达 105%，不仅高于日本、美国、意大利，甚至接近于英国、法国的水平。2013 年发布的一份研究报告表明，中国 500 强企业资产负债率平均高达 84%，远高于发达国家大企业 50%—70% 的平均水平。[①] 国际货币基金组织 2013 年 4 月也指出，中国市值最大的前 10% 上市公司全球资产负债率较 2003 年上涨 10%，是整体上涨幅度中间值的两倍。其中，工业、原材料、公共建设和房地产等行业上涨最快。[②] 2014 年第三季度末，钢协会员企业平均资产负债率高达 72%，银行贷款总额超过 1.3 万亿元；中国铁路总公司资产总计 5.45 万亿，负债率超过 64.77%。2014 年前三季度，45 家上市房企的平均负债率为 74.56%，中小房地产企业负债率达 80%。

3. 银行不良资产

预计 2014 年第四季度不良贷款余额为 8277 亿元，不良贷款率从 9 月底的 1.16% 升至 1.23%。东方资产管理公司依据相关模型的测算结果显示，2015 年四个季度的不良贷款余额分别为 8973.21 亿元、9715.73 亿元、10506.57 亿元和 11347.37 亿元，不良率分别为 1.29%、1.36%、1.44% 和 1.52%。在不良贷款压力大增的情况下，一些银行采取了一些延缓措施，对一些"准风险"或风险项目继续提供信贷支持，延

---

① 张茉楠：《中国 500 强负债率高达 84% 比影子银行严重得多》，《南方都市报》2013 年 9 月 9 日。

② 陈文字：《企业负债率高企是中国最大金融风险之一》，《上海金融报》2013 年 4 月 23 日。

缓风险暴露，这在客观上加大了信贷风险程度。有学者认为，商业银行账面不良率"低估"和"大幅低估"实际信贷风险的受访者明显增多，其原因在于关注类、次级贷款的账面风险与实际风险偏差较大。[①]

图3-4　2006—2011年全社会固定资产投资及其增长速度

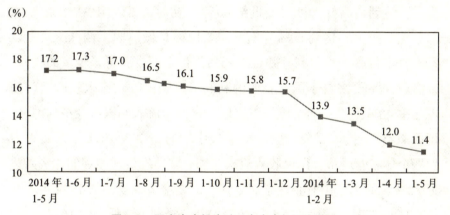

图3-5　固定资产投资（不含农户）同比增速

图3-4、3-5数据来源：国家统计局网站。

四、经济增长下行的国民收入挤压力流程

从需求方面看，国民经济的增长是由投资、消费和出口三大需求拉动的。从流程上看，需求需要支出，支出需要收入作为基础，而

_____

① 杜金：《银行业不良压力明年或达顶峰》，中国新闻网2014年12月9日。

生产形成供给；供给从形式上讲，实际是收入法形成的 GDP。因此，"……→商品和服务生产者→商品和服务供给→形成在企业、银行、居民和政府间分配的收入→投资和消费支出→商品和服务生产者的收入→……"是一个循环的流程。我们需要以此为脉络和逻辑，去思考经济下行的一些影响因素，并对症治疗。

我们来看国民收入流向政府、国企银行、非国有实体经济和居民四大部分的演变过程。

我们简单从改革开放到 1995 年的历史数据看，国民收入流入政府部门，从高到低；居民部分，从低到高，再从高开始降低；而流入国企和银行很少，甚至为负；流入非国有实体经济领域的，则从几乎为零，达到最高峰。（1）20 世纪 80 年代初时，流入城乡居民的收入部分比例较大，达到 60% 左右，主要原因是城镇职工调涨工资，以及农村实行联产承包制，并且农产品价格上调，获得了较多的收入；政府收入主要来自于国有企业的利润等，国民收入流入政府部门的占几乎 40% 左右；而个体经济比例非常低，流入非国有经济的部分，可以忽略不计。（2）20 世纪 90 年代中期时，由于 1992 年开始大力发展个体私营经济，国民收入流入非国有实体经济的净利润比例高达近 32%；而由于国有企业全面亏损，加之增值税改革从 1994 年才开始，1995 年时，国民收入流入政府的部分降到了最低点的 16.5%；国有企业全面亏损，而银行净利润也很少；流入居民部分的国民收入比例还在 47.86%。其下降的原因有：农村家庭承包和农产品价格改革带来的农村居民增收效应已经消失，分税制和增值税等改革刚刚启动，国企全面亏损和政府收入比例下降，不能给企业职工和政府行政事业单位人员相应地增加工资，特别是进行下岗分流和减人增效改革等，影响城镇居民收入的分配。

这里我们重点来看从 1995 年到 2014 年国民收入流量的演变：国

民收入流入政府部门的从低到高，比例越来越高；流入国有企业和银行部门的从几乎无到有，比例也在逐步上升；而流入居民的流量部分，则持续下降，到 2011 年为最低后，2013 年稍微有所上升；流入非国有实体经济的国民收入流量，从最高降到了最低。

（一）流入政府部门的国民收入越来越多

流入政府部门的国民收入从 1995 年的 16.5% 上升到了 2014 年的 37.59%。从 2014 年收入项变动看，先是分税制和增值税改革，增强了政府税收的集中能力，2014 年是 1995 年的 19.73 倍，为 119158 亿元；后是社会保险金的征收，从少到多，增加很快，是 1995 年 211.7 倍，为 39592 亿元；土地出让金，则是从无到有，规模达 42606 亿元；而政府除了税收、社保、土地出让金三大项收入外，还有一大部分是进入地方财政基金收入项和由地方财政未进账处理，甚至由行政事业部门和单位私自处理的，规模保守匡算达 31874 亿元之巨。因此，2014 年政府全部收入为 239265 亿元。国民收入的 37.59%，流入了政府部门。支出规模的扩大，是中央和地方政府强力提高其在国民收入中分配流量的最主要动因。

1. 行政、事业机构和人员扩张对收入的需求动力

政府行政事业部门和人员扩张，以及其工资上涨，事业单位的社保，离退休人员的离退休金，包括 2012 年前还没有能管住的三公消费，其支出规模剧增，迫使中央和地方政府需要增收。1978 年时，事业和行政机关的人员为 1964 万人，退休人员的比例很低（上海市 1978 年职工离退休比例为 1：0.11，[①] 上海是老龄化较早的城市，全国估计在 1：0.07 左右），财政发放工资的职工，为 137 万人左右，在政府行政和事业单位中的协编临编和合同工人员也非常少；但是到

① 李家齐等：《上海工运志》，上海社会科学院出版社 1997 年版。

57

了 2014 年，行政和事业单位人员规模为 4100 万人左右，财政发离退休金的为 2000 万人左右，协编临编和合同工人员在 1500 万人左右，财政支付的供养人员，实际的规模在 7600 万人左右。占总人口比例从 1978 年的 2.04%，上升到了 2014 年的 5.51%。也就是国民财政人口供养比，从 1978 年的 50 人供养 1 人，到 2014 年大幅度上升为 18 人供养 1 人。

由于相当一部分政府和行政事业的许多机构和人员，财政并没有拨款，或者全额拨款。这些部门和机构，有的将自己的收费设计想方设法挤进了有关法律，有的是在法律的实施细则中写入，有的是挤入了国务院的法规中，还有的是部门的和地方的条例中列有收费项目；有的与物价部门商量，是各级发改委物价部门核定的行政和事业收费项目；还有的干脆是本单位收费的"土文件"和"土政策"；有的设置资质准入、年检等，将政府应当买单的服务，变相成为会计公司、咨询公司、环评公司、拖车公司等的第三方收费，而这些被行政和事业机构指定的公司，收费垄断和奇高；并与授权或建议客户去办理业务的行政和事业机构及其负责人有着千丝万缕的利益输送关系。[①]

这些不纳入财政完全不拨款，允许收费罚款，采取收支两条线体制，潜规则中超收奖励、罚款分成的行事和事业机构，以及工作人员办公、工资、社保缴费，甚至其"三公消费"，是 2014 年税外 31874 亿各种收费罚款的主要消耗者。从国民收入中流入政府收支两条线行政事业部门的这部分流量，占到全部政府收入的 13.32%，占 GDP 的 5%。

2. 地方的 GDP 及投资建设冲动

地方政府建设重大项目，如地铁、办公楼、文体展览馆等建设需

---

① 第三方的这些咨询、培训、评审等费用，不计入财政实际的收入中，大多相关行政和事业机构暗中与这些公司有分成，甚至有的为行政和事业单位有关指定或者建议事主购买服务的负责人暗送好处。

要的经费也越来越大，筹资的方式主要是借债和土地出让金收入，从需求上推动地方政府圈地囤地，招商卖地，抬高地价房价，以此来满足建设的资金需要。但是，投资方面，地方党委和政府有着不同程度的 GDP 及建设等政绩取向；体制上有地方领导任职短期化，先任领导不顾后任领导是否能还款，新官不理旧账等弊端；地方政府有着强烈的地方借债大搞建设和发展的冲动，而相当程度上有着将本地区金融体系可能形成的坏账指望由央行和中央政府买单的行动意愿，也就是在中央政府与地方政府之间，与希腊政府同欧盟和欧洲央行之间的关系一样，存在着地方政府将建设和发展借款的金融风险，最终向央行和中央政府转嫁的巨大道德风险。

（二）流入银行国企越来越多及其成因

1995 年到 2014 年流入银行和国企的国民收入流量，前者从 1995 年的只有 0.2%，上升到 2014 年的 2.87%，规模达到了 18270 亿元；流入后者的国民收入，更是从 1995 年的亏损，上升到 2014 年的 3.89%，规模达到了 24765 亿元。银行和国企，在 2014 年国民收入分配流量中，占到 6.76%。

1. 银行垄断对实体经济利润的过度再分配

当然，在垄断特征很明显的银行业中，由于经济转型，产能过剩，房地产不景气，政府杠杆率过高而违约，加之一些银行为了管理人员和员工的工资报酬等，隐瞒成本，虚报利润，2015 年银行业可能面临着坏账率上升和其利润被侵蚀的趋势。但是，这许多年来，银行存贷差过高，加上服务费等，企业贷款实际利率太高，已经成了一个不争的事实。实体经济中大量的利润，通过过高的银行利率和收费，被转移到了银行，被其工作低效率、员工高报酬、业务高风险，甚至银行一些信贷过程中的内外腐败所消耗。而且，银行业实际上的高利率和高收费，与全社会的高利贷心态和行为形成互动，与小贷公司、互联网信贷、信托典当和民间信贷一道，形成了非常不利于实体经济生存和发展的金融和社会风气及环境。

2. 国民收入不正常流入国企的体制性原因

流入国有经济的国民收入，从占用资源、对国家贡献和体制方面看，有不正常的方面。一是体制照顾优势强，资产实际效率低。2013年，国有企业正式职工2365万人，加上临时性农民工职工，以及派遣性质在国企工作的职工，共3698万人。资产规模达104.1万亿元，劳均资产规模在282万元到442万元。虽然资产利润率1.83%，资本金利润率5.13%，然而，国企的高资本利润率行业集中在电信、石油、烟草等高度垄断性的行业，少数几个行业的国企创造了国有企业利润的80%左右。而其利润主要来自于明或潜规则中贷款的所有制歧视和利率的所有制差别。从银行所得到的贷款利率，是大型民营企业贷款利率的50%，是中小微民营企业贷款利率的17%到33%。如果将国有企业的贷款利率提高到大型民营企业的一半，按照国有企业的负债资产的60%为银行贷款计算，将付出财务成本24156亿元，整个国企不但无分文利润，还将亏损5156亿元。另外，国企过去划拨土地的无成本，现在得到土地、矿藏等资源的较低价格，都成为国企利润的来源。

二是相对于所占有的资产、资源和体制优势，国有企业上交国家的利润较少，解决的就业贡献也较小。虽然国家曾经剥离和核销数万亿国有企业在银行的不良资产，1997年到2007年免国企上交利润，土地矿产资源划拨和出让优惠，财政投入大量资本金，目前形成了37万亿的资产，但是，上交国家的利润，少之又少。2013年按照财政部公布的数据，为1288亿元，仅为19000亿元净利润的6.78%。而且大部分来自于石油石化、电力、电信和烟草等垄断性行业。而从就业方面的贡献看，国有企业104万亿元的资产，只容纳了正式职工

2365 万人就业，只占全国全部就业的 3%，占全部城镇就业的 6.2%；国资部门所声称的还有 1333 万就业，是临时和派遣工，虽然在国企中就业，可工资水平和社保缴费等福利与正式职工差别较大。

国有企业占用了大量的相对较低利率的贷款、土地和矿藏等资源，还有垄断位势，一方面挤压了民营经济发展的空间，使民营经济发展的领域受到限制；另一方面向财政上交利润过少，使行政和事业单位需要向民营经济收过头税和繁多的收费罚款进行补充，进一步挤压和削弱了民营经济的发展能力。

（三）脉络运行的结论

中国这几年的经济增长速度除了受到人口"未富先老、未强先衰"和城市化"青出老回、未化先滞"的影响外，从体制及其运行看，国民收入流向政府、银行、国企部门的相对越来越多，流向城乡居民和非国有实体经济的相对越来越少，向后者流动的国民收入比例受到了前三个部门逐年的排挤。

行政事业机构和人员的膨胀，需要更多的国民收入；而更多的国民收入，需要更多的税收、费项和罚款；而收上来的更多的国民收入，又促使行政事业机构和人员的膨胀，形成恶性循环。虽然已经提上改革议程，但是，我认为，直到现在，也没有形成真正的"人民—人大—税收—预算—行政机构人员规模"之间现代和有效的审议、批准和监督体制。

而金融体系的高利润，实际上是从居民的低存款利率和实体经济的高贷款利率中获利的，也就是从居民收入和实体经济中吸取了相当部分的国民收入。其后果是，实体经济的利润被转移，民营经济对实业，特别是制造业的升级换代等投资的意愿大大下降。造成高利贷经济泛滥、制造业等实体经济萎缩的局面。

　　税费负担过重，用地成本过高，社保工资等用工成本上升，房价高企，一方面，这些问题越来越多地使行政和事业部门再分配企业和居民的收入，不仅机构人员膨胀，而且"三公消费"也有了财源；另一方面，企业的利润被过分挤压，城乡居民的消费能力相对较低，特别是一些房奴等，其消费更是被挤压到最低水平。

　　国民收入这样的流程，造成相互关联的国民经济运行后果：（1）在外部出口需求降低下来时，无法由国内需求来平衡国内制造业的生产能力和供给，发生了产能过剩与内需之间的不平衡；（2）国有企业投资，包括一些民营经济的投资，由于居民收入部分相对被挤压，其形成的生产能力，也即供给，无法由居民需求来消化，发生了投资与消费需求的不平衡；（3）由于住宅供给过剩和城市化的"未化先滞"，加上制造业回落和中小企业不景气，土地财政和税费收入的增长空间受到影响，而前几年政府借债、国有企业负债率上升、产能过剩，给金融体系积累了巨大的风险，杠杆方式的投资已经受到了极大的限制，政府重启如2008年底投资拉动经济增长的空间缩小。

　　这样的高地价的土地财政，税外如此多的费和可以随意罚款，以及社保费率一开始定得如此之高，银行垄断导致高利贷机制，诸如这样的不正常的国民收入分流机制，与中国台湾地区及德日韩发展过程体制比较，是我们特有的，必然会对经济增长持久的动力产生特殊的影响。

　　上述收入流程及投资与消费等经济运行的扭曲和不畅，必然使消费景气，即需求活力受到影响；而沉重的税费利息等负担，则使国民经济的创业、创新、投资、经营等方面的活力，又受到重创和压抑。故在出口受阻、人口萎缩老化、城市化中断的情况下，以这样扭曲的国民收入流程，经济增长速度如果还不下跌，反而高速增长，可能才是不正常的趋势。

参考文献：

周天勇：《未来 10 年财政税收体制改革框架方案》，国家发展委综合司 2005 年委托项目，内容载于周天勇：《中国政治体制改革研究报告》第七部分，新疆建设兵团出版社 2008 年版。

国家发改委社会发展研究所课题组：《我国国民收入分配格局研究》，《经济研究参考》2012 年第 21 期。

赵理想、王志东：《比较与反思：基于税收对经济增长影响的相关研究述评》，《经济研究参考》2014 年第 66 期。

湖南省物价局：《开展收费整治 优化发展环境》，《中国价格监管与反垄断》2014 年第 1 期。

王晓峰等：《基于企业端融资费用支出视角的小微企业融资成本测算——以许昌市为例》，《金融理论与实践》2015 年第 3 期。

张立栋专访周天勇：《国民经济高利贷化亟须遏制》，《中华工商时报》2015 年 4 月 23 日。

蒋致远：《反思高利贷与金融市场的扭曲》，《人民论坛》2012 年第 17 期。

中国经济的成功之道与完善非公有制经济的法治保障

王若磊①

2016 年两会期间，习近平总书记在看望全国政协民建和工商联界委员时掷地有声地重申了中国共产党对非公有制经济促进与保护的政策，特意强调了"三个没有变"。他指出："我在这里重申，非公有制经济在我国经济社会发展中的地位和作用没有变，我们毫不动摇鼓励、支持、引导非公有制经济发展的方针政策没有变，我们致力于为非公有制经济发展营造良好环境和提供更多机会的方针政策没有变。"习近平总书记此次关于非公有制经济的系统阐释明确肯定了改革开放以来非公有制经济对我国经济增长做出的巨大贡献，"我国非公有制经济快速发展，在稳定增长、促进创新、增加就业、改善民生等方面发挥了重要作用。非公有制经济是稳定经济的重要基础，是国家税收的重要来源，是技术创新的重要主体，是金融发展的重要依托，是经济持续健康发展的重要力量"。

当然，不可否认的是，当前非公有制经济的发展面临很多困难和挑战，既有整体经济形势波动的原因，也有市场环境本身的问题。仅就后者而言，既包括市场和政府的关系仍未厘清、还未能发挥市场在资源配置中的决定性作用，又具体到非公有制经济组织在现实中还不具有与国有经济部门一样平等的法律地位等问题。事实上，非公有制经济才是一国经济持续健康发展最为强大的引擎和原生动力。特别是在经济新常态下，要保持中国经济持续健康发展，不断地改善和提高

---

① 王若磊：中央党校政法教研部副教授，博士。

人民的生活水平，就必须完善市场机制，运用法治手段平等保护所有经济实体和组织，特别是依法培育和保护非公有制经济，才能有效赋予经济与社会以活力，为中国进一步发展增添力量。

　　本文将以中国改革开放为背景探讨非公有制经济与经济增长之间的关系，试图论证依法保护非公有制经济是一国经济长期健康发展的必要条件。文章将首先回顾历史，分析三十年来中国经济成功的根源，得出市场化改革下的非公有制经济迸发的活力和创造力是我国经济腾飞的核心动力这一结论；进而指出，当今条件下要进一步推动国民经济持续健康快速发展必须不断完善对非公有制经济的法治保障。

一、中国的经济腾飞本质上是非公有制经济提供了原生动力

　　改革开放以来中国的经济成就无可比拟，使中国摇身一变，从世界上最贫穷的国家，短短三十多年一跃成为世界第二大经济体，这一表现在人类历史上也几乎绝无仅有。1978 年之前，中国的人均收入仅是世界上最贫穷大陆——撒哈拉以南非洲的国家——的 1/3，经济总量仅占世界的 5%，80% 的人口还处于贫困线以下。但之后发生了天翻地覆的变化，保持了持续三十多年平均 9.7% 的经济增长率，GDP 超过 10 万亿美元，是 1979 年的 28 倍，经济总量目前已经占世界的 1/6。而人均收入 2015 年也已达到 7808 美元，成为中上等收入国家。有经济学家按购买力平价换算中国 2014 年人均收入已超过美国，预计 2025 年经济总量也将超过美国成为世界第一大经济体。回顾历史，工业革命后英国用了 58 年实现了人均产出翻一番，美国用了 47 年，日本用了 35 年，巴西用了 18 年，而中国仅用了 10 年。目前我国海外资产已经达到 12 万亿元人民币，2015 年海外投资超过 1 万亿美元。

（一）中国经济腾飞之谜探因

为什么中国经济发生了如此天翻地覆的变化？又为何能持续如此之长时间强劲有力的增长？探究背后的原因有利于解开中国发展的秘密，而它对于理解本文的主题也大有裨益。

不可否认，中国的经济腾飞与二战及冷战后世界和平与发展的大环境相关。在经济全球化背景下，只有在和平的大势下才能安心谋求发展。中国在这个巨大的国际市场上获得了发展之初最需要的资金、技术和市场份额，改革开放初期外向型定位的中国经济因此在世界贸易中获得了最初的机会与资源。就国际贸易而言，我国年均增长16%，36年间增长了208倍，2010年超过德国成为世界第一出口大国，2013年超过美国成为世界第一大贸易实体。放眼更长的历史，我们实际上是搭上了工业革命和科技革命快车道的尾巴。工业革命和资本主义之前的世界几乎是停滞的世界，工业革命之前全世界经济年均增长率只0.05%。而工业革命之后英国率先以每年2%的速度增长，此后二百多年的世界经济的增长达到了之前千年人类历史总财富的10倍以上。[1]

然而，外因不能解释中国发展的全部，因为所有的国家都处于这样的外部环境之中，但大多数国家未能向我们一样成功。实际上，二战之后只有13个经济体实现了年均5%以上的经济持续稳定增长。因此，我们还需转而看看内因。就内因来说，首先需要关注直接发挥作用的经济层面的因素。在劳动力、市场、资本、技术、产业政策这些经济因素中，很多人认为中国经济的成功之道最关键的是劳动力。的确，改革开放释放了数以亿计的廉价劳动力，有学者统计近30年来中国持续给世界市场供给的劳动力超过7亿人，这大大降低了世界

---

[1] 〔英〕罗伯特·艾伦：《全球经济史》，陆赟译，译林出版社2015年版。

制造成本，中国也因此成为了世界工厂。同时，这些劳动力本身又是巨大的消费市场，这个市场随着经济的发展已经成为世界上最大、消费能力最强的市场之一。所以在很多人看来，人口红利是中国经济腾飞最关键的因素。当然，除劳动力之外，其他促进经济增长的要素禀赋还有资本与技术，它们更多地是随着改革开放一并由外商带来，并与改革开放前30年基本能够充分供给的土地一道成为了中国经济腾飞的关键因素。

不过，这也不能解释中国成功之道的全部，很多后发国家同样能够供给廉价劳动力，人口过亿的国家不少。廉价劳动力背后还有劳动力的质量问题，即人力资本的状况。这转而就和"文化"相关，不少人也从文化的角度探讨中国经济的成功之道，模仿韦伯关于新教伦理与资本主义精神之间关系的探讨。中国在世界市场上提供的不仅仅是廉价的劳动力，而且是高素质的廉价劳动力，人力资源的性价比很高。文化上，中国人历来重视教育，改革开放初期中国的识字率已经和当前印度相同。同时，性格上中国人吃苦耐劳且勤俭节约，文化上也更多地强调服从、纪律、义务、尽职尽责，这些都非常有利于经济的发展。这些文化因素确实可以从一个侧面解释东亚经济为何腾飞。的确，只有深受儒家传统影响的东亚是当今世界唯一一个整体性增长成为发达地区的后发区域，而不是非洲、中东或者拉美。

但是，上述经济上和文化上的有利条件实际上大多一直存在，为何大量接受过一定教育、吃苦耐劳的廉价劳动力在此之前未能发挥作用呢？这就要从经济和文化因素过渡到政治本身，背后是政治发挥了作用。经济不是独立存在的，不可避免地与政治发生相互关系。探讨经济现象，必须观察政治在其背后是如何发挥作用的。

理论上可以从四个关键领域来探讨政治在中国经济增长中的作用，分别是政府角色、政府能力、产业政策和财税政策，从中我们能更好地理解中国增长的政治经济学范式。

首先，有学者将中国政府在经济中的角色定义为"泛利性政府"。① 它意指政府利益和社会利益基本吻合。不错，世界上所有国家都以推进经济增长为目标，但尚无一个政府如中国政府这般深度卷入整个经济过程，将政府工作和经济融为一体，视经济发展为政府压倒一切的中心工作。中国无论中央政府还是各级地方政府，对经济工作高度重视，亲自参与招商引资、建设基础设施、推销国内产品，为工商业发展打地基、修道路、建园区。中国政府不像新自由主义政府那样对经济放手不管，坐等市场自发秩序缓慢形成；又不像福利国家的政府那样将公共财政投入消费福利之上，而是更多地投入到那些能带来生产力进一步提高、财富增长的再生产过程和基础设施建设之上。这时，政府实际上像企业一样运转，而地方政府间实际上也像企业一样竞争。

其次，政府有了发展经济的愿望，还要能够落实这些想法。事实上，除了发达自由资本主义国家，大部分后发国家的政府都有强烈的愿望推进经济发展和改革，但大多未能成功，皆因政府能力差强人意。按照福山的理论，中国政府有着较强的"国家能力"，有一套能实现自己意志的稳定、高效的官僚体系。② 无论是收税还是执法，这套官僚系统都能够有效执行自己的意志，实现自己的愿望。实际上在福山看来，中国是一个政治早熟的国家，早于西方两千多年在秦朝就已经建立了一套完备的官僚体系，有一套执行力强的政治组织，能够上行下效，还实现了统一的货币、语言、度量衡等，这些使得国家意志的贯彻成为可能。实际上，对比拉美和非洲，并不是法治或者民主

---

① 姚洋：《作为制度创新过程的经济改革》，格致出版社、上海三联书店、上海人民出版社 2016 年 1 月版。

② 〔美〕福山：《政治秩序的起源》，毛俊杰译，广西师范大学出版社 2012 年版。

成为了经济增长的阻碍，根本上是国家治理的体系和治理能力未能有效建立，美好的愿望无法靠官僚政府执行和落实。就拿作为国家基础能力的税收而言，在拉美和非洲几乎都很难实现，这些国家的税收大多依靠关税和直接税，几乎无法对间接税进行征收。实际上，人口统计、商业登记等体现国家基础能力的管理都无法相对精确化实现的时候，更何谈推进基础设施建设、落实经济政策等。

再次，国家有愿望、有能力，还必须采取正确的发展政策。因此，实际上对比改革开放前后的中国这一点就体现得更加明显。建国初的中国也有推进经济发展的愿望，虽然它并没有成为压倒一切的目标；同时它甚至有比现在更强大的国家能力，但是错误的"赶超型重工业政策"使得经济不仅未能发展反而带来了衰退甚至饥荒。按照林毅夫教授的观点，改革开放后的中国，正是由于采取了正确的产业政策，中国根据自己的生产要素禀赋状况发挥了"比较优势"才取得了巨大的成就。[①]建国初期，我们盲目采取追赶型政策，但实际上当时的经济要素禀赋并不支持过度投入这些资本密集、技术密集的重工业。强行发展这些产业就必须采取补贴政策，而补贴的来源又是农业和城市平民，因此国家才会陷入困境之中。改革开放后我们的政策更符合我们的比较优势，因此定位于劳动力密集、技术水平低、资本少的外向型出口加工业。如果盲目照搬西方资本密集型的高投入、高产出的高科技前沿产业，我们必然失败，至少生产成本更高，产品价格当然也就更高，如果不采取补贴就无法在市场上生存。因此更加明智合理的产业政策发挥了中国的比较优势，也是中国经济增长的重要原因。

最后，实现国家能力和产业政策，基础是财政能力，因此国家采

---

① 林毅夫：《解读中国经济》(增订版)，北京大学出版社 2014 年版。

取何种财税政策也是一个关键要素。有学者指出，改革开放初期"地方的财政分权制"为最初的经济增长释放了活力。[①] 而 1994 年之后的分税制改革再度集中了中央财权，使得在经济发展到一定程度后可以集中更大的力量发展资本密集的行业，进行产业结构的转型升级。所以，改革开放前十多年中国经济腾飞，财政地方分权体系是一个基础性制度。1994 年分税制改革之前，中央财政收入只占全国的不到20%。中国地区差异较大，经济上采取全国一盘棋的政策并不可行，而地方财政分权能更好地发挥地方的主观能动性、鼓励先尝先试自主发展。实际上东南沿海省份早期的发展正是得益于这一制度，而它们的发展又进一步带动了全国的发展。当然，在经过分税制改革一段时期的财政集权后，目前又有了进一步释放地方活力的必要。

（二）改革开放释放的非公有制经济活力是经济腾飞的根本动因

上述经济、文化和政治因素都为中国经济腾飞起到了巨大的促进作用。经济是一个复杂的现象，经济增长是一个复杂的动力过程，单一动力是无法推动的，一定是多因素综合作用的结果。上述这些因素都可以称之为中国经济增长的"有利因素"。然而问题又来了，这些因素为何能够突然一同爆发，带来中国经济增长的奇迹呢？实际上，上述大部分有利因素可能长时间存在，比如官僚体系、比如廉价劳动力、比如文化因素等，但为什么未能在之前带来经济发展，而是改革开放之后才出现这样的化学反应呢？这一发问使得我们可能更加接近问题的实质。

回答它就不能不回到"改革开放"本身。正是这样一个时间节点，将之前作为潜力存在的诸多有利因素释放出来，综合作用带来了经济腾飞。那么，改革开放的本质是什么？本质就是从封闭和计划走

---

① Qian Yingyi and Barry Weingast, 1997, "Federalism as a Commitment to Preserving Market Incentives", Journal of Economic Perspectives, v.11, no.4, p.83-92.

向了市场经济，走向了用市场来配置资源和分配利益。而市场化必然带来的是非公有制经济的发展，真正的市场不问出身只问产品，市场必然向非公有制经济开放，在市场中与公有经济体展开竞争，在竞争中促进经济发展。因此市场化和非公有制经济是一体两面，中国改革开放的实质正是封闭的公有制和计划经济走向解体，逐步纳入非公有制经济，进而非公有制经济不断发挥重大作用的转轨过程。对比前后，公有制企业一直存在，真正带来变化的是非公有制经济。

回顾1978年以来的中国经济改革史，非公有制经济发挥的效用能够更加凸显出来。中国的改革是从农村改革开始的，家庭联产承包责任制是中国经济改革的肇始。从人民公社到家庭联产承包责任制，人没有变、地没有变、技术没有变、气候没有变，但是产量大增，从饿死人到解决温饱，变的只有制度。这个改革是通过将公有制的大锅饭打破，自主权下放到家庭，改变了劳动和收益的激励机制，释放人们"自私逐利"的本性，带来了普遍的福利。可以看出，这背后实质上就是非公有制经济在农村改革中的体现。

接下来，改革转轨到了乡镇企业，中国改革开放经济萌发首先出现在东南沿海的乡镇企业。乡镇企业给集体经济释放了活力，是中国经济发展最早的源头，它本质上也是一种非公有制经济。

再接下来，改革转向城市，出现了最重要的价格双轨制改革，一轨是计划，一轨是市场。然而，当价格双轨制出现的时候，市场经济的轨道就会吸收计划经济的轨道。计划经济会出现价格扭曲，而市场经济的价格轨道是盈利的，因此所有资源都会主动或者被动地转向市场体制，因为它的成本更低、收益更高。计划体系中的经济主体为了完成计划、降低成本，也要从市场主体中采购产品，这时候事实上计划经济就会逐渐消解，被市场轨道吸纳。它实际上也是中国市场经济转型的现实过程，这一过程不可避免。

进而，改革的攻坚阶段到了国企改革阶段。20世纪90年代的国企改革核心是释放活力、减少负担，放手让非公有制经济在诸多领域发挥作用，国有企业只存在在国计民生的命脉行业之中。当时的国有企业大约有47万家，覆盖整个国民经济的各个领域。国企改革虽有阵痛，有大量下岗职工的牺牲，也出现了国有资产流失的情况，但是总体而言，为近十多年来的经济继续腾飞卸下了沉重包袱，带来了竞争和活力。因此国企改革本质上也是借助非公有制经济再度为经济增长助力的过程。

通过整个论证我们可以看出，改革开放是中国现代史上最重大的事件之一，它通过市场释放了人的活力和自由，让人们追求自己的利益和欲望，让诸多有利因素起了化学反应，进而带来了经济的腾飞，本质上它从根本上改变了中国和中国人的生活面貌和状态。也正是在这个意义上，非公有制经济成为中国经济腾飞最为重要的一个因素甚至是最核心的动力要素。没有非公有制经济的发展，不可能出现改革开放后中国的持续增长。大费笔墨谈这个问题、分析其中的道理，可以得出以下两点启示：第一，回顾过去，必须牢记非公有制经济在中国经济腾飞过程中立下的汗马功劳，不能忘记中国经济腾飞的根本之道在于开放市场后非公有制经济带来的动力和活力；第二，展望未来，要保持中国经济持续稳定增长，必须牢记前三十年的经验，持续重视对非公有制经济的促进与保护，经济健康稳定增长必然依赖非公有制经济。不能因为国有经济现状不错、发展势头良好就卸磨杀驴，实际上，一旦失去非公有制经济的竞争，国有经济将会再度陷入僵局。这是历史教训和前车之鉴。

二、保持经济长期持续健康增长必须完善对非公有制经济的法治保障

三十多年来中国经济持续增长堪称奇迹。然而，取得成就的背

后不少问题也开始显现，比如贫富差距、资源利用率低、腐败等。但是，发展的问题还要靠发展解决，以经济建设为中心不动摇的理念仍须坚持。不过，目前经济领域出现了"新常态"，出现了经济增长疲软甚至下滑的状况，GDP 增长率已经到了 7% 以下。要继续维持经济长期健康的增长，除了在经济层面加大资金投入、促进技术进步、升级产业结构外，最核心的是加大创新力度、增强经济活力。而回顾历史我们发现，真正的活力和创新大多来自于非公有制经济组织，至少也来自于非公有制经济组织带来的真正的市场竞争和动力。因此，面对经济新常态，必须按照习近平总书记的要求，坚持毫不动摇地推动和保护非公有制经济发展。

非公有制经济本身并不需要特殊的保护或倾斜，一个公平竞争的市场环境就是对非公有制经济最好的保护。人都是自利的，对于自己的利益更加敏感，也更为关切，企业也一样。因此，非公有制经济在市场中有高度的敏感性，能够合理关照自己的利益，能根据自己的要素禀赋作出最有利于自己的经济选择。所以，保护非公有制经济，关键就是营造公平竞争的市场环境，除关涉国计民生的重要领域外应赋予非公有制经济和国有经济一样的市场地位，在政策上和法律上平等对待。因此，推动经济持续稳定健康增长还需进一步深化市场改革，真正落实十八届三中全会强调的发挥市场在资源配置中的决定性作用，让市场更加公平，让各类所有制企业能在大多数产业领域展开公平竞争、优胜劣汰，国民经济会收益，人民也会受益。

（一）市场经济本质上是法治经济

建立公平的市场关键在于法治，市场经济本质上是法治经济。回顾历史，市场经济与法治是相伴而生的。最早的市场经济起源于近代早期地中海沿岸的城市国家，随着新航路的开辟工商业贸易开始出现，不少人逐渐走出了传统封建领主制下的熟人社会，聚居在城市专门从事生产和交换。这时，大范围的交换带来的是陌生人之间的交往，传统社会中熟人间的信任不复存在，陌生人间如何建立信任以保证交易安全和效率成为了最关键的问题。这时候，普遍的交易规则和强有力的规则执行就出现了，这正是现代法治的萌芽。法治一来可以提供陌生人间普遍交往的规则，大大扩展了市场的范围；二来普遍的规则降低了交易成本，不需要每个交易都单独订立规则；三来可以通过强制执行保证陌生人间信任的实现。所以，法治使得交往能从小范围的熟人社会借助规则和规则的执行建立起的信任拓展到交通和通讯可及的领域，从而能将成本降至最低，实现利润的最大化。

　　当然，法治还有一个要义是限制政府。因此，1215 年的英国大宪章本质上不是民主事件而是法治事件，是用公开明确的法律规则限制国王权力，保护资产阶级的利益。经考证的大宪章权威版本有序言和 63 项条款，核心规定了教会自由、城镇自治、国王征税必须经由贵族会议同意等内容。最著名和影响深远的是第 38、39 和 40 条，分别规定"凡不能提供可信证据时，执行吏不得单凭己意使任何人经受审判"；"任何自由民，如未经国法裁判，皆不得被逮捕、监禁、没收财产、剥夺法律保护权、流放或者加以任何其他损害"；"不得向任何人出售、拒绝或者延搁其应享的权利与公正裁判"。这些条款实际上试图通过法律的正当程序限制君主权力，为此谓之法治。当然，中世纪的大宪章本身多少有些神话色彩，后世法学家和史学家的溢美之辞也多有不实之处，当时它不过是反叛贵族为保护自己免受国王繁重税赋而强迫后者作出的妥协。但大宪章的法治精神被延续下来了，也被英国历代君主和议会反复确认，直到今天仍被看作英国宪法的最早渊源。虽然当时只是贵族和王权角力的偶然结果，但从欧洲中世纪早期开始反对专制君主的思想，由宗教和习惯的软约束，真正落于文字之上，从道德训诫进入了实定法层面，第一次用法律的形式对王权作出了明确限定。在这个基础上，法治第一波浪潮的目标就是保护私有者的正当利益。

在这两重意义上市场经济本身从理论上和历史过程上看都是法治经济。法治，其字面含义非常简单，即"法律的统治"。法律来统治而非其他形式的统治，就是要求法律至上、规则至上，法律在国家治理中享有至高权威、获得普遍遵守，社会依其为最终标准来运转，是法律规则至上的一种治理方式。在此意义上，法治本质上是和"人治"相对立的一个范畴。人治，即人的统治，是指主要依靠一个人或一部分人的意志和命令来进行统治和治理的方式，掌权者的意志具有最终决断力。因此，法治就是相对于人治而言的，要求法律的权威在整个国家治理和政治运行过程中享有至上性，超越任何当权者个人或集体意志的权威。当其他权威与法律冲突时，要服从于法律的权威。所以，法治的目的首先就在于排斥人治的不确定性，防止权力的专断与任意。人的意志往往被假定是易于变动和自私的。人非圣贤，都容易在情感、利益的驱使下倾向于自利和偏私的行为。依靠人的意志进行统治和治理缺陷也正在于此。而法律，其具有的公开、普遍、稳定和明确等特性，能让法律之治排除这些可能的专断和随意，具有确定性和普遍性。

因此，法治是用非人格化的权威代替人治人格化的权威，用公共性代替私人性，用公开性代替了私密性，用必然性代替了选择性，用不偏不倚代替了因人而异，用明规则代替了潜规则。

（二）法治对市场经济有巨大的推动作用

法治对市场经济有巨大的推进作用。

首先，法治的要义在于法律面前人人平等。法律规则具有普遍性，不是个别的或者有所区别的。就经济领域而言，除事关国民命脉的重要领域外其他一般市场经济场合，法律应给予所有经济主体同样的法律地位，使其拥有同等机会和权利参与市场竞争，负担同样的法律义务。这种平等的法律地位有利于优势者在公平的竞争中脱颖而出，从而降低成本、提升效率、促进生产力发展。

其次，法治的理念要求国家权力受制于明确的规则。实际上法治有利于保护相对弱小的非公有制经济主体。法治对受制于其下的法律主体进行同样的规制，但它从另一个方面也规范了权力自身，要求权力按照既定的规则定纷止争，这就会消解传统人治中优势者的有利地位，而将二者放在同一水平线上同等对待。现实中，公有经济主体有着各种或明或暗的优势地位，在人治条件下往往能依靠其优势地位获得优待。而在法治社会中，国家公权力受到限制，需平等对待相对人，实际上起到的效果是保护了处于弱势地位的非公有制经济，使其能够自主经营、发挥作用。

再次，法治提供的普遍规则能提高经济发展效率。法治是规则之治，非人格化的规则拓展了交往的范围，规则本身成为了信用的代名词。这种普遍规则下的市场交易一方面扩大了市场，而市场的扩大是经济发展最先决的条件之一；另一方面，随着交往范围的扩大，劳动分工也能更加细化。按照经典经济学的观点，分工越细，劳动生产率越高，生产力发展水平就越高，经济增长当然越快。法治的这两大优势大幅提高了生产力水平，对经济增长有巨大的推进作用。因此，要实现规则的信用功能，就必须在执法和司法中严格地执行，保证守法预期的实现。

因此，市场经济是法治经济，法治既能限制权力滥用，又能推动市场范围扩大并降低交易成本，正反两个方面都能促进经济增长。实际上，中国改革开放的进程本身就是一个法治不断进步的过程。改革开放初期的立法几乎集中于经济领域立法领域，本身就是为了适应不断深化的市场经济带来的法治需求。

相对而言，有一个生动的反例说明了非洲同样有大量的廉价劳动力、丰富的自然资源甚至国家也有强烈的意愿推动经济发展，却为何没能带来经济的增长？原因正在于它们未能借助法治建立良好的市场环境，没能给私营经济提供良好的法治保障。

在福山的书中举了这样一个例子：一名叫罗伯特的德国商人娶了一名尼日利亚女人为妻，定居当地，试图开办大豆加工厂。大豆是本地作物，也有很大的市场，因此本来应是一个多赢的结局：受益者包括种植大豆的农民、工厂的工人、政府的税收、企业主等。然而，"三个月之后，麻烦开始出现了。他们卖出第一箱豆油后，当地政府的官员就在厂门口出现，声称他们建厂时违反规定。要想了事，议会主席要求他们必须将收入的十分之一存入一个特别账户。罗伯特拒绝支付，并报了警。于是，议会主席派人砸了他的车，警察局长也卷入其中，实际上是来索取自己名下的回扣。罗伯特和妻子没有办法只得照付，后来州长听说了他们的生意，也来要求回扣。罗伯特再次拒绝，结果被捕，罪名是违反就业法和贿赂官员。罗伯特只好付钱给州长、警察局长、议会主席和办案法官，以换取出狱。此后，他终止生意带着妻子返回德国。他们创造的两百份工作和生意一起消失，剩下的只是一个空仓库、一群失业工人、一大堆大豆和许多愤怒的农民"。[①]

（三）进一步完善非公有制经济法治保障的具体措施

从效益角度看，完善对非公有制经济的法治保障能够在经济新常态下培育和保护经济增长新的增长极，带来经济发展的新动力；从正当性角度，一个国家对于创造社会财富、提供就业的经济主体不应区分其性质，而应当中立地进行法律保护。具体而言，完善对非公有制

---

① 〔美〕福山：《政治秩序与政治衰败》，毛俊杰译，广西师范大学出版社 2015 年版，第 197—198 页。

经济的法治保障要做到以下几点：

第一，在法律地位上明确非公有制经济和国有经济平等的法律和经济地位，对产权进行平等保护。产权明晰是现代经济的前提，只有明晰的产权才能给个体提供逐利的动力。国家应当平等保护各种所有制经济产权和合法利益，坚持权利平等、机会平等、义务平等、规则平等。

第二，提供法律和政策便利，鼓励非公有制企业更加灵活、主动地参与市场经济活动。要在融资、市场准入、行政审批、税收等环节加大对非公有制经济的支持力度，降低市场运行成本，给经济发展带来活力，解决民生和基础就业问题。

第三，执法过程中，把好法律关，重点打击针对非公有制经济的犯罪。这类犯罪主要有三种，一是对于侵犯非公有制企业和非公有制经济人士人身、财产权利的刑事犯罪，如收取保护费、敲诈勒索等行为；二是破坏市场秩序、侵犯非公有制产权的经济犯罪，如强揽工程、串通投标、强迫交易、各类诈骗等，特别是要严惩利用商标专用权、专利权、商业秘密等破坏非公有制企业创新发展的侵犯知识产权案件；三是打击侵犯非公有制经济合法权益的职务犯罪，对于公务人员吃拿卡要、明示暗示的索贿、受贿犯罪要严厉打击。

第四，司法过程中，要依法独立公正行使审判权，解决纠纷，实现法律效果和社会效果的统一。特别要加强对三类诉讼的监督工作，一是监督涉及非公有制企业恶意诉讼和违法使用刑事手段插手经济纠纷的问题；二是是否存在适用强制措施、查封扣押冻结财物不当等问题；三是加强对不正当竞争等问题的法律监督，特别是国有企业和非公有制企业之间的法律纠纷，防止国有企业滥用优势地位，保证非公有制企业公正的市场竞争环境。

第五，要明确企业正常纠纷与违法行为的法律界限，应当鼓励和保护非公有制企业的依法创新，鼓励先行先试，慎重对待创新融资、成果资本化、转化收益等领域出现的新情况新问题，坚持"法无明文规定不为罪"。防止把一般违法违纪、工作失误甚至改革创新视为犯罪，做到依法惩治犯罪者、支持创业者、挽救失足者、教育失误者。在解决非公有制经济法律纠纷中，要优先考虑企业生存发展，防止混淆罪与非罪界限、混淆法律政策界限、不讲方式方法，防止选择性司法。

　　总之，加强对非公有制经济的法治保障，要宽容但不枉法，鼓励也要监督，尽量用经济杠杆处理经济问题，侧重保护并鼓励创新、鼓励竞争。这既是保护非公有制经济主体的合法权益，更是整个国民经济健康快速发展和社会公正的要求。

构建新型的政商关系，促进非公有制经济的健康发展

李雅云[①]　金成波[②]

非公有制经济是相对于公有制经济而产生的一个名词，包括个体经济、私营经济、外资经济等。改革开放以来，我国逐步形成了以公有制为主体、多种所有制经济共同发展的基本经济制度。然而，对于非公有制经济的认识经历了很大的曲折。在计划经济时期，由于党内存在严重的"左"的错误，导致在对待非公有制经济上的错误政策，非公有制经济被当成了资本主义的尾巴而受到了全盘否定。十一届三中全会之后，党对非公有制经济的政策作出了重大调整，非公有制经济不再是要不要发展的问题，而是如何大力发展的问题。时至今日，必须正确全面地看待非公有制经济，深刻认识到非公有制经济是我国社会主义市场经济的重要组成部分，非公有制经济是我国国民经济中一支不可缺少的力量。

非公有制经济是社会主义市场经济的重要组成部分，是我国经济社会发展的重要基础。当前，我国经济发展进入新常态，稳增长、调结构、惠民生、防风险，都必须完善市场环境、激发企业活力。中央对非公有制经济发展高度重视，强调要平等保护，而且从多个层面提出激发非公有制经济活力和创造力的重大部署要求。依法保护非公有制企业产权和合法权益是地方人大、政府和司法机关义不容辞的责任。

政商关系，是从古至今一直在讨论的话题，也是经济社会发展

---

① 李雅云：中央党校政法教研部经济法教研室主任，教授，博士生导师。
② 金成波：中央党校政法教研部讲师，博士。

绕不开的话题。当前，在经济新常态和政治新生态下，应该形成怎样一种政商关系，是一个必须予以面对的重大问题。2016年3月4日，习近平总书记看望参加全国政协十二届四次会议的民建、工商联委员，并参加了联组会，期间发表了重要讲话，提出应构建一种"新型政商关系"，并将这一关系概括为"亲""清"两个字。

政商关系，广义上讲是指政治与经济的关系，中观层面可以理解为政府与企业的关系，狭义上讲是指官员与商人之间的关系。习近平总书记概括的政商关系的"亲"和"清"，是对领导干部和民营企业家双方提出的要求。所谓"亲"，对领导干部而言，就是要坦荡真诚同民营企业接触交往，特别是在民营企业遇到困难和问题情况下更要积极作为、靠前服务，对非公有制经济人士多关注、多谈心、多引导，帮助解决实际困难；对民营企业家而言，就是要积极主动同各级党委和政府及部门多沟通多交流，讲真话，说实情，建净言，满腔热情支持地方发展。所谓"清"，对领导干部而言，就是同民营企业家的关系要清白、纯洁，不能有贪心私心，不能以权谋私，不能搞权钱交易；对于民营企业家而言，就是要洁身自好、走正道，做到遵纪守法办企业、光明正大搞经营。

党风政风决定社风民风，政商关系关键在"政"。建立新型的政商关系，首先应该认识到"政"和"商"之间的矛盾关系，政府官员手中掌握大量权力，尤其是资源分配权和经营许可审批权，如果二者之间不能建立起真正的法治关系，那么二者肯定是不对等的。

一、构建新型的政商关系，促进非公有制经济的健康发展的重要意义

从世界经济发展的大格局来说，从现有的国情来看，在我国现阶段强调构建新型的政商关系比其他任何国家都重要。

（一）新型的政商关系有利于提高企业创新能力

新型的政商关系有利于促进非公有制经济健康发展和非公有制经济人士健康成长，鼓励和支持各种所有制企业创新发展。政府应当依法保护民营企业家和从业人员创新、创业的积极性，增强他们对企业发展的预期和信心，激发他们的创新活力。企业应把主要精力放在自主创新上。从"赚钱找市长"到"赚钱找市场"，从"靠抱大腿赚钱"到"凭本事赚钱"，企业必须在技术、产品、管理、商业模式、知识产权等各个方面进行创新，不断提升核心竞争力。

一个国家真正具有创新能力，要使得企业家能够全心全意地专注于创新，而不用分心在和政府官员拉关系、走后门、商业贿赂等掣肘的事务上，特别是使民营企业家能够腾出更多精力关注中国经济发展的核心的问题——企业创新。

（二）新型的政商关系有利于转变政府职能，遏制腐败

构建新型的政商关系必须重新梳理政府与非公有制企业之间的关系。简政放权、转变政府职能是我国当前政府改革的核心，而这些改革很大程度上是相对于非公有制企业来说的。简政放权，放权给市场，放权给企业自己；转变职能，政府从管理政府转为服务政府，就是讲从对企业的管理转变为对企业的服务。未来，我们一方面要发挥市场的决定性作用，这主要体现在资源配置上；一方面要发挥政府的服务作用，主要体现在对企业的关注、引导和支持，弱化审批，强化监管，为市场营造好公平竞争的环境。

各级政府应当服务经济发展大局，紧紧围绕服务经济发展新常态，找准保障和促进非公有制经济健康发展的切入点和着力点，做到不越权、不缺位。党的十八大以来，中央要求清理党政干部在企业和

社团的违规兼职，严禁领导干部参加高收费培训项目，规范领导亲属经商办企业等。制定政府权力清单和责任清单，明确"法无授权不可为""法定职责必须为"。

党员干部与企业打交道时，在物质利益的诱惑下，要用党性修养和廉政意识鞭策自己，理性对待手中的权力和人情往来，恪守法纪底线。

（三）新型的政商关系有利于平等保护国家、集体和私人的财产权

加强对非公有制经济的平等保护，依法保护非公有制企业产权和合法权益，是政府服务改革发展、维护社会稳定的工作着力点。平等保护私人的财产权，具体体现在：一是保障民营企业与国有企业平等的诉讼地位和诉讼权利；二是平等地适用法律和平等地承担法律责任；三是政府平等地为非公有制经济提供法律保护和法律服务，主动适应非公有制经济发展的法律需求。

（四）新型的政商关系有利于营造平安稳定的社会环境和诚信有序的市场环境

首先，政府在与民企打交道的过程中，必须带头遵守信赖利益保护的原则。其次，国企作为市场主体，在与民企的合作过程中，其法律地位与民营企业是平等的，国企更要带头遵守诚实信用原则，恪守公平竞争的市场规则，维护国企与民企互利共赢的发展环境。再次，平安稳定的社会环境和诚信有序的市场环境，有利于非公有制经济在促进社会稳定、扩大就业方面发挥作用。

（五）新型的政商关系有利于提高国家治理体系和治理能力现代化水平

构建新型的政商关系需要国家为非公有制经济的发展提供公平、

充分的制度供给。在整个经济管理过程中，政府要创设法律、制定政策，保证有"法"可依；要公平执法、严格执法，保证执法必严。这样做，是让企业对制度有信心，对政府有信赖，进而可以做出长期的投资规划，进而可以尽量减少对消费者的欺诈。所以，在依法治国的大背景下，政府最应该学会运用法治思维和法治方式处理政府和企业之间的关系，提供公平、充分的制度供给。

要真正建立起既"亲"又"清"的新型政商关系，根本上还是要简政放权，而简政放权又涉及国家治理体系和治理能力现代化的问题。党的十八大之后，我国改革的中心任务之一就是包括行政审批制度改革在内的简政放权，这其实是在解决政商关系。只有进一步简政放权，并且及时通过法律制度框定政府的权力边界，才能够促进民营经济的健康发展，才能够实现既"亲"又"清"的新型政商关系。

二、政商关系被扭曲和异化的表现

（一）政商关系被异化为个别官员与企业家的关系

把官员等同于政府，造成政商关系的"人格化"。在法治不完善的情况下，人格化的"政"势必缺乏法律约束：一是形成对"商"产权和种种利益进行剥夺和侵害，例如，民企千方百计抱官员"大腿"，就是防止官员对民企产权和种种利益进行剥夺和侵害。二是形成政商勾结，官员进行权力寻租，或者在不法商人的诱惑下，"政"与"商"同谋，对国家利益、公共利益、他人合法权益进行侵害，如刘志军庇护下的丁书苗，靠拉关系、批条子钻营起家，赚取暴利。发改委价格司的腐败窝案、山西的"塌方式腐败"，最高人民法院副院长奚晓明贪腐案，都与"不分彼此"的商人有根深蒂固的关系。要把过去的具有明显人格化特征的政商关系，转变为非人格化特征的新型政商关系，需要一个良好的法治环境，需要从立法、执法、司法、守法和监督等环节，约束公权力、规范私权利。

（二）政商关系被异化为国企与民企的关系

政商关系被异化为国企与民企关系的表现是：把政府与国企画等号，把国企利益与国家利益画等号。现实中，国企面临败诉了，政府为国企疏通关系、撑腰站台，政商角色出现错位。实际上，国企利益与国家利益是有区别的。国企的利益是局部利益，国家的利益是全局性的。国家利益，是满足或能够满足国家以生存发展为基础的各方面需要并且对国家在整体上具有好处的事物，该利益的主体是国家。公司属于经营主体，无论资产是什么属性，都属于企业。因此，企业利益不同于国家利益，一般地说，侵犯企业利益并不等于侵犯国家利益。

（三）政商角色出现错位的现象

政商角色出现错位表现在：

一是政府既是裁判员又是运动员。政商关系本来是裁判员和运动员的关系，但是，一些地方政府的部门、官员，既参加比赛，又是比赛的裁判员，导致一些地方出现了不依法、乱执法的现象。

二是把私权利领域的规则错用在公权力领域。在发展社会主义市场经济条件下，私权利领域的等价有偿的交换原则，很容易渗透到公权力领域。领导干部把手中掌握的公共权力变成资源，搞权力寻租、利益输送、以权谋私、官商勾结。正如习近平总书记指出的，现在的社会，诱惑太多，围绕权力的陷阱太多。面对纷繁的物质利益，要做到君子之交淡如水，"官""商"交往要有道，相敬如宾，而不要勾肩搭背、不分彼此，要划出公私分明的界限。否则就会出现官商之间有交换、有交易，一些领导干部搞权钱交易、以权谋私。

　　许多腐败案件中的贪腐官员，都是与不法商人形成了勾肩搭背、不分彼此的关系。商人通过官员手中的资源和权力发财暴富；官员通过商人之手捞取利益，"套现"金钱。

　　三是政府往往忘记服务企业的角色定位。各级政府和领导干部都不同程度存在服务理念树立不牢固，服务意识不强的问题。各级政府要转变政府职能，创新为民营企业服务的手段方法，改进工作作风，公平公正地为民营企业发展提供服务。各级政府要转移一部分政府职能给社会组织，发挥社会组织参与社会治理的作用。

（四）政商关系被异化为刑事案件的举报人与犯罪嫌疑人的关系

　　有的地方政府或者国企往往动用公安机关、检察院，以涉嫌经济犯罪为名逮捕民企老板，采取"先刑事后民事"的手段，强行中止正在进行的民商案件的审理，将案件移交给公安机关或者检察院查处。地方的公安机关、检察院出于地方保护主义或者站在国企的立场，进行选择性执法和选择性司法。这种被扭曲和异化的政商关系，严重阻碍了非公有制经济的健康发展。

　　上述被扭曲的政商关系，必须进行拨乱反正。因为扭曲的政商关系，使得在民营企业与地方政府、国有企业进行诉讼、交恶的众多的案例中，大多数都是民营企业败诉后被迫出局。

　　有的民营企业是由于戴着"红帽子"，由于对企业的产权产生争议或者是对股权归属有争议，最终被迫出局的。这种戴着"红帽子"的企业，名义上是国企，被注册为全民所有制或者集体所有制的企业，但实际上却属于私人投资、经营和管理的的民营企业，只不过该企业戴着一顶"红帽子"。例如，改革开放初期，在特定背景下成立的众多"挂靠"企业，打着国有企业招牌，实际上是私人投资的企业，也可能是一家地方政府或者国企与私人混合所有的企业。双方争议的往往是各自的股权划分，这种纠纷在国内有千千万万。根据"谁投资、谁拥有产权，谁投资、谁受益"的法律原理，这种戴着"红帽子"的企业最好的出路在于改制，在进行审计、评估、清算后，进行股份制改造。

然而，许多戴着"红帽子"的企业，没有进行企业改制，在没有进行审计、评估和清算的前提下，实质是民营企业的戴着"红帽子"的企业，被地方政府强行"收回国有资产"而被迫出局。导致一些以"富豪"的形象深入人心的民企老板，有的在商界已经销声匿迹，有的现在流亡海外；有的虽然重出江湖、东山再起，但与政府和国企形同陌路；有的虽然仍然保持行业"教父"的霸主地位，心中却都充满"被剥夺感"。无论结果怎样，他们都以一副私有资产被平白剥夺的"受迫害的民营企业家"形象，成功地赢得了海内外的很多同情。

几乎所有案件的诡异之处在于，国企（被认为代表地方政府）方面，虽然胜诉并且拿回了"资产"，但是却留下了强取豪夺、不劳而获的"强梁"恶名；而败诉的民企，即使在法律上被堵死了维护私有财产的路子，却赢得了海内外一片舆论同情。围绕这些案子出现的地方政府的地方保护主义、地方法院的司法不公以及传统行政体制的种种弊端，引来了人大代表、政协委员、法学界、律师界、企业界、新闻媒体界的种种议案、联名上书、建议、举报、问责呼吁等。更有别有用心的人，利用民企出局的案例，制造民企被打压、被迫害的舆论，达到搅浑水的目的。

如果一个个案胜诉导致的都是民企出局的结果，也只能说是地方政府或者国企打赢了一场战斗，却没有赢得整个战局。如果地方政府、国企理直气壮地收回自己的财产所有权，那么，为什么却在社会商场的江湖中留下"无补偿即征收"私人财产的强梁之名？为什么留下"国企由于签订无效合同、由于自己有过错，反而能够获得利益"的社会诘问？

民企需要一个公开、公平、公正的司法环境，需要一个正常的政商关系。市场经济是共享经济、是法治经济。政府本身应得的财产利益，也必须在法治框架下实现。

国企与民营企业存在企业产权归属纠纷的，有的还是由于国有企业戴上了"白帽子"。在国资管理改革的过程中，有许多说不清道不明的事情，由于难以拿上台面，导致企业产权不清。这是我国经济体制改革过程中的特殊现象。比如当初中国企业在海外的投资，不大方便以国有企业的名义开展，所以委托私人以该人的名义在海外设立实体。该私人实际上仅仅是职业经理人的身份，而不是投资者的身份。这种现象实际上一直存在。海外众多的来自中国的"私人"投资者，虽以私人名义在海外注册成立公司，其所持有的其实还是国有资产。然而这种说不清道不明的事情，地方政府和国企只要具备足够的法律意识，是可以防范产权纠纷的。用合同、协议、授权委托书、双方签署的"代理声明"等具有法律效力的文件，表明地方政府或者国企是某私人企业的持有人，某私人只是地方政府或者国企的代理人，形成政府或者国企拥有产权的初步证据，基于"无反证，即成立"的证据法则，就能够说清楚事情背景和产权的渊源，而不是仅靠"红头文件"作为诉讼的证据，靠政府的撑腰站台打赢官司。政府或者国企在法律上、道义上都要站得住脚。

三、构建新型政商关系的基本对策

（一）提高法治思维和依法办事的能力

领导干部要有法治意识，运用法治思维和法治方式处理政商关系，将政府和企业的关系设定在法治的框架下。权力的边界是法律的规则。领导干部不能违背正常的市场交易和市场投资规律去干预市场。要在法律所赋予的角色和权限中，展开与商人的交往，不以权谋私。在政商关系这个问题上，领导干部要防止"官商勾结"。

（二）提高领导干部的党性修养

习近平总书记说："党性教育是共产党员的必修课。"党性修养首要的要求是同党中央保持高度一致，增强看齐意识。领导干部在工作中，在指导思想和路线方针政策以及关系全局的重大原则问题上，必须在思想上政治上行动上同党中央保持高度一致。增强看齐意识，就是向党的基本理论、基本路线、基本纲领、基本经验、基本要求看齐。现在中央要求各级领导干部为非公有制经济健康发展提供支持和保障，要求建立新型政商关系，各级领导干部向这个级别要求看齐，就是向中央看齐，就是与中央保持高度的一致。

提高领导干部的党性修养，要求领导干部在处理政商关系上，要有道德底线，心中要有敬畏。2013 年 3 月 8 日，习近平总书记参加十二届全国人大一次会议江苏代表团审议时指出："要像出家人天天念阿弥陀佛一样，天天念我们是人民的勤务员，你手中的权力来自人民，伸手必被捉。"有的领导干部在与商人交往时，难免不受到他们富豪生活的影响。有的领导干部看到别人经商发财就感到怅然若失，难免产生心理不平衡。于是就有了既想当官又想发财的想法，继而利用手中的权力谋取不正当利益。习近平总书记讲过"当干部就不要想发财，想发财就不要当干部"。领导干部要充分意识到权力是姓公，而不是姓私，要自我克制，以强大的理想信念和道德修养抵御"心中之魔"。要认识到"权为民所授、权为民所用、权为民所谋"，才是合格的勤务员。

（三）领导干部要主动营造非公有制经济健康发展的环境，摒弃"为官不为"

在当前反腐败力度加大的政治生态下，领导干部更多地出现"为官不为"的现象，即在为民营企业排忧解难、优化民营资本的投资环境、落实国家鼓励民营经济发展的政策等方面，领导干部消极不作为，软懒散、拖堵压。

消极不作为和"为官不为"是指领导干部不愿意为民营企业排忧解难，对民营企业的诉求置若罔闻，在优化民营资本的投资环境、落实国家鼓励和优惠民营经济发展政策方面，消极不作为。党的十八大以来，随着党风廉政建设和反腐败斗争不断深入，一些领导干部感觉行政行为缺少"激励"，加上错综复杂的政商关系蕴含着不确定性，有一定风险，所以，他们远离商人，采取不理不睬、不管不顾的策略。这种懒政怠政、为官不为的行为，导致了政商之间的彼此戒备和隔膜，阻碍了经济社会的发展。"为官不为"违背了习近平总书记所提出的政商关系要"亲"的标准。这样的领导干部没有坦荡真诚同民营企业接触交往，更不想帮助民营企业解决实际困难，这些实质上是另外一种形式的腐败，是缺乏担当意识和职责意识的表现。

（四）民营企业家也承担着构建新型政商关系的义务

对民营企业家来说，构建"亲""清"的新型政商关系，就是要爱国爱党，讲真话、说实情、建净言，承担社会责任。民营企业家也要提高法治思维和依法办事的能力，遵纪守法办企业、光明正大搞经营。民营企业家要提高道德水准，不侵犯国家利益、社会公共利益和他人的合法权益。

总之，在经济新常态和政治新生态下，应该形成怎样一种政商关系，是政府各部门和企业家都必须予以面对的重大问题。

论非公有制经济的行政法治保障

傅思明[①]

行政立法是一种抽象的行政行为，广义上讲包括一切国家机关依法制定和发布关于行政管理方面的普遍性规范的行为；狭义上是指行政主体依据法定权限并依照法定的程序制定和颁布行政法规和行政规章的活动。

在我国，根据《宪法》和《立法法》的规定，国务院有权根据宪法和法律，制定行政法规，规定行政措施，发布决定和行政命令。国务院根据宪法和法律制定的行政法规，可以规定宪法中规定的国务院行使行政管理职权的事项和为执行法律而需要制定的事项。同时，《立法法》还规定，应当由全国人大及其常委会制定法律的事项，国务院根据其授权决定先制定的行政法规。经实践，待制定法律的条件成熟时，国务院应及时提请全国人大及其常委会制定法律。

国务院可以就其管理范围内的任何事项制定行政法规。经济管理事项作为国务院管理事项的组成部分，建国以来，国务院制定了大量的关于经济管理包括民营经济管理事项的行政法规。

我国有权制定行政规章的机关是国务院的各部门以及地方人民政府。宪法规定，各部委可以根据法律和国务院的行政法规、决定、命令，在本部门职权范围内发布命令、指示和规章。同时宪法也规定了地方政府发布命令和决定的职权。另外，《立法法》分别对国务院各部门及省、自治区、直辖市和较大市的人民政府的立法权限作出了规

---

① 傅思明：中央党校政法教研部教授，博士生导师。

定。《宪法》《立法法》之所以赋予国务院各部门和地方人民政府这些立法权限，是因为他们处于社会管理的前沿，尤其是地方人民政府有一定的立法权，可以使其具有一定的自主权，从而方便社会管理，同时使其结合本地方实际情况有变通的空间。改革开放后地方政府为了促进本地方经济的发展，进行了大量关于经济活动的立法，其中大部分是促进本地方非公有制经济发展的立法，特别是近些年来取得了较大的成绩。

一、我国非公有制经济的行政立法与政策沿革

（一）建国初期至改革开放前非公有制经济的行政立法与政策

建国以来，各级行政立法主体在其各自管理权限内就非公有制经济的管理和调控制定了大量的行政法规和行政规章。至改革开放前行政立法大致经历了利用、禁止、消亡三个阶段。

1.建国初期对非公有制经济利用阶段的行政立法

早在 1948 年 10 月会议和 1949 年 3 月的七届二中全会上，中国共产党就对建国问题进行了深入的探讨。毛泽东在《新民主主义论》中就指出我们的国体是各个革命阶级的联合专政，政体是新民主主义政治，国家的性质是新民主主义共和国。新民主主义的政权是工人阶级领导人民群众的反帝反封建的政权。这里的人民大众十分广泛，包括工人阶级、农民阶级、城市小资产阶级以及受帝国主义、官僚资本主义、封建主义迫害的民族资产阶级。这一理论在政治上使民族资产阶级有了立足之地。1949 年《共同纲领》再次确定了民族资产阶级的政治地位，为民营经济的发展奠定了政治条件。中国共产党在建国前就确定了新民主主义三大经济纲领，其中就有保护民族工商业。七届二中全会以后，毛泽东又提出了公私兼顾、劳资两利的经济方针，

促进了经济的恢复。^① 1950 年 6 月中共七届三中全会上，毛泽东作了题为《不要四面出击》的讲话，指出："要完成土地改革，同帝国主义、封建主义、国民党反动派残余作斗争，我们面临的敌人是够大够多的。必须处理好国内各阶级、政党、民族等各方面的关系，以便孤立和打击当前的敌人，而不应四面出击，树敌太多，造成全国紧张的不利局面。必须在一个方面有所让步、有所缓和，使工人、农民、小手工业者都拥护我们，使民族资产阶级和知识分子中的绝大多数不反对我们。"^② 这说明当时的政策是利用民族资本主义的积极作用，而不消灭民族资本主义。虽然当时制度不够完善，行政立法较少，但也针对性地制定了一些法规。

《私营企业暂行条例》于 1950 年 12 月在政务院第 65 次政务会议上通过，这是建国初期对非公有制经济进行行政管理的最重要的法律文件。其立法目的是依据《共同纲领》的经济政策，在国营经济的领导下，鼓励扶助有利于国计民生的私营企业。该条例对私营企业作出了明确规定，也表明了国家对私营经济的态度。该条例分四章，分别是总则、核准登记制度、企业对内对外关系和附则。详细规定了企业组织、企业财产、企业经营、企业保护等一系列问题。值得注意的是该条例的第八条，即"企业的财产和营业受充分的保护，经营管理权属于投资人；但与劳资双方利益有关者，应由劳资协商会议或劳资双方协商解决之"。该条文关于私有权和独立经营权受保护的规定，给建国初期原本低迷萧条的市场形势注入了"强心剂"，使原本不敢投资的民族资本家，开始发展非公有制经济，对经济的复苏起到了积极的作用。

《工商业联合会组织通则》于 1952 年 8 月 1 日在政务院的第 147

---

① 《毛泽东选集》第四卷，人民出版社 1991 年版，第 1272 页。
② 胡绳：《中国共产党的七十年》，中共党史出版社 1991 年版，第 299—300 页。

次政务会上通过，于 1952 年 8 月 18 日公布，主要对工商业联合会的组织方式，联合会如何处理劳资关系、如何代表工商业者的合法权益进行了规定。值得注意的是该通则的第二条规定："指导私营工商业者在国家总的经济计划下，发展生产，改善经营；工商业联合会代表私营工商业者的合法利益，向人民政府或有关机关反映意见，提出建议，并与工会协商有关劳资关系等问题。"使工商业能够有序发展，使工商业者有维护自身合法权益的路径。这也是与当时利用民营经济的政策紧密相关的。

2.对非公有制经济禁止阶段的行政立法

经过三年的努力，到 1952 年时国民经济得到全面恢复和初步发展，并达到历史最高水平以上。这一时期国营经济、民营资本主义经济、个体经济、国家资本主义经济都得到了发展。但随着经济的发展，国家的支持和社会主义经济的优越性，国营经济发展极为迅速，国家经济构成也发生了变化。国营经济的比重明显提高，为国家开始第一个五年计划奠定了一定的基础。

这三年中经济虽然发展迅速，但是在经济发展过程中也出现了大量的问题，尤其是工人阶级与资产阶级，国营经济与民营经济之间的矛盾激化，斗争时有发生。面对工业化过程中大规模激化的这些矛盾，中国共产党于 1953 年提出了过渡时期总路线：在一个相当长的时期内，逐步实现国家的社会主义工业化，并逐步实现国家对农业、对手工业和对资本主义工商业的社会主义改造。[1] "一五计划"是我国由新民主主义社会向社会主义社会过渡的重要步骤，是完成过渡时期总路线的基础。在"一五"期间，通过多种形式对资本主义工商业进行社会主义改造，从而使非公有制经济的发展进入了限制阶段。

《关于有步骤地将十个工人以上的资本主义企业改造为公私合营

---

① 胡绳：《中国共产党的七十年》，中共党史出版社 1991 年版，第 319 页。

企业的意见》于 1954 年 1 月由中央财经委发布，国家由最初着重发展以加工订购为主的初级、中级国家资本主义，开始走向重点发展公私合营这种高级形式的国家资本主义。

1954 年以前的资本主义改造主要是加工订购的形式，是国家与资本家在企业外部的合作。而公私合营是社会主义成分同资本主义成分在企业内部的合作。为了实现公私合营，政务院于 1954 年 9 月 2 日通过了《公私合营工业企业暂行条例》，该条例实际上是中央财经委意见的后续立法，是社会主义改造阶段的重要立法。该条例共七章，其立法目的是鼓励和指导有利于国计民生的资本主义工业转变为公私合营形式的国家资本主义工业，逐步完成社会主义改造。该条例确定了社会主义成分在公私合营企业中的领导地位、企业经营管理的方式、盈利的分配原则、归属管理关系。而这一切实际上是对民营经济的一种限制，通过该条例的实施，公私合营完成后，民营企业基本丧失了企业的主导权。

1956 年 2 月 8 日，国务院全体会议第 24 次会议通过了《国务院关于目前私营工商业和手工业的社会主义改造中若干事项的决定》，该决定是在实施全行业公私合营的阶段发布的。主要是由于公私合营急于求成，造成了生产、供应与销售等环节出现了脱节问题，影响了经济的稳定，为了改变这些弊端，从而稳定地进行逐行业的社会主义改造而作出该决定。

1964 年 4 月 13 日，中央发布的《进一步开展代替私商工作的指示》报告中，对私商工作提出"是一场经济斗争，也是一场阶级斗争。必须打好这一仗"。这也就导致私营经济的发展基本处于停滞中，使国家经济濒临处于单一的公有制经济中。众所周知的原因，1966 年到 1976 年的十年"文革"期间，我国的国民经济进一步混乱，基本处于崩溃的边缘，非公有制经济的发展更是到了最困难的时候，如不改革，没有出路，而这一切的改变，都需要改革开放春风的到来。

（二）改革开放后非公有制经济的行政立法与政策

1978 年 12 月十一届三中全会在北京召开，这次会议在党的历史上具有深远意义，是建国以来党的伟大历史转折。这次全会一方面在政治上走出了粉碎"四人帮"以后两年的徘徊，总结了建国以来正反两方面的经验。另一方面全会认真探讨了全党工作重点转移的问题，这是党和国家何去何从的重大问题。全会的公报指出："实现四个现代化，要求大幅度提高生产力，也就必然要求多方面改变同生产力发展不相适应的生产关系和上层建筑，改变一切不适应的管理方式、活动方式和思想方式，因而是一场广泛、深刻的革命。"经济要发展，就要有符合生产力发展要求的生产关系，国家要进步就必需进行改革。全会不仅确定了社会主义民主政治的思想，认识到社会主义法制的重要性，而且大胆地提出经济民主、经济改革，为随后的改革开放奠定了理论基础。

1979 年 11 月，在邓小平的主持下，党中央开始着手起草《关于建国以来党的若干历史问题的决议》，决议本着实事求是的态度，总结了建国以来我党取得的成就，同时认清了我党在分析国情时产生的认识偏差，客观地评价了毛泽东同志的历史地位。同时为党工作重心向经济转移提供了政治条件。经济工作的改革首先在农村开始，随着农村工作的顺利展开，我党逐渐对民营经济放开。在党的十二大上，邓小平指出："我们的现代化建设，必须从中国实际出发。无论革命还是建设，都要注意学习和借鉴外国经验。但是，照抄照搬别国的经验、别国的模式，从来不能得到成功，这方面我们有过不少教训。把马克思主义的普遍原理同我国的具体实际结合起来，走自己的道路，建设有中国特色的社会主义，这就是我们长期历史经验得出的基本结论。"[①] 由此建设有中国特色的社会主义理论成为了改革开放和社会主

---

① 《邓小平文选》(1975—1982)，人民出版社 1983 年版，第 371—372 页。

义现代化建设的指导思想，也使我国改革开放和社会主义现代化取得了巨大的成就。在农村改革取得成功后，为以城市为重点的整个经济体制改革提供了有利条件。十一届三中全会以后所进行的城市改革试点和探索也取得了显著成效，积累了经验。1984 年 10 月，党的十二届三中全会通过了《关于经济体制改革的决定》，突破了计划经济与商品经济对立的传统观点，确认了我国社会主义经济是公有制基础上的有计划的商品经济。这个决定由此成为上个世纪 80 年代改革的重要指导思想。

《国务院关于开展和保护社会主义竞争的暂行规定》由国务院于1980 年 10 月 17 日发布生效。十一届三中全会后，改革顺利进行，为保证企业的自主经营权及市场调节作用的发挥，为了维护社会主义竞争并区分资本主义竞争，保证社会主义竞争的有序性，进一步搞活经济，国务院发布了该规定。该规定共十条，主要内容是保证企业的自主经营权、确立多种经济成分共同发展的原则、鼓励开拓市场、鼓励发明创造、严格物价管理、反对地区经济封锁、国家实行宏观调控等方面。其中一、二条规定企业在充分发挥自主经营权的同时要提高生产效率和质量，创造良好经济效果，同时还要保证国家的计划。这也是放开时期国家实行"双轨制"的表现。

《国务院关于城镇非农业个体经济的若干政策性规定》，该规定于1981 年 7 月 7 日由国务院发布，1987 年 8 月 5 日被《城乡个体工商户管理暂行条例》代替，是改革开放早期重要的政策性规定。其立法目的是，在多种经济成分、多种经营方式并存的历史条件下，为恢复和发展非农个体经济，消除个体经济在经济活动中被歧视的局面，防止对个体经济乱加干涉或采取消极态度，保证社会主义经济的发展，故发布了这一政策性规定。该规定共十八条，其主要内容是鼓励个人投身市场发展个体经济，补充公有制经济。该政策性规定多是鼓励性政策，促使个体经济迅速发展，也造就了一大批成功的民营企业。

2005 年、2010 年国务院相继下发的《关于鼓励支持和引导个体、私营等非公有制经济的若干意见》及《关于鼓励和引导民间投资健康发展的若干意见》，均强调"毫不动摇地鼓励、支持和引导非公有制经济的发展"。

在我国，长期致力于实现社会主义公有化带来的一个根深蒂固的观念，就是所有制歧视。改革开放后，虽然对待非公有制经济的态度逐渐转变，从承认它是社会主义的有益补充，到确认其为社会主义市场经济的重要组成部分，再到现在鼓励其发展，非公有制经济最终获得了社会主义社会中平等经济主体的地位。但这只是宪法上的确认，王老吉与加多宝之间的法律争议表明，在现实的社会经济生活领域长期形成的固习，恐怕短时期内无法改变，行政主体对民营经济的歧视仍然广泛存在。在当前全面推进依法治国的进程中，为了让我们的经济持续快速健康地发展，就需要我国推进行政法治建设，保障非公有制经济等在内的各种所有制经济和谐稳定健康地发展。

二、行政法治在非公有制经济发展中存在的问题

行政法治在非公有制经济实践中难以贯彻。行政法的基本原则是行政法的灵魂所在。行政法的基本原则在我国主要体现在以下六个方面：（1）行政法治原则；（2）行政合理性原则；（3）行政公正、公开原则；（4）行政效率原则；（5）信赖保护原则；（6）权责统一原则。非公有制经济合法权益的保障，非公有制经济的发展都与上述的原则息息相关。

第一，行政法治原则。该原则主要包括依法行政、行政权力控制、政府赔偿与基本权利保障四个方面。在我国，民营企业在生产经营中的各个环节都要受到行政机关的监督、管理和指导。在这个过程中，国家工作人员违法执法的行为、权力滥用行为大量存在，在执法过程中甚至使用暴力，导致相对人基本权利难以得到保障。在执法过程中，利用权力与违法、违规企业同流合污，严重侵害了遵纪守法企

业的合法权益。

第二，行政合理性原则。在我国主要表现为比例原则。比例原则要求，限制人民权利的措施必须能够达到预期的目的并且在限制人民权利的多种措施中应当选择对人民权利侵害最小的手段。而在现实中，政府的行政命令随意发布，只考虑眼前利益或为了一部分人的利益而侵害多数人的利益。一些经济落后市在落实政策时不顾实际情况，采取全面开工的手段对城市进行产业规划、拆迁，导致被拆改的企业难以按时恢复生产，居民无法正常生活，造成了较大的经济损失。[1]

第三，行政公正、公开原则。在我国行政执法过程中，行政公正仍然存在问题。非公有制经济在市场竞争中的不公正问题也是大量存在的。就程序公正而言，实践中也存在不听取企业辩解、陈述而作出不利于企业的行政行为。

第四，行政效率原则。效率是公正的保障，我国行政法治建设也要求建立高效便民的政府。近些年来，联合审批制度的建立，在一定程度上提高了政府的行政效率。但是，在复议、诉讼救济过程中，复议时限、诉讼审限时间过长也是不利于民营企业权利救济的。

第五，信赖保护原则。信赖利益保护原则的内涵是政府对自己作出的行为或承诺应守信用，不得随意变更，不得反复无常。信赖保护原则是二战后德国行政法院在授益行政行为的撤销判决中发展起来的一项行政法原则。当行政相对人对行政过程中某些因素的不变性形成合理信赖，且这种信赖值得保护时，行政主体不得变动上述因素，或只能在给予合理补偿相对人的信赖损失的前提下才得变动。该原则的核心思想即维护法律秩序的安定性，保护社会成员的正当权益。

---

[1]　姜明安：《行政法与行政诉讼法》，法律出版社 2003 年版，第 62 页。

第六，权责统一原则。该原则是行政法最重要的原则之一。权责统一，一方面要求行政效能，即行政活动的实施应当达到其既定的目标，为了保证行政目标的顺利实现，法律、法规应当赋予行政机关一定的执法手段，并通过这些手段的运用排除其在职能实现过程中遇到的障碍。另一方面的要求是行政责任，即当行政机关违法或不当行使职权、不作为时，应当依法承担法律责任。权力和责任的统一可以概括为：执法有保障、有权必有责、用权受监督、违法必追究、侵权须赔偿。

有法不依，执法不公，乃至发生经济交往中的行贿受贿等腐败现象，不仅存在于一般的社会经济生活中，在个体、民营、私营经济发展中同样大量存在，甚至在某些方面更为突出。执法机关在某些方面利用国家赋予的权力和职务上的便利，谋取私利，不能严格执行保护非公有制经济的合法私有财产的法律法规和行政规章，个体、私营和民营等非公有制经济单位的合法财产受到违法的侵犯，甚至被非法改变权属关系。人民法院在依法保障公有制经济发展，不断增强国有经济活力、控制力和影响力的同时，要依法平等保护非公有制经济的合法权益，坚持各类市场主体的诉讼地位平等、法律适用平等、法律责任平等，为各种所有制经济提供平等司法保障。

正确认定民商事合同效力，保障非公有制经济的合法交易。要处理好意思自治与行政审批的关系，对法律、行政法规规定应当办理批准、登记等手续生效的合同，应当允许当事人在判决前补办批准、登记手续，尽量促使合同合法有效。[①] 合法设定的义务和目标，理应确保其获得实际的效果。存在妨碍法定目标、违反法定义务的行为时，

①《最高人民法院关于依法平等保护非公有制经济促进非公有制经济健康发展的意见》，《人民法院报》2015 年 1 月 1 日。

应有排除妨碍的制度存在。这就是法实效性的保障制度。支持非公有制经济健康发展是坚持和完善我国基本经济制度的必然要求，也是人民法院为经济社会发展提供司法保障的重要方面。各级人民法院要充分发挥司法审判的职能作用，为非公有制经济健康发展提供有力的司法保障。监督和促进行政机关依法行使职权，依法纠正违法行政行为。非公有制经济主体起诉认为行政机关作出的行政行为逾越法定权限、违背法定程序，侵犯其合法权益，其主张事实依据充分的，人民法院应依法纠正相关行政行为。加大对涉及非公有制企业知识产权、经营权、财务权、名誉权等民事和行政诉讼活动的监督力度，平等保护各类市场主体合法权益。对不公正的生效裁判，依法提出抗诉或再审检察建议；对公正的裁判，耐心细致地做好释法说理、服判息诉工作，维护司法权威。

构建公平公正的法治环境，必须全面推进依法行政。政府行政权力涉及经济社会的各个领域，对非公有制经济合法权益的实现有着最直接的影响。创造公平公正的法治环境，就必须全面推行依法行政，坚持严格执法，公正执法，文明执法，构建法治经济。使各级行政机关做到依照法定权限和程序履行职责，既不失职又不越权，更不缺位。要建立健全行政执法责任制，严格执行行政执法过错追究制度，对损害经济社会发展和非公有制经济组织利益的行为依法进行惩处，及时高效办理各种投诉，促进依法行政。

要落实党的十八大"保证各种所有制经济依法平等使用生产要素、公平参与市场竞争、同等受到法律保护"的要求，就必须完善经济产权平等的保护制度。在发展混合所有制过程中，走国有与民营企业"同质化"发展的多元化发展之路，破除经济产权保护的"血统主义"，不断完善我国现有的产权基本制度。

三、加快非公有制经济健康发展的行政法治建设

支持非公有制经济健康发展是坚持和完善我国基本经济制度的必然要求，也是依法治国理念下，为经济社会发展提供司法保障的重要方面。法律要充分发挥职能作用，为非公有制经济健康发展提供有力的司法保障。提高认识，切实增强依法保障非公有制经济健康发展的主动性和责任感。贯彻党的十八届三中全会精神，正确认识非公有制经济的重要地位。公有制为主体、多种所有制经济共同发展的基本经济制度，是中国特色社会主义制度的重要支柱，也是社会主义市场经济体制的根基。党的十八届三中全会进一步明确了非公有制经济在社会主义市场经济中的重要地位，提出必须毫不动摇鼓励、支持、引导非公有制经济发展，激发非公有制经济活力和创造力。各级人民法院要深入学习贯彻十八届三中全会精神，依法支持、保障、促进非公有制经济的健康发展。贯彻党的十八届四中全会精神，依法平等保护各种所有制经济共同发展。法律面前人人平等是我国宪法确立的基本原则。非公有制经济与公有制经济一样，是社会主义市场经济的重要组成部分，都是我国经济社会发展的重要基础。党的十八届四中全会决定指出，平等是社会主义法律的基本属性。2014 年中共十八届四中全会审议通过《中共中央关于全面推进依法治国若干重大问题的决定》关于立法的要求，"加强重点领域立法，加快完善体现权利公平、机会公平、规则公平的法律制度，保障公民人身权、财产权、基本政治权利等各项权利不受侵犯，保障公民经济、文化、社会等各方面权利得到落实"。要坚持法治思维和历史眼光，准确把握法律政策界限，更好保护非公有制经济合法权益。要从有利于促进非公有制经济发展、有利于保障员工生计、有利于维护社会和谐稳定出发，更加注重改进办案方式方法，注重加强沟通协调、合理掌控进度，在法律允许范围内最大限度维护企业声誉，减少对正常生产经营活动的影响。确

立法治规则意识。要坚持平等保护原则，依法履行法律监督职能，努力为各种所有制经济发展营造公开、公平、公正的法治化营商环境，牢固确立发展非公有制经济的法治理念。确立平等保护意识。无论公有制经济财产还是非公有制经济财产，都应该依据同样的法律所允许的方式和手段获得保护。对不同所有制主体的合法权益，都给予"同等保护"，同时对当前处于弱势地位的非公有制经济进行适度倾斜性保护和支持性保护。

目前，加快我国非公有制经济健康发展的行政法治建设是贯彻落实十八大，十八届三中、四中、五中全会精神的必然要求。

第一，限制行政立法的授权和范围。随着社会主义法治国家的推进，立法的法律保留范围会日益增大。我国《立法法》第 8 条采用列举式规定明确了九项只能通过制定法律来解决的问题，其中涉及公民财产保护的只有一项，即对非国有资产的征收。而在现实生活中对公民财产的征用、对公民预期利益的剥夺都是对公民私有财产权的侵犯。随着私有财产保护力度的加大，私有财产权作为一项公民权必将日益受到保护，法律保留的范围也会越来越广。此外，在现实中授权性立法中经常出现"必要时""根据需要"等含糊不清、标准不明的授权条文，这都给予行政机关过大的裁量权，也是不利于行政法治化的。

第二，服务型政府的建立、打造政府形象，提高行政透明度。服务型政府是民主政治发展的趋势，政府的管理权来自于人民的授权、政府管理国家事务所需的经费由纳税人提供，政府理应服务于民。非公有制经济作为社会主义市场经济的重要组成部分为社会经济发展作出了重大贡献，政府除必要的监督管理之外，其主要职能应该是为非公有制经济提供安全保障、为民营经济的发展保驾护航。建设公开、透明的政府信用信息系统，通过政府公报、政府网站、新闻等各类媒体，将政府的发展规划、结构调整计划、产业发展导向、重点招标项目和相关法规、政策措施向社会公布，提高政府行政的透明度。

第三，非公有制经济财产保护的完善。在国民经济的发展的同时，私有财产保障在经济活动中越发重要。2004年宪法对私有财产的规定可谓是中国私有财产保障的重大历史进步。可以说，非公有制经济能够有今天的发展壮大，离不开宪法、法律和行政法律法规卓有成效的保障。在未来的法治发展过程中，各个部门法向宪法规定靠拢是私有财产保护的必然趋势。非公有制经济行政平等问题依然是任重道远。在各种经济成分中，非公有制经济的地位，无论是在市场准入还是融资以及财税政策上，非公有制经济与国有经济成分都有着巨大的差别。大力营造发展非公有制经济的法治环境。营造同等待遇的法治环境。明确公有制和非公有制两种形式都是发展生产力所需要的所有制形式，也是我国现有基本经济制度的特征。在市场竞争中充分发挥各种所有制的优势，鼓励相互促进、相互补充、共同发展，让各种所有制经济实体在遵守相同规则的前提下获得生存发展的同等待遇。营造公平有序的法治环境。从法律角度对市场准入加以明确和解释，有效打击为保护垄断而人为设障，使其他市场主体无法获得准入的违法行为。确保非公有制企业等市场主体拥有平等权利与机会，建立公平有序的市场交易机制，并在统一市场规则之下运行和发展。

通过我们对近些年的国民经济数据的研究分析得出，哪里的非公有制经济发展活跃，哪里的经济发展程度就相对更发达。实践证明，市场经济也是法治经济，非公有制经济是国民经济的重要组成部分，通过不断健全促进非公有制经济企业发展的法律法规，在实际实施中得到切实贯彻，为我们的经济发展创造一个现代化的实质公平的的法治环境，同时也为非公有制经济的发展创造一个公开公正的市场环境，使一切市场主体的活力竞相迸发，促进大众创业、万众创新，保障非公有制经济的持续稳定发展。我们相信在以习近平同志为总书记的党中央的坚强领导下，在"创新、协调、绿色、开放、共享"五大发展理念的引领下，在全国人民的共同奋斗下，我们必定能够实现国民经济的健康快速发展，必定能够让非公有制经济茁壮成长，必定能够早日实现社会主义现代化！

民营经济与市场经济的法治保障

王　伟[①]

改革开放以来，我国取得了显著的经济成就。但是，在经济社会的发展过程中，我国还存在着经济法治不完善的问题，法治对市场经济的促进作用没有得到充分发挥。党的十八届三中全会提出，市场是资源配置的决定性力量。十八届四中全会则对依法治国、建设法治国家提出了具体的目标和思路，并指出社会主义市场经济本质上就是法治经济。"十三五"规划（2016—2020 年）再次强调，要完善社会主义市场经济和社会治理法律制度。根据依法治国的新论断、新举措，民营经济的发展同样需要纳入法治轨道，并在统一的市场经济法治框架之内运行。本文根据我国市场经济及其法治的现实和趋势，对市场经济的法治化运行进行了分析。

一、法治在市场经济中的任务和使命

十八届四中全会强调社会主义市场经济本质上是法治经济，指明了市场经济与法治之间的内在逻辑联系。四中全会提出要"使市场在资源配置中起决定性作用和更好发挥政府作用，必须以保护产权、维护契约、统一市场、平等交换、公平竞争、有效监管为基本导向，完善社会主义市场经济法律制度"，指明了我国市场经济法治的发展方向，具有鲜明的时代特征。市场是人类有史以来最为有效的经济力量。要让市场在资源配置中发挥决定性的作用，法治的作用就是要保

---

① 　王伟：中央党校政法部经济法教研室副主任，副教授。

障市场力量得以发挥。在现代市场经济中，法治的主要任务和使命可以进一步概括为：

（一）保护产权

法律的功能是定纷止争，在产权进行清晰界定的前提下，市场经济主体才能对未来的发展有合理的预期，才可以有效防止和避免社会成员之间以及国家对社会成员财产的任意侵夺，使市场经济始终在法治的轨道上运行。从 16 世纪开始，西方国家从原来"日出而作，日落而息"的农耕文明，转向以商品交换和契约为主要特点的商工文明[①]，由此极大地促进了社会财富的增长，崛起了一系列具有全球重大影响力的大国（如荷兰、葡萄牙、西班牙、英国、美国等）[②]。随着资本主义工商业的进一步发展，西方国家更加注重保护私人产权并最终确立"私有财产神圣不可侵犯"的法律原则，这是市场经济得以发展的重要法治基石。现代物权法、自然资源法、知识产权法、公司法等法律制度所规定的所有权、用益物权、担保物权等物权制度以及自然资源权属（土地、森林、草原等）、知识产权、股权、公司财产权等权利，构成了一个庞大的产权体系，奠定了市场经济的产权基础。

（二）鼓励交易

现代市场经济实现了人类"从身份到契约"的飞跃，促进了人的自由和解放，使市场经济主体可以根据意思自治、合同自由的原则，开展交换和投资活动。根据合同法等法律法规的规定，维护合法的契约关系，鼓励交易，使民事主体积极主动地寻求自身的最大利益，是现代法治的重要使命。

---

① 张恒山：《论商工文明的理性化思维》，载于《人民论坛》2011 年第一期，第 36 页。
② 唐晋：《大国崛起》，人民出版社 2006 年版。

（三）规制竞争

在市场经济的发展过程中，存在着众多的不和谐的因素（如垄断和不正当竞争、损害消费者利益等），干扰着市场功能的发挥。要解决市场经济运行中的不正当竞争、保护消费者利益等问题，必须依靠法治。在我国，经济法是保护消费者和社会公众利益，维护市场竞争秩序的专门法律。经济法通过其市场规制法律体系（包括反不正当竞争法、反垄断法、消费者权益保护法、产品质量法、食品安全法等），打击不正当竞争及垄断等行为，维护公平竞争秩序。

（四）有效调控

市场不是万能的，市场也会失灵，由此导致宏观经济的失序，体现为社会总生产和总需求的失衡。因此，市场经济客观上需要国家进行宏观调控。但是政府的调控也可能出现失灵，如果政府调控产生重大失误，则可能对市场经济产生巨大的不良影响，甚至诱发严重的经济和金融危机。现代国家都非常注重宏观调控，注重用财政、税收、金融等手段调控市场。在市场经济运行的过程中，必须将政府的宏观调控权纳入法治轨道，避免宏观调控非正当性，防止对社会公平正义造成损害。

（五）提供公共物品

市场经济要健康运行，还需要政府提供诸如国防、外交、司法、道路交通、教育、医疗、环境保护等方面的公共物品或者准公共物品，满足公共需要，为市场经济的发展奠定基础。对于政府提供公共物品这类关系的法律调整，主要是教科文卫法、劳动和社会保障法、环境法等法律部门的任务。[①] 同时，经济法中的财政税收法，也通过调

---

① 史际春：《法治建设与完善社会主义市场经济体制》，载于《经济法学评论》第八卷，中国法制出版社 2008 年版。

整财政收入、财政支出等，为国家政权运行的财政支持提供法律保障。

二、市场经济法律规制的内在逻辑及基本制度

自改革开放以来，我国在法治建设方面取得了很大成就。2011 年，中国政府宣布，我们已经建成了社会主义法律体系。目前，我国已经形成了以宪法为统帅，以民商法、经济法、行政法、刑法、社会法和程序法（包括诉讼和非诉讼程序）等法律部门为主干的法律体系。社会主义法律体系直接或者间接地为市场经济的运行和发展提供保障。其中，民商法、经济法、行政法等法律部门是直接规制市场经济运行的基础性的法律部门。从市场经济运行的内在逻辑来看，调整市场经济的法律规则，可以细分为四类：调整市场准入的法律、调整产权和交易关系的法律、调整市场竞争的法律、调整宏观调控的法律。

（一）关于市场准入的法律调整

企业是现代经济关系中最重要、最活跃的因素，是经济的细胞和动力。企业法则是规定企业的法律地位及调整其内外关系的法律，它调整企业的设立、变更、终止以及企业的法律地位和能力、企业的资本、投资者相互之间的关系等。

我国的企业立法体系主要有两大类：第一类，按照所有制形态分类的立法。我国对于全民所有制、企业集体所有制企业、外商独资投资企业等分别进行立法，形成了按照所有制对企业进行管理的"身份立法"。第二类，按照投资方式和责任形态分类立法。这是世界上市场经济国家和地区最主要的一种分类方式。按照该分类方式，我国分别对独资企业、合伙企业和公司进行了立法。其中，公司企业是现代市场经济当中最重要的一类经济组织。此外，相关立法中的资本制度、企业注册制度等，构成了市场准入和市场主体的法律基础。

在市场准入方面，我国形成了一般市场准入、特殊市场准入、外资市场准入等法律制度，并采取相应的工商登记、行政审批等管理措施。

（二）关于产权和交易关系的法律调整

产权界定和交易关系主要是由民商法及其他立法中的相关法律规则来调整的。可以说，民法是市场经济的基本法，它提供了产权和市场交换所需要的基本法律规则。现代民法对市场经济调整的基础性作用，主要体现为：

（1）物权法：物权法确立的所有权制度、用益物权制度、担保物权制度等，使人们可以凭借对物的产权进行物质交换。哈耶克认为[1]，确认财产权是划定一个保护我们免于压迫的私人领域的第一步。

（2）合同法：合同法规定了相应的合同制度，包括合同的生效、合同的履行、违约责任等，这就提供了一个交换的规则，使市场经济能够在合同法的规范之下，顺利进行。正如我国学者所说[2]，市场经济的精髓在于，由经济活动的当事人根据市场供求关系和价格信号，自由、自主地开展活动，参加或与他人缔结民事法律关系，以此来达到资源的合理及优化配置。

（3）人格权法和侵权责任法：现代民法确立了人格权，使得人人都可以享有平等权利，为市场交换奠定了人格自由的基础。民法中的侵权责任法，还保护人们的人身安全和财产安全，提供相应的权利救济，权利人因为侵权行为所遭受的损害都可以得到相应的金钱救济或精神损害赔偿。

除民法以外，其他法律制度（如银行法、保险法、证券法、票据法、海商法等），也为特定领域的投资和交易关系提供相应的交易规

---

① 〔英〕哈耶克:《自由秩序原理》，邓正来译，三联书店 1997 年版，第 171—174 页。
② 潘静成、刘文华:《经济法》（第三版），中国人民大学出版社 2008 年版，第 77 页。

则。

（三）关于市场竞争的法律调整

竞争是市场经济的生命之源，是市场经济的"灵魂"。现代市场经济国家往往通过反垄断、反不正当竞争法、消费者权益保护法、产品质量法、价格法等法律制度，规制市场竞争秩序。这些法律可以统称为"市场规制法"。

市场规制法的重要法律部门主要有：

1. 反垄断法

垄断，是指少数企业凭借雄厚的经济实力对生产和市场进行控制。发达市场经济国家都制定了《反垄断法》，对垄断行为进行法律规制，从而维持市场的竞争格局。2007 年制定的《中华人民共和国反垄断法》调整的垄断行为主要包括：（1）垄断协议，即排除、限制竞争的协议、决定或者其他协同行为。（2）滥用市场支配地位，主要是具有市场支配地位的企业凭借其地位，在一定的交易领域实质性地限制竞争，违背公共利益的行为。（3）经营者集中，主要是防范经营者通过合并、控制等方式形成经营者集中时，可能会形成垄断性的力量，进而对市场竞争造成妨碍。为了对经营者集中实行有效的控制，各国法律规定了经营者集中时的申报义务[①]，我国反垄断法也规定了经营者集中制度。（4）行政性垄断，这是我国特有的一种垄断现象，是指行政机关或其授权的组织滥用行政权力，限制竞争的行为。

2. 反不正当竞争法

---

① 　美国《克莱顿法》第 7 条规定，市场主体进行的合并，如果合并总资产或者销售额超过 1 亿美元、被合并的企业资产或者销售额超过 1000 万美元的，合并企业必须向司法部或联邦贸易委员会申报，在规定的时期内（现金交易的 1—5 天，其他情况 30 天）得到批准的方可合并。

不正当竞争行为是针对市场竞争中的非正当性竞争行为而言的。由于不正当竞争行为对市场经济秩序的危害非常严重，世界各国大多通过反不正当竞争法律对其进行规制。我国于1993年12月1日通过了《反不正当竞争法》。据此，仿冒混淆行为、虚假广告宣传行为、商业贿赂行为、侵犯商业秘密行为、低价倾销行为以及不正当有奖销售行为都属于不正当竞争行为。

3. 消费者权益保护法

从历史上看，由于商家和消费者存在严重的信息不对称，分散的消费者在市场交易中居于弱势地位。在第二次世界大战以后，广大消费者开始组织起来，同损害消费者利益的行为进行斗争。这正是消费者运动产生的根源。消费者运动的宗旨之一，是通过建立消费者组织，对消费者在购买商品和接受服务时的合法权益提供社会保护。在消费者运动蓬勃开展的同时，国家也开始介入消费者保护，制定了完整的消费者权益保护法律制度。我国于1993年10月31日制定（2013年10月修订）的《消费者权益保护法》，规定了消费者的基本权利。[①] 此外，法律还通过建立和完善惩罚性赔偿金、消费者权益保护组织等方式对消费者予以保护。总体来看，《消费者权益保护法》就是通过对消费者加以特别保护，旨在纠正消费者和经营者力量的不平衡状态，从而维护消费者的利益。

（四）关于宏观调控的法律调整

宏观调控，是指国家为了实现经济总量的基本平衡，促进经济结构的优化，推动国民经济的发展，对国民经济总体活动进行的调节和控制。宏观调控法律是在充分尊重市场主体法律地位的前提下，规定

---

① 包括：（1）保障安全权；（2）知情权；（3）自主选择权；（4）公平交易权；（5）依法求偿权；（6）依法结社权；（7）接受教育权；（8）获得尊重权；（9）监督批评权。

政府从社会的整体利益出发，采取相应的宏观调控措施，保证国民经济稳定协调发展的法律。

宏观调控法体系包括：（1）财政税收法，包括预算法、财政收入法（税法、彩票法、国债法等）、财政支出法（政府采购法、转移支付法等）；（2）金融法，包括中央银行法、商业银行法、政策性银行法和非银行金融法（如保险法、证券法、证券投资基金法、信托法、票据法等）；（3）国有资产管理法；（4）其他法律部门，如计划法、固定资产投资法、环境资源法、对外贸易法等。国家宏观调控所采用的调节手段，虽然也包括使用某些强制性手段，但主要是对社会各经济活动进行指导、鼓励、提供帮助和服务，属于促导型的，主要包括税率、利率、汇率等经济杠杆和其他财政、税收、金融、信贷等方面的政策工具及其运用。

三、我国市场经济法治建设存在的突出问题

（一）在市场准入方面

当前，我国市场准入方面存在的问题仍然很多，严重妨碍了市场主体进入市场创造财富的积极性。主要问题有：（1）我国仍然实行按照所有制来对企业进行分类管理的做法，存在企业立法"双轨制"，即：既按照所有制形态立法，也按照投资方式和责任形态来立法。这种"双轨制"的企业立法模式，人为地把企业分为了三六九等，制造了竞争的不公平。例如，外商投资企业享受超国民待遇、国有企业具有竞争优势地位等问题仍然突出，民营企业的发展空间受到很大局限。（2）我国在市场经济领域的行政审批仍然过多过杂，对微观经济领域的干预过细，监管能力仍不能适应市场经济的发展需要。（3）长期以来，我国市场准入门槛很高。近年来，我国通过对公司法等法律进行修改、放松市场准入管制等方式，不断降低市场准入门槛，扩大

准入领域，但仍然存在着工商注册登记手续繁琐，民间资本进入诸如基础设施、金融等领域仍然困难的问题，不利于最大限度地激发社会活力。（4）市场准入的条件还不够明确，还存在大量"玻璃门""旋转门"的现象。

（二）在产权保护方面

根据宪法有关保护财产权的要求，我国制定了物权法、自然资源法、企业公司法等作为调整产权关系的基础性法律。同时，对于侵犯他人财产权的行为，民商法、行政法、刑法等法律，从不同的角度，提供权利保障和权利救济。但是，我国对于公民财产权利的保护仍然薄弱，集中体现为：在征地拆迁的过程中，侵犯公民财产权利的问题大量存在；企业正当的经营管理权利往往受到行政机关的不当干涉，乱收费、乱罚款的行为屡禁不止；对知识产权的保护仍然薄弱，对于信息化、网络化背景下产权关系的法律调整，立法还显得滞后；统一不动产登记制度还在建设过程中，物权的公示和登记等制度有必要进一步完善。

（三）在维护交易关系方面

在交易过程中，大量不诚信的行为仍然存在，市场经济主体的契约意识和诚信意识有待进一步提高；司法机关对于交易关系的保护还不充分，审执仍未分开，尤其是法院生效判决、仲裁机关的裁决执行不力，社会各界较为关注；民商事审判中的非法干预现象，仍然大量存在。

（四）在市场规制方面

我国现行的市场规制法，在调整竞争关系方面仍然存在很多问题：（1）垄断的问题更加突出。当前，滥用市场支配地位、联合限制竞争、行政垄断等方面的问题，是主要的反竞争行为，其中，外资在华垄断的形势日益严峻。（2）消费者权益的保护工作仍然薄弱，立法中所规定的法律责任过于宽松，违法成本较低。

（五）在宏观调控方面

当前，我国在宏观调控体制和机制方面还比较薄弱。在实体方面。宏观调控权力在纵向及横向的配置方面还不够完善，宏观调控权行使的原则、效力以及宏观调控出现重大失误是否需要承担相应的责任（政治责任或者法律责任等），在立法中都缺乏明确规定；在程序方面，计划、金融、财税、价格等领域的宏观调控程序仍然欠缺；实施宏观调控的科学性、正当性、合理性缺乏相应的评判根据，宏观调控权难以纳入公众监督范畴。

四、加强市场经济法治建设的若干重点

根据市场经济法治保障的规律以及四中全会的要求，我国应当在充分借鉴国际先进立法经验的基础上，不断创新市场经济的法治体系，努力建设法治化的市场经济。

（一）我国经济法治建设的基本目标

在经济管理层面，应以有效监管为导向构建政府经济管理法律体系。从市场经济国家经济管理的演变来看，尽管当前各国经济面临全球化、市场化、自由化的趋势，但在这样的背景下，并非意味着信守传统的所谓"有限政府""小政府"理念，轻视甚至舍弃政府管理。相反，政府对市场经济的管理，应该更多关注如何建立有效的管理体系，将重点置于政府管理行为的"质"而非"量"，此外，政府、市场、社会的良性互动是实现资源优化配置的关键，政府与市场的关系并非此消彼长的零和博弈，市场机制的扩张无需以政府的退缩为代价。

在市场机制层面，应以鼓励交易为导向构建市场运行法律体系。

市场是资源配置的决定性方式。为有效发挥市场机制的作用，我国应以鼓励交易为导向构建市场运行法律体系。

（二）在市场准入方面

1. 统一企业立法

当前，我国的企业立法还是双轨制，也就是既按照所有制形态立法（身份立法），也按照投资方式和责任形态来立法。十八届三中全会提出要统一内外资法律法规，保持外资政策稳定、透明、可预期。十八届四中全会强调要统一市场、公平竞争、合理竞争。根据这些要求，我国的企业立法模式需要调整。改革的基本方向是：改革现行的"双轨制"企业立法模式，逐步去除企业立法中的身份色彩，着重于按照法律属性（包括投资方式和责任形态）来立法，即主要适用《公司法》《合伙企业法》《独资企业法》对市场主体进行规范调整。

国有企业的改革是进一步完善企业法治的重要任务。借鉴成熟市场经济国家和地区的国企改革经验，笔者认为，我国应当完善"以竞争中立为价值取向"的国企法治。所谓竞争中立（Competitive Neutrality）是 20 世纪 90 年代澳大利亚构建竞争型国家时提出的改革思路，其基本含义是：国有企业在提供竞争性产品和服务时，应当与私人企业处于同样的外部环境，不能因为其公共产权而享有竞争优势、扭曲竞争机制。其后，OECD（经合组织）在其《国有企业治理指南》基础上，积极向其成员国推广竞争中性理念。按照竞争中立的理念，将我国国有企业的管理纳入法治化轨道，主要涉及三个基础性问题：第一，政权的职能和资本的职能要分开；第二，准确定位国有企业的公益性与竞争性；第三，国有企业要纳入预算管理。

2. 拓宽准入领域

市场经济是法治经济，要努力做到让市场主体"法无禁止即可为"，让政府部门"法无授权不可为""政府职责必须为"。实行负面清单制度，从而以清单的形式，界定市场主体限制进入或者禁止进入的领域，从而限制政府权力的滥用，让投资者对未来的投资更加有预期，建设法治政府和服务政府。

3. 完善企业登记制度

针对市场准入中存在的问题，十八届三中全会提出：推进工商注册制度便利化；建设法治化营商环境。根据前述要求，我国在完善企业登记制度方面，基本的方向是建立高效便捷的工商登记制度。

（三）在事中事后监管方面

在放松市场准入的大背景下，加强事中与事后监管等后续监管措施成为政府经济管理职能的重要内容。从市场经济国家的发展经验来看，加强事中与事后监管的法律机制主要有：（1）标准；（2）信息披露与信用约束；（3）竞争执法；（4）收费、税收、拨款、补贴；（5）其他非强制性措施，包括公私合作、良好行为准则、奖励等。

当前，我国事中事后监管机制建设需要突出如下几个方面：

一是注重完善信用法律建设。信用是整个社会赖以生存和发展的基础。一个有序的市场经济秩序，就是由一个良好的企业信用链构成的。当前，我国经济发展过程中存在的重大问题就是诚信的缺失问题。通过构建企业信用信息体系，形成"一处失信，处处受限"的信用惩戒机制，可以激励企业诚信经营，有效惩罚失信行为，逐步营造良好的诚信商事环境。

二是不断加强竞争法治建设。当前，尤其要加大反垄断执法力度，因为垄断行为从宏观上阻碍了整个市场的竞争，严重地损害了市场经济存在和运行的基础。对外资在华垄断威胁国家经济安全的问题要予以高度关注，通过逐步完善国家经济安全审查机制，维护好国家利益。在食品和药品安全等涉及民生利益的领域，修改食品安全法等法律法规，提高违法成本，有效保护消费者合法权益，维护社会公共利益。

（四）在宏观调控方面

对政府的宏观调控权加以有效的法律制约，避免政府通过其宏观调控行为对市场施加不当影响，影响市场运行的效率。其中，尤其要处理好中央和地方、上级政府和下级政府之间的关系，这是实现有效行使宏观调控权的基础。对政府的宏观调控权加以相应的程序制约，使法定的宏观调控者能够实现科学决策、民主决策、依法决策。

尤为值得我们关注的是，我国应当完善以服务国家治理为目标的财政法治。鉴于财政活动对于市场经济的运行至关重要，党的十八届三中全会《决定》认为，财政是国家治理的基础和重要支柱，这是党的重要文件首次对财政的重要性予以论述，并将其放到了国家治理基础这样的高度。为此，政府的财政收入和支出活动等应当以公共利益作为依归，服务于国家治理的现代化，不能追求利益最大化，更不能干扰市场的运行，真正做到财政活动不缺位、不越位、不错位。

（五）在产权保护和交易关系方面

民商法作为保护产权、促进交易的基础性法律，属于市场经济的基本法，它通过保护人格权法、物权法、合同法等法律制度，为产权保护和投资、交易提供基本法律保障。因此，在市场经济的法治建设中，应当更加突出民商法的基础性地位。

重点任务包括：

1. 保护产权

在产权保护方面，十八届四中全会的《决定》对此给予了高度的关注。据笔者统计，《决定》关于法治经济的论述为435字，其中关于产权保护的论述多达186字，接近一半的篇幅，可见对于产权保护的高度重视。关于产权保护，《决定》的主要精神可以概括四个方面：（1）健全以公平为核心原则的产权保护制度，加强对各种所有制经济组织和自然人财产权的保护，清理有违公平的法律法规条款；（2）创新适应公有制多种实现形式的产权保护制度，加强对国有、集体资产所有权、经营权的保护；（3）保护企业以法人财产权依法自主经营、自负盈亏，企业有权拒绝任何组织和个人无法律依据的要求；（4）完善激励创新的产权制度、知识产权保护制度和促进科技成果转化的体制机制。十八届四中全会关于产权保护的法治方向，遵循市场经济法治的基本规律，符合我国市场经济的发展特点，对于我国保护产权的法治实践具有重要的指导意义。

2. 加快实施编撰民法典的宏伟规划

十八届四中全会提出编撰民法典，这是我国市场经济法治建设的一项伟大工程。从大陆法国家的传统来看，通过制定民法典，将物权、合同、人格权、侵权责任、亲属、继承等属于民事生活关系的规则予以法典化，是有效调整市民社会关系的基本经验。当前，我国已经制定了物权法、合同法、婚姻法、继承法等重要的民事法律，为民法典的编纂奠定了坚实的社会基础。民法典的编撰，必将成为我国市场经济法治建设的重要里程碑。

新常态、新动力、新发展

——非公有制企业加多宝的战略思考

秦　臻[①]

习近平总书记指出，"十三五"时期，我国经济发展的显著特征就是进入新常态，要把适应、把握、引领新常态作为贯穿发展全局和全过程的大逻辑。关于新常态的主要特点，习近平总书记概括了以下三点，一是增长速度由高速转为中高速；二是经济结构不断优化升级；三是增长动力由要素驱动转向创新驱动。深化体制改革，激发市场主体的活力和创造力是新常态的客观要求。

2016年两会期间，习近平总书记在政协会议的联组会上发表了"提振非公有制经济"的重要讲话，再次重申"两个毫不动摇"和"三个没有改变"，重点指出了，"我们致力于为非公有制经济发展营造良好环境的方针政策没有变"，要"毫不动摇地鼓励、支持和引导非公有制经济发展"。

这一切充分说明，非公有制经济作为我国社会主义市场经济的重要组成部分，是推动我国经济转型升级的重要依托，并在支撑增长、促进创新、扩大就业、增加税收、改善民生等方面具有很强的竞争力和活力；非公有制经济作为中华民族伟大复兴征程中的重要经济力量，在新常态下会有新作为、新提升、新发展，更好地激发非公有制经济活力和创造力是时代的要求，我国经济社会转型，非公有制经济不是

---

① 秦臻：全国工商联信息化工作领导小组办公室主任，全国工商联信息中心主任。

"候补"，更不能缺席。对于非公有制经济来说，新常态既是挑战，也是机遇，必须正确认识、积极适应新常态，提振信心，敢当敢为，不断建功立业，这是摆在每一个非公有制企业面前的重要课题。

本文将以加多宝为案例，从以下几个层面剖析加多宝如何通过积极响应国家政策，把握大势，审时度势，凭借专注、创新和进取的精神，在经济新常态下，走出一条适合本企业发展的道路，为所有非公有制企业借助"十三五"规划来实现快速发展提供一些参考。

一、把握大势，提振信心，增强企业内在活力和创造力

加多宝作为一家集原材料种植、饮料生产及销售于一体的著名饮料企业，创立于 1995 年，20 多年来，加多宝秉承凉茶创始人王泽邦始创于道光年间的凉茶配方，借助改革开放的春风脱颖而出，并矢志坚持科学发展观，不遗余力投入数百亿元，以"预防上火的饮料"作为产品定位，通过持之以恒的全方位宣传推广，让一句"怕上火喝加多宝"的品牌广告响彻全国！凭借独创的"集中提取、分散灌装"的凉茶现代工业化生产模式，加多宝让全世界消费者都能喝到同一配方、同一口味的正宗凉茶。截至 2016 年，加多宝已经在广东、四川、福建、湖北、北京、浙江等地建立了十多个世界级工厂，形成了横跨"东西南北中"的纵深化一体化产业布局，并在山东、福建、江西、湖北等 9 个省的革命老区建立 29 个本草原料种植基地，带动产业链 200 多万人就业和 20 多万包括革命老区人民在内的农民脱贫致富，为民生经济的可持续发展贡献了巨大的力量。而加多宝正是依靠现代科技与传统文化融合所焕发出的蓬勃生机，奇迹般地做大了凉茶产业，并最终让历史悠久的凉茶跻身于世界第四大饮品品类，远销全球 60 多个国家和地区，年销售额超过 200 亿元。

尤其在 2015 年，在"一带一路""文化走出去""互联网＋"战略

等政策引领下，加多宝更是主动实施战略升级推出金罐，并推出了与之配套的"金标准"体系，打造与国际接轨的世界级工厂，强化金罐加多宝凉茶在国际市场的核心竞争能力。同时，借助米兰世博会等国际大事件，全面加速国际营销布局，参与国际化饮料市场的竞争，传播中国传统凉茶文化，让中国凉茶占领全球市场的新高地，全面开启凉茶的黄金时代。2016 年 2 月，国家权威机构中国食品工业协会发布了《2015 年饮料行业整体运行报告》显示：2015 年在我国饮料行业发展速度放缓的背景下，凉茶品类却实现了 10% 以上的高速增长，加多宝凉茶更以超过 50% 市场份额的业绩稳居凉茶行业第一名。加多宝成为了凉茶响当当的领导者，成为了世界认识中国的一张金灿灿的文化名片。

1. 从企业主动转型升级到引领消费升级

经过 30 多年的发展，我国非公有制企业生产规模和发展空间日益壮大，经营规模和范围已从家庭作坊到劳动密集型、知识密集型甚至高科技领域发展。非公有制经济在自身规模不断发展壮大的同时，还为中国带来了巨大的经济效益和社会效益，成为驱动中国经济发展的主要动力。非公有制经济资本已经占到全社会总资本的 60%，并吸纳了全国 80% 的社会就业；非公有制经济固定资产投资占到全国的 65%，创造的产值占 GDP 的 70% 左右，在财政税收领域占 66%，大大促进了产业结构的升级，提升了全社会的经济活力，为中国经济社会的发展作出了巨大的贡献。

由于体制机制的障碍，国家对非公有制经济的政策落地效果还不是很好，政策执行中"玻璃门""弹簧门""旋转门"现象大量存在，政策落实"最后一公里"问题始终没有很好解决。非公有制经济自身也存在产业层次偏低、自主创新不足、企业内部管理体制陈旧等问题。

20 多年来，加多宝始终在攻坚克难中求生存求发展，企业家精神更多体现在"有胆量、敢拼搏"等方面。如今怎样适应供给侧结构性改革的大势，在新常态下爬坡过坎，作为传统快速消费品行业的一员，加多宝从塑造强势品牌入手，创新营销思路并发挥企业家精神，积极应对面临的新挑战。

新常态下的经济发展的动力活力来自于生产者的自由竞争和消费者的自由选购，只有使品牌永葆活力，才不会被时代淘汰。加多宝针对现在年轻消费群体的消费习惯，尝试全新的品牌规划和市场路线，用差异化的品牌主张诉求突出品牌个性。2015年，加多宝凉茶战略升级推出金罐，大家都知道，金色更能承载中国上下5000年的文化内涵，象征着富贵和高档，完全贴合消费市场的趋势。更重要的是，加多宝推出了与金罐配套的"金标准"体系，将360度品质管理体系从1.0升级为2.0；同时，加多宝国际化战略也全面升级。

在加多宝看来，迈向国际市场，产品输出固然重要，更重要的是让世界上的更多人熟识凉茶文化，最终达到文化输出的目的。

2. 依靠文化软实力，制定企业国际化发展战略

"一带一路"战略的实施带动了中华优秀文化的传播，这同时也是我国对外传播的核心内容。我国拥有丰富的历史文化资源，这是我国文化产业在对外文化交流过程中突出的品牌优势。因此，要充分挖掘这些丰富的历史文化资源，进而深入阐述这些文化资源所蕴含的历史文化价值，推动我国优秀传统文化创造性地转化乃至发展，这也是我国文化产品自身竞争力得以提升的基础。

中国经济宏观战略的国际化发展，为加多宝所代表的中国凉茶带来了崭新的发展机遇。在夯实国内市场的基础上，加多宝抓住这个历史契机，顺势而为，主动谋求战略升级，加快企业发展。从2014年北京APEC到2015年米兰世博会和中阿博览会，加多宝代表中国饮料在国际舞台上熠熠生辉，站上了全球饮料市场的新高地。加多宝饮料品牌跻身世界级品牌阵营，创造了新的奇迹！

视传承和弘扬凉茶文化、做大做强凉茶产业为己任的加多宝敏锐地洞察了机遇，在米兰世博会期间，加多宝携手新媒体发起"金彩世博，为中国点赞"活动，点赞数量过亿。值得一提的是，该活动还获得了来自国际社会的支持和肯定，很多外国友人也参与了本次活动，为中国点赞。另外，在该活动的"环球街采"环节中，还有来自美国、俄罗斯、挪威、巴西等多地的游客，这些游客纷纷竖起了拇指，为中国加油。

中国凉茶，世界共享。加多宝建立全球一体化营销体系、参与国际化饮料市场的竞争、传播中国传统凉茶文化，其前景值得期待。

3. 完善企业管理体制，提高企业的竞争实力

非公有制企业的发展必须按现代企业制度，在组织结构上，从非管理分工型向管理分工型转变，从简单型组织向现代合作型组织转变；在运行机制上，建立起科学、高效的决策机制，同时，要通过建立有效的激励竞争机制，广招贤才、善用专才；在内部治理结构上，要建立起完善的相互监督、相互约束、相互制衡的相互治理机制，健全法人治理结构，完善共同治理机制；在经营理念上，要从简单盈利向实现企业价值、回馈社会、服务社会转变；在具体运作中，应建立起完善的经营决策层以及核心团队的组织和运作模式，明确界定经营决策层人员的分工及担当的责任，强化组织分工协作，统一企业价值理念、管理思维和行为准则。现代民营企业应按现代企业制度的标准，建成管理科学有序、竞争充分、组织架构清晰、产权归属明确、自主经营、风险自担、充满活力的市场竞争主体。

二、科技引领、品质优先与可持续发展并行

非公有制经济是促进创新的重要载体。由于非公有制经济具有体制灵活、经营高效、市场敏锐度高、激励机制先进等优势，在科技创

新方面其动力更强、反应更快、效益更好，已经越来越成为我国技术改造、产品创新、科技成果转化的重要基地。据统计，目前我国60%左右的发明专利、70%左右的技术创新和80%以上的新产品，都是由非公有制经济创造的，它在资本密集型产业和技术密集型产业中所占的份额不断上升。非公有制经济已成为我国经济新常态下经济转型、产业结构调整升级战略实施进程中的主要动力。

但总体而言，非公有制经济的产业层次仍旧偏低，在产业内的发展水平也极不均衡，多数企业处在产业链的下游，行业集中于一般制造业、低端服务业和高耗能产业。非公有制经济无论创新资源的获取、整合和创新动力的提供都受到本身技术因素和外部制度环境的制约，创新动力和能力的不足已成为制约企业自主创新的核心问题。针对以上问题，加多宝为了赢得企业长久的生存与发展，不断进行企业发展战略的创新：

1. 坚守"正宗"基因，引领凉茶科技创新

近年来，食品安全事件频发，媒体高度关注、群众要求很高、履职问责严格。习近平总书记、李克强总理对食品安全问题高度重视，多次作出指示。作为"十三五"规划的重中之重，在全面建成小康社会进入决胜阶段的节点上，社会共同关注的食品安全问题将成为保障民生的抓手。

加多宝这家企业自成立以来，一直将提供高品质的凉茶作为最大的社会责任。如果说传承自凉茶创始人王泽邦第五代玄孙王健仪独家传授的正宗配方，已成为加多宝正宗凉茶品质之核心，那么配方正宗的首要前提，就是要确保组成配方的各种原料的高品质。

加多宝采用"公司＋基地＋农户"的合作种植和定向采购的模式，根据产品所需要的本草原料"三花、三草、一叶"的地道性及种植传统与特性，在全国多个省份建立了面积超过12万亩的本草原料

种植基地，根据当地的土壤状况、环境、本草种植历史等因素，对种植基地的相关地块进行综合评估，并依照良好农业规范（简称 GAP）的管理要求，从制度上对土地整理、育苗栽种、施肥、除草、病虫害控制、采摘、运输、晾晒（烘烤）、包装运输、环境、土壤条件、灌溉水质、本草原料的外观、农药残留控制等一系列环节进行技术性指导和把控。这不仅为从源头管控产品质量安全提供了强有力的保障，也为力争使产品从源头开始就筑牢符合其正宗品质的要求，为消费者提供口味纯正、品质卓越的正宗凉茶饮品奠定了基石。

加多宝适应时代潮流，加快技术创新和转型升级步伐，将可持续发展作为公司发展要义之一，不断通过工艺创新让凉茶实现了工业化大生产，通过生产性保护让正宗凉茶这一国家级非物质文化遗产走进现代生活。加多宝在国内首次研制出凉茶浓缩汁技术，运用传统水提工艺，通过多级连续反渗透膜浓缩系统，开创了"集中提取、分散灌装"的工业化生产模式，实现凉茶饮料行业生产方式的历史性突破，保证了凉茶生产的标准化、产品新鲜度以及品质、口感的一致性。采用现代饮料工业最新设备和专利技术，对传统凉茶进行工业化改造，首创三片罐装凉茶生产工艺、两片罐装凉茶生产工艺、PET 无菌冷罐装凉茶工艺，促进了凉茶产业结构的优化和升级。加多宝凭借这些"技术革命"，使凉茶摆脱了传统的民间手工作坊的模式，奠定了产业腾飞的基础，获得了有食品界奥斯卡之称的"全球食品工业奖"，成为中国首家获此殊荣的民族饮料凉茶品牌，并不断以传承和创新闪耀国际，相继荣获"2015 IDF 国际设计创新奖"和"中国食品企业国际贡献奖"，成为承载着浓厚民族精神的经典饮料，和世界级的品牌比肩看齐，为全球更多消费者享用。

2. 战略系统升级，打造行业质量标杆

习近平同志早在 2008 年在广东视察时，就曾对凉茶发展给予了殷切期望——"凉茶是国家级非物质文化遗产，一定要做强做大凉茶饮料"。党的十八大以来，习近平总书记围绕实现"中国梦"的伟大构想发表了一系列重要讲话。其中在中央农村工作会议上强调食品安全，指出要大力培育食品品牌，用品牌增强人们对产品质量的信心。

要完成这样的梦想，品质是源头、保障和基础。质量管控是确保产品品质的有效手段。加多宝通过20多年来在品质工艺的厚积薄发，挖掘发展了原汁原味、无任何添加剂的植物饮料品类，通过了ISO9001质量管理体系认证、ISO22000食品安全管理体系认证、ISO14001环境管理体系认证、诚信管理体系认证和清真食品认证、CNAS认可等多项国内外权威认证，产品远销欧美等发达国家。

2014年3月，加多宝发布凉茶行业首份质量白皮书《加多宝凉茶产品质量白皮书》，向消费公众展现了成就加多宝凉茶黄金品质的"360度品质管理体系"。加多宝在战略升级推出金罐后，更是创新性地为金罐加多宝确立了"金标准"配套体系。以质量创新与价值提升作为主轴线，对源头风险控制、过程质量管理、流通环节质量防护、软硬件资源配置优化、社会责任与诚信建设五大品质管理环节进行系统性升级，打造与世界接轨的世界级工厂，强化金罐加多宝凉茶在国际市场的核心竞争能力，加快国际化战略布局。

从原料产地到消费市场，加多宝实行近乎苛刻的全方位立体管控方式：为确保本草原料的精细化管理，加多宝组建了一支几十人的技术团队，专门负责各原料种植基地管理及本草原料农户的培训指导、技术服务和全过程监控，确保所有的种植基地均按照GAP的规范要求进行管理。仅以仙草种植基地为例，GAP体系建设就已形成质量手册1份，文件控制程序17份，各类操作规范、质量标准、管理制度48份，各类生产记录表单23份。同时，加多宝与科研院校强强联合，参与国家高技术研究发展计划（863计划），承担了"功能性食品安全性评价与功能因子关键检测技术"课题研究开发任务，通过对不同产区本草原料的系统分析，确定了各本草原料的特征成分，开发出本草原料有效成分高效液相色谱分析法、本草多农药残留气相色谱检测法，建立了多种本草原料液相指纹图谱。这些举措为从源头管控产品质量安全提供了强有力的保障。影响潜移默化，农户的种植水平也随着加多宝的严格要求不断提高。

加多宝分布在广东（东莞、清远）、福建石狮、浙江（杭州、绍兴）、湖北（武汉、仙桃）、四川资阳、北京等地的十多个生产基地均建造有符合GMP（良好操作规范）标准的食品行业现代化厂房，布局合理、明亮、洁净，从欧美引进先进的全自动饮料生产线，投入大量资金购买当今饮料行业先进的检验、检测设备，建立了专业级实验室。

加多宝对于凉茶生产环节的监管同样严苛，原料验收合格后，要经过原料处理、提取、浓缩、无菌灌装、调配、灌装、封盖、杀菌、喷码、装箱、产品放行等多个环节的检验。加多宝的生产线采用"自动控制放行系统"，自动拦截扣留不符合标准的原材料和产品。

一罐加多宝凉茶从基地选择到出厂有55道检验环节、460项质量检测指标的检验，每批产品需进行5342项检测。这些环节与措施成功地保障了市场上每罐加多宝都是高品质的正宗凉茶。

加多宝不仅关注产品线的质量管控，同时也将严谨的质量理念向上下游两端进行延伸，不仅管理供应商，还管理供应商的供应商。比如生产金罐所用的铝材、涂料、油墨的品牌及型号等由加多宝认证确认后，制罐厂不能随意更改；比如为了使产品能优质地呈送到每一位消费者手中，加多宝在总结前期流通环节质量管理经验基础上，成立了流通环节质量管理专项小组，对经销商和销售人员进行产品知识及防护要求的培训，同时对经销商进行定期的巡查，规范搬运、仓储及产品陈列防护等行为。

九层之台，起于累土。加多宝坚持产品质量的高标准严要求最终带来了回报，强化了加多宝凉茶在国际市场的核心竞争能力，成为APEC、世博会等重要会议所用饮品的放心之选，也在行业内树立了产品品质的标杆。

3. 新常态下笃定前行，实现上下游产业链共赢

加多宝凉茶的成功，带动了整个凉茶行业的迅猛发展。如今凉茶饮料已成为我国继碳酸、果汁、茶饮料之后的"第四大"品类。加多宝在各地的工厂合法良好经营，成为当地的税收缴纳大户，积极履行社会责任，为当地的经济发展作出贡献。仅加多宝位于浙江（杭州、绍兴）的工厂，自投产以来上缴税收已过22亿元，生产的加多宝凉茶在满足华东地区消费需求之外，还出口欧美等发达国家。在浙江投资的第3家工厂前后两期总投资约7亿元，已经完成基础建设进入调试阶段，项目全线建成投产后，最大年生产能力可望6900万箱。

加多宝的发展蒸蒸日上，自身生产运营就提供了2万多个就业岗位，其上游相关的产业有白砂糖、马口铁、铝材、油墨、涂料、印刷、空罐、面盖、纸箱、塑料薄膜等包装材料，直接相关的下游企业包括经销、分销、储存运输、市场销售终端等单位，这些上下游配套企业都在全国设厂经营，上下游产业链上所有就业人员在全国有200多万人。这些深度的合作不仅确保了加多宝凉茶优质、安全的原料供应，还带动了上下游产业链共同健康、可持续发展。

加多宝在9个省份建立的种植基地，大多位于偏远、经济落后的革命老区，如河南湖北交界的大别山区、山东临沂地区和江西瑞金、广东梅州、福建龙岩等地，涉及种植农户近20万人，加多宝鼓励农户按照GAP标准种植加多宝凉茶的本草原料，为农户提供全方位的技术指导，通过订单农业的发展模式以扶持当地增产增收，每年可为

每户农户带来 1 至 3 万元的收益，帮助老区人民脱贫致富，为革命老区经济建设打下了坚实的物质基础。

与此同时，公司不断创新优化产品包装形式，从三片马口铁罐装转为两片铝罐装，仅以每年 60 亿罐，每罐减重 36 克计算，就减少 21.6 万吨运输量，减少燃油消耗及大气污染，并且铝材回收，消除利用率较低的马口铁罐被废弃后对环境产生的影响；从 206 盖型产品转为 202 盖型产品，仅以每个盖减重 0.9 克计算，减少铝材使用 5400 吨，降低资源消耗。这些罐型优化不仅减少碳排放，还推动了金属包装行业的升级换代。

加多宝集团同时推行环境友好可持续发展的绿色生态模式，下属各工厂均实施 ISO14000 环境管理体系，在绩效考核中设定水电汽等能耗指标，降低资源的消耗；通过高效节能自动化设备、油墨喷码改激光刻码、热能回收、水分级循环综合利用等措施，为生态环保和绿色发展贡献自己的力量。

作为正宗凉茶的传承者，20 多年来，加多宝凭借着正宗配方、"正宗"原料和不断的创新造就了独一无二的产品，为重塑老字号民族品牌提供了可借鉴的成功模式，这是加多宝对民族凉茶文化，甚至中国饮料行业最大的贡献。

三、新常态下的新作为与新担当

中国已走向全面深化改革的创新之路，对于非公有制企业而言，真正困难不是"融资难""准入难"，而是"创新难""转型难""升级难"。非公有制企业发展必须进行科学合理的企业战略规划，从战略的高度形成有计划的、有针对性的、有步骤的人、财、物的投入规划，将创新作为企业文化来执行、发扬和传承。加多宝在商业模式升级、产品和服务质量升级上不断努力，不断在市场上打造出持久竞争力。

1. 搭乘"互联网+"快车的营销战略

2015 年，《政府工作报告》首次提出"互联网+"行动计划，重点促进以云计算、物联网、大数据为代表的新一代信息技术与现代制造业、生产性服务业等的融合创新，发展壮大新兴业态，打造新的产业增长点。"互联网+"不仅表现为一种经济形态、一种技术手段，还是一种新的理念和思想方法，其在宏观和微观层面均有多重效应，需要企业提高认识，全面把握。

机会总是留给有准备的人，加多宝在战略升级推出金罐后，创新营销思路，布局了"互联网+"营销系列规划。加多宝携手 18 家移动互联网公司，共同为消费者打造"金彩生活圈"。大众通过扫描加多宝罐身的二维码，即可获得这些互联网平台的优惠券。据加多宝集团统计，截至目前已累计为消费者发放价值超过 10 亿多元的"金包"。

加多宝携手微博、微信等移动互联网平台，接连推出"我秀我精彩""点亮金彩""唱享金彩"等"有你更金彩"系列活动，通过结合年轻人喜闻乐见的星座、父亲节等热门话题，让"金彩生活圈"深入贴合和融入到消费者的日常生活中，从平台、形式、内容等多方面对"互联网+"战略进行丰富和升级。

加多宝通过与互联网企业联手，将传统的线下制造企业与新兴的线上互联网企业结合，互联网企业可以与传统的快速消费品行业跨界整合在一起。电商平台需要的是客户，而快速消费品行业则是第一时间能和客户亲密接触的行业。消费者拿到一件快速消费品，通过线下扫码获得的优惠券能为其提供一个线上购买的推动力，大量的消费可以打通线上的产业链，这是一种资源跨界整合，更是一种资源共享。通过合作进行跨界整合，给电商平台带来人气，为自己积淀客户群体，这一双赢举措碰撞出的别样火花，值得快速消费品行业深思。

新常态下，创新和坚持是加多宝的法宝和秘笈。不断创新，对策略的笃定坚持，使加多宝在激烈的竞争中脱颖而出并不断前行。

2.以持续创新为导向的知识产权战略

众所周知，随着知识经济和经济全球化深入发展，知识产权日益成为国家发展的战略性资源和国际竞争力的核心要素。特别是在当前我国深入实施创新驱动发展战略，大力倡导和鼓励"大众创业、万众创新"的背景下，知识产权作为创新驱动的基础保障，作为创新创业的重要支撑，地位更加重要，作用愈加凸显。

加多宝公司之所以能够逐步发展，成为行业领导者，持续创新功不可没。加多宝公司创造性地将红色用于传统降火的凉茶产品包装上，并使其成为凉茶这一品类的标识性色彩。使加多宝生产经营的红罐凉茶成为凉茶品类的佼佼者，并与其他凉茶形成有效区分，成为加多宝公司的"护城河"，是加多宝公司凉茶产品的竞争优势。

2015年，加多宝主动战略升级推出金罐，更是加多宝引导一个具有革命意义的变革，将金色与加多宝品牌融为一体，不仅显现出加多宝的凉茶领导者风范，同时更形象地诠释了加多宝对中国凉茶"黄金时代"的期许。

加多宝公司生产的凉茶不仅拥有独特的配方，也拥有独特的生产工艺方法，并获得了一系列的发明专利，如"一种中草药凉茶浓缩液的加工方法""滚筒筛选机及含有该滚筒筛选机的中草药除尘除杂系统""一种膜分离工业用膜元件清洗剂""外部管式加热提取罐""一种中草药清洗机""多级连续反渗透膜浓缩系统及使用该系统进行浓缩的方法""一种中药药渣的处理方法"等。独家拥有的生产工艺、配方，以及高要求的品质管控，成就了高品质的金罐加多宝凉茶。

加多宝公司不仅在凉茶领域积累了大量专利、商标等知识产权，在其他饮料品类也做了技术储备，如"一种无豆腥味豆浆及其制备方法和用途""米饮料及其制造方法"等。

基于此，加多宝率先尝试优化资源配置，打造品牌硬件条件，强化品牌核心竞争力，携手众多经济实体，一起通过创新打造中国的经济力量。

3. 积极向善的社会责任战略

2016年是第十三个五年规划的开局之年，也是决胜全面小康的开局之年。扶贫、脱贫则是全面小康的"最后一公里"。在此过程中，政府需要汇聚更强大的社会爱心力量，共享协作发展，为全社会、全民族、全中国带来福祉。

社会授予企业追逐利润的权力，随着权力而来的则是社会责任。义利兼顾、以义为先、思利及人，这才是民营企业家的精神内核和理念常青树。真正伟大的企业没有一家把挣钱和利润最大化作为唯一目标和最高追求，伟大企业之所以伟大并不在于它创造了巨大利润的结果，而在于它通过商业的方式为社会承担了重要责任和更多使命的过程。

加多宝就是这么一家深具爱心的企业公民，成立20年来，加多宝始终秉承凉茶"悬壶济世"的理念，主动承担社会责任。加多宝的扶贫之路，要追溯到2008年的汶川地震。当年，加多宝捐赠1亿元，推动了我国民营企业捐赠意识的觉醒，促进了我国公益元年的形成。

在玉树地震、舟曲泥石流灾后重建中，加多宝联合中国扶贫基金会，开创出"建设型扶贫"模式，帮助灾民实现持续的经济创收。在芦山地震中，加多宝继续以这一模式支持灾区重建。"建设型扶贫"模式，授人以鱼，也授人以渔。它打破了以往一次性捐助的局限性，通过为当地民众提供自主经营项目，帮助他们实现经济创收，进而从根本上促进区域经济的可持续发展。

加多宝发起并持续推动"加多宝·学子情"公益助学活动进行教育扶贫，经过多年的深耕细作和不断完善升级，"加多宝·学子情"公益助学活动发展为一个助学体系。它通过学子资助、"一堂课"支教、爱心义卖等形式，整合社会资源，在帮助贫困学子解决上学难题的同时，体系化引导学子从单纯的受益者升级为助学理念的传承者和实践者，实现"受助、自助、助人"的成长性发展。"加多宝·学子情"项目已累计出资超过7000余万元，资助14275名优秀贫困学子圆梦大学。

2013年，加多宝秉持企业公民的责任担当，发布凉茶行业首份公益白皮书《加多宝公益白皮书》，提出了"以善促善，人人公益"的企业公益理念，总结了加多宝多年的公益实践，探索出"建设型扶贫"和"发展型助学"两大创新公益模式，构建了涵盖扶贫、教育、环保、文化四大领域的加多宝大公益战略规划。

在身体力行的公益实践中，加多宝还注重培育员工的公益意识。将"仁爱廉洁"视为加多宝人的核心能力之一，要求每一位加多宝人做到"怀仁爱之心，行君子之为"。在加多宝仁爱文化影响下，5000名加多宝人以"月捐计划""爱心小组"等形式参与社会服务，"以善促善"，实现"人人公益"。

加多宝积极响应党中央、国务院"关于打赢脱贫攻坚战的决定"，从"采取行动"层面的捐资捐物，上升为"关注根源"层面的深度参与，积极参与"精准扶贫"。

结语

《"十三五"规划纲要》指出："从国内看，经济长期向好的基本面没有改变，发展前景依然广阔，但提质增效、转型升级的要求更加紧迫。经济发展进入新常态，向形态更高级、分工更优化、结构更合理阶段演化的趋势更加明显。"因此，对加多宝这样的企业来说，既要保持高速发展的势头，还要继续肩负起行业领头羊的责任。不仅要担负起引导行业转型升级的重任，还要担当起促进企业走出去、文化走出去的责任，并且通过积极承担社会责任，为基础民生建设加码，为全面实现小康社会的目标贡献力量。

关于引入"法庭之友"制度的建议

——法院能够聆听加多宝的"专家论证意见"吗

李雅云 ①

一、"法庭之友"制度的概念

"法庭之友"制度是指在诉讼案件中，没有直接涉及法律利益的私人或团体，出于向法院说明其对该案件相关法律争议上的意见、澄清立法意旨、厘清模糊的法律规定、通知法院关于案件事实的真实情况等等的目的，主动或者应法院要求，向法院提出书面报告，以协助法院更公正地做出裁决的制定。

法庭之友（拉丁文称之为 Amicus Curiae，英文为"A friend of the court"）是普通法国家和地区广泛采用的一项制度，是由当事人以外的第三方到法庭陈述对"待决"案件的意见，由法官决定是否采纳的制度。作为法庭之友的第三方，可以是非本案的大律师、政府机构（往往是政府某一部门机关出具的咨询意见）、立法专家、提案和参与立法的议员、专家、学者、教授，甚至是普通人。法庭之友参与诉讼，既可以自己主动申请或由当事人提出，也可由庭审法官邀请，最终决定权在法官。

新牛津英文词典（The New Oxford Dictionary of English）将"法庭之友"定义为："于特殊案件中，为法院提供中立建议之人"。根据

① 李雅云：中央党校政法教研部经济法教研室主任，教授，博士生导师。

布莱克法律词典较新的解释，"法律之友"是指"非诉讼当事人，因为诉讼的主要事实涉及其重大利益，得请求法院或受法院的请求而于诉讼过程中提出书面意见者"。

总之，法庭之友是指，当法官审理案件时，对于某项法律条文产生疑问或异议时，局外人、旁观者得以"法庭之友"身份向法院提出专项报告。另外，当法院庭审中的辩护人为某案件进行辩护时，如果法官未发现或忽略了某项法律存在问题或错误时，辩护人也扮演"法庭之友"的角色。

引入法庭之友制度，可以使法院在审理业务专业性很强的案件时，拓展法官的知识和信息来源，帮助法官更好了解法律的起草技术及其背后的法律理念和内在逻辑。例如，在审理涉及著作权、商标权、专利权和商业秘密等知识产权方面的案件，反不正当竞争、反倾销案件，医疗损害赔偿案件，涉外案件等专业性、职业性强的案件中，引入法庭之友制度是十分必要的。

"法庭之友"制度作为特殊的司法诉讼习惯，在实行英美法系的国家和地区的诉讼制度中早已存在。例如，我国香港地区《刑事诉讼程序条例》（第 221 章）第 81D（2）（C）条规定："为考虑根据本条所转交的问题（指公诉程序中受审的人被裁定无罪后，律政司司长希望上诉法庭就案件中出现的一项法律问题给予意见，而将该问题转交上诉法庭），上诉法庭须聆听……（C）如上诉法庭有所指示，由获司法常务官委任为法庭之友的大律师提出的论点。"这是在刑事诉讼中引入法庭之友制度的明确规定。事实上，在香港法院的审判实践中，法庭之友已不限于在刑事案件中采用，一些其他案件，包括个别涉基本法的司法复核案，也引入了法庭之友制度。例如，2000 年 11 月 20日至 23 日，终审法院在聆讯"新界"村代表选举安排是否违反基本法一案过程中，平等机会委员会就安排伦明高资深大律师担任法庭之友出席聆讯。

虽然大多数大陆法系国家没有以法律形式确认"法庭之友"这样的制度，但是近年来，在各种国际、区域司法机构乃至一些贸易协定中，"法庭之友"的应用日益广泛，逐渐成为一种司法惯例。

二、"法庭之友"发表意见的途径

"法庭之友"向法庭提交意见书的途径和方式主要有：

一是受法庭的要求而提交法庭之友意见书。法官审理案件经常会遇到法律文意本身和法律之外的一些专业方面的问题。为了弄清这些问题，法官有必要请求这方面的权威的专家学者以法庭之友的身份向法庭提交意见书。例如，美国政府诉微软一案中，哈佛大学法学院的Lawrence Lessig 教授就是应法官的要求而以法庭之友的身份向法庭提交意见书的。

二是基于对公共利益的考虑或者是对案件的研究兴趣而提交法庭之友意见书。这种个人或团体的法律意见往往具有中立的立场，其向法庭提交的法庭之友意见书，目的在于维护公共利益，使案件能得以公正审判。但通过此途径向法庭提交意见书有个前提条件，那就是个人或团体（政府机关或其代理人除外）向法庭提交意见书之前必须得到法庭的许可。

三是受案件一方当事人的要求而提交法庭之友意见书。当事人为了自身的主张能尽可能地得到法官的支持，往往寻求权威专家学者、社会团体的支持，让他们以法庭之友的身份向法庭提交意见书。为维权而向法庭提交意见书比较常见。

四是在 WTO 争端解决中，"法庭之友"制度被经常采纳。"法庭之友"在当前国际、区域司法机构或贸易协定中的频繁引用。

从国际私法、国际经济法的层面，"法庭之友"可以定义为：在国际争端的司法解决过程中，该事件或该国际、区域司法机构或国际组织管辖权的性质，为非当事方的任何个人、国家、团体或组织，基于中立的立场或是基于特定的利益，而向该国际、区域司法机构或国际组织的司法机构，主动提出事实上的经验或法律上的见解，为相关司法机构做出裁决提供参考。

WTO 各成员国法律迥异，立场本土化，实践中"法庭之友"向专家组或上诉机构提交书面意见的情况屡见不鲜、层出不穷。"法庭之友"早已经成为多哈回合各方瞩目的焦点问题之一。"法庭之友"及其在 WTO 争端解决中的作用已经成为一种"显学"。我国在国际贸易争端中，在利用 WTO 争端解决机制时，应当利用"法庭之友"制度维护我国的利益。

三、我国的司法体制改革应考虑引入"法庭之友"制度

我国的司法改革可考虑以适当方式推动司法机构在上述专业性强的诉讼中引入"法庭之友"制度，委聘"法庭之友"出席法庭审判，就有关法律问题提供专家意见，使法官在审理专业性强的案件时，能够更加全面了解各方面信息和观点。

（一）我国引入"法庭之友"制度的必要性

目前，我国虽然没有确认"法庭之友"制度，都是实践中，专家对某一个案的"专家论证"、咨询意见，以及法院给政府各部委、部门机关的咨询函，人大代表对个案的呼吁与质询，都是在履行"法庭之友"的功能，说明"法庭之友"制度在我国司法审判中，非常有必要被确认下来，而且势在必行。

例如，在王老吉与加多宝凉茶商标争讼、不正当竞争争讼案件中，我国刑法学界、民商法学界、知识产权法学界的著名专家学者，

对此案出具了大量的专家论证意见。特别是站在加多宝立场上，为在广东省一审败诉的加多宝说话的"专家意见"，其中许多观点都是属于真知灼见，既有法理上、学理上的学术剖析，又有法律条文的解读、解释，还有案件事实的推理分析。但是，这些专家意见基本上是由当事人各自为战地聘请专家撰写的，没有被制度化地由法庭主导。没有证据表明，这些有见地的论证意见被法院"聆听"到。签署为加多宝说话的"专家意见"的专家有：知识产权法著名专家李顺德、宿迟、刘春田；民商法学著名专家孙献忠、张新宝、杨立新；刑法著名专家高铭暄、陈兴良、刘明祥。先后有 40 多名法学家签字论证的专家关于加多宝"受委屈"的法律意见书，法庭真正聆听了吗？如何避免这些专家的意见如同耳旁风一吹了事？如何避免这些专家的意见被扣上"干预司法"的帽子？看来只有靠引入"法庭之友"制度了。

我国引入"法庭之友"制度的必要性主要有：

一是法官审案中的知识局限性需要"法庭之友"的弥补。

二是鉴定证据需要"法庭之友"的积极补充。

三是有的案件表面上是当事人之间的争讼，实际上一经判决，将影响公共利益。作为"法庭之友"的政府，甚至团体或个人，基于维护公共利益的需要而向法庭提交意见，帮助法庭作出有利于维护公共利益的判决。例如在美国政府诉微软一案中，计算机通信协会（The Computer and Communication Industry Association，简称 CCIA）、软件信息工业协会（The Software and Information Industry Association，简称 SIIA）、数字竞争创新工程（The Project to Promote Competition and Innovation in Digital Age，简称 PmComol）都以"法庭之友"的身份向法庭提交支持美国政府的建议。

再例如，如果被告为某国的政府，判决的结果很有可能直接影响本国的国家利益。

推进我国的公益诉讼，也需要"法庭之友"的广泛参与。

四是有的案件具有连环性、示范性。法院或者仲裁机构的一个在先的、生效的裁判，往往是下面一系列连环诉讼的基础和前提。一经法院或者仲裁机构作出生效裁判，不仅案件的当事人受到裁判的影响，而且其他人也有可能受到判决的影响。其他具有同样情况的人，为了自身的利益，有可能作为法庭之友而向法庭提交意见，明确支持原告的诉讼主张。法院应当逐一聆听这些利害关系人的意见。

五是我国实现司法公正的改革目标，需要"法庭之友"的大力支持。"法庭之友"有助于实现司法为民、司法民主、司法透明、司法公正的改革目标。

六是商事仲裁有必要引入"法庭之友"制度。在商事仲裁"一裁终局"的仲裁模式中，引入"法庭之友制度"，有助于保护公共利益，增加仲裁过程的透明度，有助于应对仲裁裁决正当性的危机。

（二）我国引入"法庭之友"制度的可行性

一是传统民事、刑事、行政案件中，专家论证、专家意见作为"法庭之友"的雏形已经参与到了诉讼中去，"法庭之友"制度有了一定的社会基础。

二是我国职权主义的审判方式，为引入"法庭之友"制度提供了基础。

三是我国的司法鉴定人制度为引入"法庭之友"制度提供了条件。

四是公益诉讼中的"法庭之友"会大得人心，有利于"法庭之友"的推广。

总之，构建我国"法庭之友"制度，需要一套整体的法律制度及相关配套制度的安排设计。应当通过立法规定"法庭之友"制度的适用主体、适用范围、启动机制、监督与保障机制。

非公有制经济司法保障

——案 例 篇

本是同根生　相煎何太急

——王老吉品牌之争的由来及思考

陈森国 [①]

　　王老吉凉茶创立于清道光年间（1828 年），至今近两百年历史，被公认为凉茶始祖，有"凉茶王"之称。凉茶是广东、广西地区的一种由中草药熬制具有清热去湿等功效的"药茶"，这种凉茶在岭南的饮用尤为普遍，渗透着浓厚的南粤文化色彩。到了近代，王老吉凉茶跟随着华人的足迹遍及世界各地。上世纪 50 年代初，王老吉药号分为两支：一支归入国有企业，发展为今天的广州医药集团有限公司（原羊城药业），主要生产王老吉牌冲剂产品（国药准字）；另一支由王氏家族的后人带到香港。在中国大陆，王老吉的品牌归广州医药集团有限公司所有，在中国大陆以外有凉茶市场的国家和地区，王老吉的品牌基本为王氏后人所注册。于是形成了穗港两地同时有"王老吉"品牌的特殊情况，并成为一个历史遗留问题。

　　作为一家大型地方国有企业，广药集团可谓家大业大，掌握在广药集团手中的凉茶品牌包括王老吉、白云山、潘高寿等多种凉茶品牌。"王老吉"商标虽传承有序，其商标持有人广药集团却并未将其作为主要产品。在广药集团没有许可加多宝使用"王老吉"商标生产销售之前，"王老吉"凉茶并无多大知名度，只在岭南地区为人知晓。很长一段时间内中国北方地区对凉茶的理解甚至停留在"隔夜茶"的

---

① 陈森国：中央党校研究生院硕士研究生，律师。

意义上，直到近几年凉茶品牌崛起，企业才通过市场拓展和营销策略实现了对消费者的教育启蒙。

1995 年开始，广药集团通过一系列合同将"王老吉"品牌独家许可香港鸿道集团有限公司，由其在大陆生产经营红色罐装凉茶。在加多宝多年的苦心经营下，"王老吉"在众多凉茶品牌中脱颖而出，"怕上火就喝王老吉"让凉茶实现了由"药"至"茶"的蜕变，以独特的功效定位成为饮料市场上一个新的品类。2003 年，广东加多宝加大投资力度，于该年 11 月在中央电视台以 4000 万元高价标得央视广告段位，通过几年来连续的营销运作让王老吉罐装饮料凉茶从一个地方品牌一跃成为全国知名的饮料品牌。2006 年，中国凉茶首度超过可口可乐在中国大陆的产销量；2010 年，中国凉茶再度超过了可口可乐的全球销量，成为当之无愧的"第一饮品"。

一、釜底抽薪——广药集团赢了官司却难赢市场

1995 年，加多宝集团母公司香港鸿道集团与广药集团签署协议，获得"红罐王老吉"的生产经营权，使用权截止期限为 2010 年。2002 年和 2003 年，鸿道集团与广药集团续签两份补充协议，广药集团允许鸿道集团将"红罐王老吉"的生产经营权延续到 2020 年。

2001 年至 2003 年期间，时任广药集团副董事长、总经理李益民以其女意外重伤需要医治为由先后收受鸿道集团董事长陈鸿道共计 300 万元港币。2005 年后，法院以受贿罪终审判处李益民有期徒刑 15 年。

2012 年，广药集团提起商事仲裁，要求确认与鸿道集团签署的两份补充协议无效。2012 年 5 月 9 日，中国国际经济贸易仲裁委员会作出裁决书，认定这两份补充协议无效，要求加多宝集团停止使用"王老吉"商标。

　　一纸裁决，让投入大量人力、物力、财力研发凉茶技术、苦心经营"王老吉"品牌 20 年的加多宝集团高速奔跑的市场步伐戛然而止。

　　裁决生效后，广药集团将"王老吉"商标收回，加多宝公司开始独立运营自己的品牌，凭借多年生产经营红罐"王老吉"的渠道积累，厚积薄发，其市场反应之快让人瞠目结舌，短时间内"加多宝"品牌凉茶异军突起，赢得了市场认可。显然当初赢得市场的并非"王老吉"凉茶，而是红罐"王老吉"。鉴于此，广药集团将加多宝公司再次告上法庭，禁止其使用红罐包装。同时，围绕加多宝公司的广告宣传，广药集团展开了一系列诉讼。公开信息显示，双方至今已爆发二十余起诉讼。恰如坊间评价，加多宝"创凉茶品牌第一，打官司却倒数第一"，这些诉讼，结果大抵是加多宝败诉。广药集团对"加多宝"的围追堵截，多是通过法院判决证明其权利归属，而加多宝则用悲情营销赢得更多支持，至今在凉茶市场的优势地位牢不可破。广药集团缘何"赢了官司却难赢市场"？

　　广药集团与加多宝公司（鸿道集团）商标许可合同被确认无效的主要原因，是广药集团的总经理于 2005 年因受贿被判处有期徒刑，中国贸仲委认为加多宝公司（鸿道集团）在合同续签时向其行贿了，因此属于"恶意串通，损害国家利益"。这份裁决，虽然在法理上一裁终局，广药集团如愿收回"王老吉"的商标使用权，但"合法未必合理"，何况裁决的法律依据本身存有争议。首先在人们眼中，自己出了问题，板子打在别人身上，首先难言公平，更何况国企利益就等同于国家利益吗？其次，"王老吉"当初在广药集团手里，是被闲置的，至少不是广药集团的主营产品；如今再次落入广药集团手里，会不会被"糟蹋"？这种担忧并非空穴来风，在加多宝同时经营"王老吉"品牌期间，广药集团保留了绿盒王老吉的经营，但该产品销量、名气和加多宝经营的红罐王老吉相去甚远。正因如此才产生了"红罐包装"之争。广药集团认为把对手逐出局就意味着胜利，本质上还是一种"垄断思维"。问题是，垄断对我们消费者有利吗？

二、旧瓶新酒——红罐包装装潢之争，不要误导消费者

2012 年 5 月，中国国际贸易仲裁委员会裁定加多宝与广药集团签署的两份"王老吉"商标补充协议无效，裁决加多宝停止使用"王老吉"商标。商标之争告一段落后，2012 年 6 月初，一直以绿盒示人的广药集团正式推出红罐王老吉。市场上出现了加多宝红罐凉茶和广药集团生产的红罐凉茶两种包装十分相似的产品同时销售的局面。于是，外包装归属问题成为广药集团与加多宝公司新一轮的争夺重点，由此引发了广药集团与加多宝公司关于商品"包装装潢"的法律争端。

在目前中国的法律体系中，对商品包装、装潢保护的规定，主要来自《反不正当竞争法》第五条第二款："擅自使用知名商品特有的名称、包装、装潢，或者使用与知名商品近似的名称、包装、装潢，造成和他人的知名商品相混淆，使购买者误认为是该知名商品"，将被视为不正当竞争，构成侵权。因此，包装装潢受法律保护有两个条件：一是知名商品，二是包装、装潢特有。双方争议的"红罐王老吉"凉茶毫无疑问是知名商品，其包装装潢亦属特有。分歧在于，究竟谁才应该享有该商品的包装装潢权？

广药集团与加多宝公司（鸿道集团）在商标许可协议中特别约定，加多宝公司（鸿道集团）独家使用"王老吉"商标生产销售红色纸包装及红色铁罐装凉茶饮料。"王老吉"商标使用权被广药集团收回，如何处理包装装潢权的归属，首先应该反思双方当初约定加多宝公司（鸿道集团）只能将王老吉商标使用于红色包装的本意是什么？

双方合作期间，广药集团同时期使用绿色纸盒包装生产王老吉凉茶。事实上，广药集团经营的"绿色盒装王老吉凉茶"与加多宝公司

生产的"红罐王老吉凉茶"在配方、口味和包装上是完全不同的两种商品。"王老吉凉茶"对应的是两种商品，所涉及商品特有的包装装潢也是两种。因此可知加多宝获得许可使用红色包装装潢是双方内部为渠道经销商、消费者区分商品来源而进行的内部市场利益划分。红色包装装潢是为了区分同一王老吉品牌下不同运营商的便宜之举。

王老吉作为凉茶品牌的始祖，拥有近二百年的历史，加多宝在与王老吉签订协议时，"红罐"尚未问世，经过加多宝的运营，"王老吉红罐凉茶"被消费者所熟知，某种意义上，王老吉已经成为凉茶的代名词。在消费者的印象中，提及凉茶首先想到的是王老吉，一提到王老吉，肯定会想到王老吉的经典红罐。如前所述，"王老吉"商标不能完全起到不同商品间的区别作用，而商标许可合同所强调的"红色包装装潢"区分，在商标之外发挥了独立的、不可替代的区别来源作用。最高人民法院 2016 年 3 月 30 日作出的生效裁定书明确指出："广药集团、大健康公司与加多宝中国公司、广东加多宝公司之间曾经具有长达十多年的王老吉商标许可使用关系，在商标许可合同存续期间，广药集团生产盒装王老吉凉茶，加多宝中国公司、广东加多宝公司生产罐装王老吉凉茶，各自生产的凉茶产品通过不同的包装装潢区分市场划清界限，不仅满足了不同消费者的需求，得到了消费者的认同，而且也使双方获益。同时，王老吉商标成为目前消费者广为熟知的知名品牌，双方均为王老吉商誉的积累作出了贡献，尤其是加多宝中国公司、广东加多宝公司为王老吉商标商誉的提升发挥了难以替代的重要作用"[①]，这份生效裁决书在肯定加多宝公司对王老吉品牌、对凉茶行业作出重大贡献之余，认可并强调红色包装装潢是双方区分市场划清界限的方式方法。

红罐凉茶的装潢设计是加多宝开创的，所以红罐外观对于加多

---

① 见中华人民共和国最高人民法院（2015）民申字第 2802 号民事裁定书。

宝品牌来说是特有的一个标识，也是加多宝凉茶的身份标签，在众多消费者眼中，加多宝特有的红罐，就代表了加多宝凉茶。在生产厂家改变、配方亦有变化的情况下，究竟谁才是"新的合法经营者"？本应该很容易回答的问题，却因为广东省高级人民法院的一审判决变得南辕北辙。^①这份判决在法理上引起了众多专家学者的分析，审判结果也是见仁见智。因加多宝公司已经上诉至最高人民法院，本文写作期间案件尚未有终审判决，到底结果如何，我们拭目以待。但是，如果判决最终结果是红罐凉茶装潢权归广药集团，那么，广药集团所生产的王老吉凉茶，已不是加多宝打造，被公众熟知的品牌下的配方凉茶，口味已经彻底变换了。广药集团只不过是用"红罐"这个旧瓶，装上了消费者尚不知情的新"酒"（凉茶）。如果不明示消费者配方的变化，难免有欺诈消费者之嫌。

三、多元授权——王老吉的品牌之殇

不管怎么说，收回"王老吉"商标使用权的广药集团开始充分利用这一金字招牌。加多宝的成功营销，使"王老吉"商标华丽转身为中国饮料第一品牌，俨然成为凉茶代名词。通过商标许可赚取许可费，是广药集团一贯采取的手法。广药集团的思路是把王老吉做品类延伸，走品牌多元化路线。公开资料显示，2013年广药集团借广州药业重组宣布成立王老吉大健康公司，王老吉大健康公司被纳为广州药业全资子公司。按照广药集团大健康产业的多元化、多品牌发展道路，王老吉大健康公司除了凉茶饮料之外，还将涉足药品、保健品、化妆品、家庭医疗器械、美容用品、孕婴护理用品、老人护理用品等领域，形成植物饮料、凉茶、食品和养生酒、药妆产品等系列。

---

① 见广东省高级人民法院（2013）粤高法民三初字第2号民事判决书。

　　"王老吉"作为已经非常知名的商标，适当的许可模式本无可厚非，也应当采取相对宽容的态度。但品类多元化对于"王老吉"来说很敏感，"王老吉"的主业突出，商誉集中在凉茶领域，授权企业资质参差不齐，过度多元化很容易损害到王老吉这个品牌。如果不在配方、产能、供销渠道上下功夫，而将多元许可作为工作重心，从这个意义上说，"王老吉"品牌只是广药集团实现其资本运作的一种载体，势必透支王老吉品牌资源，甚至竭泽而渔。我们对此应当清楚地认识到，这种商标大规模授权行为，如不进行任何质量控制，将造成对消费者的欺诈，有违商标许可制度本意。纵观中国企业的发展现状，几乎所有发展壮大后的优秀中国企业都或多或少地曾经进行过品牌延伸的多元化努力，而几乎所有优秀企业曾面临的危机与衰亡也大多与品牌过度延伸的多元化扩张战略有关。绝大多数中国企业在多元化道路上走得并不顺利，有些企业陷入困境，不少企业甚至崩溃倒塌。

　　多元化失败的一个典型案例是三九集团。三九企业集团是原国务院国有资产监督管理委员会直接管理的国有大型中央企业，20 世纪 90 年代中期，三九集团开始在医药领域进行相关多元化并购，2000 年后，三九集团开始大规模的非相关多元化并购，投资总额数十亿元，形成了医药、汽车、食品、制酒、旅游饭店、商业、农业和房地产八大行业。没有关联度、缺乏整合的并购为三九集团埋下了十分险恶的种子。2003 年，"三九系"整体银行债务被曝光高达 98 亿元，21 家债权银行开始集中追讨。2004 年债务被曝光高达 107 亿元，致使三九集团陷入全面危机。

　　而随后爆发危机的澳柯玛集团更是多元化的牺牲者。其领军人物鲁群生在"海尔、海信不做的，澳柯玛都做"的战略指导下，从 2002 年开始了一轮史无前例的多元化扩张，先后涉足锂电、海洋生物、电动自行车、自动售货机、房地产、金融、IT、MP3 等行业，最终导致澳柯玛三大主营业务全面瘫痪。2006 年 4 月 14 日，青岛市政府召开新闻发布会宣布，对澳柯玛集团领导班子进行调整。理由是"鉴于澳柯玛集团目前出现的经营性占用上市公司巨额资金、投资决策失误造成损失、企业效益下滑等问题"。整个新闻发布会不到 10 分钟，然而，16 年的名企澳柯玛长寿基因就此断裂，一手创建澳柯玛的魅力型领导鲁群生黯然神伤。

再回到广药集团与加多宝的"王老吉"之争，法院和专家关注的焦点是许可协议解除后的商标权利及商誉的归属。然而，最为关键的产品本身问题却被大多数人所忽视。当商标许可合同解除后，产品质量最为关键的配方仍在加多宝之手。作为消费者最终关心的，不是谁取得红罐包装使用权，而是红罐里面的产品，是否还是获得广泛认可的"正宗凉茶"。

回顾整个商标许可制度的发展历程，商标许可制度是由严格禁止，到适度宽容，再向相对放开的方向发展，这背后是市场经济、企业经营方式、消费文化发展的必然结果。但是，商标法保护消费者利益、维护竞争秩序的宗旨并没有改变，对于那种借商标许可之名，对质量不加控制、欺骗消费者、贩卖商标的行为，商标法依然是严格禁止的。面对这样的事实，如果广药集团未对质量进行严格控制，仅赚取许可费，原有配方不能继续生产，这实际导致消费者利益受损。

四、前车之鉴——如何创立百年民族饮料品牌

当年的健力宝也是通过非凡的营销手段辉煌一时，但是因为政府的干预以及后继经营者盲目资本运作，最终走向了下坡路。一个曾经被众人看好并值得骄傲的品牌就此衰落。

可口可乐和百事可乐的成功在于专注。在全球市场，两乐公司既是竞争对手，在有限的市场争夺最大化的份额，同时，两者又是不

可或缺的合作伙伴，联手担负起共同拓展市场空间、将蛋糕做大的责任。更为重要的是，由于对手的无处不在，两乐公司各自都不敢有丝毫的懈怠。这种对产品的专注，使得两乐公司的旌旗在全世界飘扬。

凉茶市场足够大，2014年我国饮料市场产量份额格局中，凉茶类占7.21%；更有报告指出，2014年中国凉茶的市场规模为509亿元，到2019年将达到1043亿元。因此，广药集团和加多宝公司的比拼，其实更多的应该比拼配方和渠道能力。在市场经济条件下，双方只有诚信经营，彼此互相尊重，才能增强和提升各自企业的核心竞争力，焕发各自品牌的生命和活力，才能得到广大消费者的认同和赞誉。双方各不相让，将大量的精力与资源消耗在无休止的争斗上，不如在可能的情况下互谅互让，共同做大做好凉茶市场。否则，最后的结果要么是渔翁得利，要么是两败俱伤。

健力宝、澳柯玛等企业的宿命，曾经向我们诉说："其兴也勃焉，其亡也忽焉。"广药集团与加多宝公司（鸿道集团）在终止王老吉商标许可合同关系后，各自生产凉茶产品，属于具有直接竞争关系的同行业经营者，双方更应本着诚信经营的理念，遵守商业道德，尽量厘清各自产品的市场界限，充分发挥市场机制的作用，开展正常的市场竞争。而不应以各种不正当竞争手段和方式，获取不当利益，更不宜将诉讼作为市场竞争的一种手段滥用和浪费司法资源。① 广药集团与加多宝公司（鸿道集团）两家企业如果能够尽释前嫌，放下以往的过节，妥善处理好彼此间利益格局的分配，哪怕"联而不合，争而不斗"，不但可以减少内耗，而且可以打通凉茶上市融资和海外扩张的任督二脉，形成最强大的凉茶饮料势力，甚至在国内、国际饮料市场上成功崛起，与饮料巨头一争长短。

---

① 见广东省高级人民法院（2013）粤高法民三初字第2号民事判决书。

对"广药集团诉加多宝公司包装装潢纠纷案"的民商法解读

李雅云 [①]

一、不能够轻易宣布合同无效——以"意思自治"为视角

不能够轻易宣布合同无效是"意思自治"的要求。"意思自治"，就是民事主体按照自己的意志和意愿自由自主地处理其私人事务和私人生活，不受国家和他人的任意干涉。

(一) 对"意思自治"的解读

"意思自治"产生民事主体行为自由（包括财产处分自由、言论自由、出版结社自由、契约自由）和隐私权等。"意思自治"与市场经济最契合。商品经济得到极大发展，社会个体成员就必须在法律上取得平等、独立、自由的法律地位，私人的"意思自治"就必然彰显。资产阶级启蒙思想家认为，人生而平等。怎样理解人生而平等？人性为什么是自由的、平等的？人的本质特征就在于：人有自由的意志，人有自由的思想。人的意志、人的思想是独立的、自由的，任何人都将无法将自己的意志和思想强加于别人，无法把自己的意志和思想装到别人的脑袋里面成为别人的意志和思想。意思自治，这就是人的本质特征。要把亿万人民统一到一个思想上去是很难的，或者叫做客观

---

① 李雅云：中央党校政法教研部经济法教研室主任，教授，博士生导师。

不能。因为意志是自由的、思想是自由的。这种思想意志的自由，会直接支配人们的行为，导致人们行动自由、行为自由。这就是"意思自治"。

人一方面是意志自由、行动自由的动物，另一方面又是群居中的社会动物。社会生活中的人就不能完全听凭你一个人的自由，于是人就必须要自我割让自由，建立秩序。这种自我割让自由建立秩序就是民法的精神。因此，民法的私法自治就包含两方面的意思：

一方面，意思自治确立了整个民法制度以个体为本位、以权利为本位的思维方式。意思自治的伦理基础即"人的相互尊重"，旨在保障每个人的存在感及人的尊严。个体本位、权利本位的观念是民法中"意思自治"原理的重要内涵。"意思自治"呼唤的是私权意识，培养的是私法观念。

另一方面，意思自治是处理个体与社会之间关系的基本法则，反映了人们对自然或社会的认识和理解，其本质是追求个体自由与社会共存的协调统一。"意思自治"从来不是主张个人放任、个人的自行其是。在"意思自治"原理中，隐含着社会共存的价值和原则。社会共存原则是对意思自治的限制和约束，这种原则在民法中体现为民法也有一些强制性规定，其实施必然依赖于国家强力。但是，这种社会共存原则是意思自治原则的内在逻辑要求，这种国家强制力是为了保障意思自治的实现，是意思自治制度的内生要求。因此，民法中的强制性规范不简单地等同于国家干涉。尽管后者在形式上同样求助于国家强力，但是二者的规范意旨不同。

意思自治激发的是既崇尚自由、鼓励自我实现，又建构自我约束、自律受约的思维习惯。事实上，民法在规范着一个自由的私人领域、支撑着一个市民社会的同时，意思自治与社会共存、个体自由和社会共存是相辅相成、并联并生的。正如博登海默所说：法律是关注于个人自由的，无论哪种制度。任何一个法律制度的理想都应该架构在个人自由和社会共存两种价值观念下。①

可见，民法的意思自治原理解决了两个问题：一个是自由，一个是秩序。自由和秩序是私法自治原理的核心，它既满足了人的本性又满足了人的社会性。这才是真正意义上的尊重人。民法既鼓励"我自己"尊重别人的意志，也推崇别人尊重"我"的意志，如果这两方面都做到了，争执、纠纷就少了。可以说民法的原理是万法之母。

（二）"意思自治"是民法的基本原则和原理

"意思自治"体现为民法的自由自愿原则，即民事主体能够自由地基于其意志去进行民事活动。我国《民法通则》第4条规定，民事活动应当遵循自愿原则。自愿原则是以平等原则为前提的。当事人只有在法律地位上独立、平等，才能保障从事民事活动时的意志自由。自愿原则同样也是市场经济的内在要求。在市场上，准入的当事人被假定为自身利益的最佳判断者，因此，民事主体自由自愿进行各项选择，并且受到法律的保护，特别是排除国家和他人的非法干预。自愿原则的核心是财产处分自由、订立合同自由。

"意思自治"不仅仅是民法的一项基本原则，更重要的是，"意思自治"已经成为民法学理论内在统一的、纵横经纬的"意思自治原理"。"意思自治"是理解民法基本制度和基本内容的原配的、有效的"钥匙"。

权利的负面清单是"意思自治"原则的体现。权利的负面清单是指在私法领域，对私权利而言，奉行"法无明文不为罪，法不禁止即可为（即自由）（All is permissible unless prohibited)"的法谚。这个西

---

① 〔美〕博登海默：《法理学——法律哲学与法律方法》，邓正来译，作者致中文版前言，中国政法大学出版社 1999 年版，第 8 页。

方法学中的经典谚语，蕴含着私权自治的法律原则。一般而言，凡是法律不禁止的，都是公民、法人可以做的。但公民、法人的行为除了要遵守法律之外，还要受道德、社会公共利益、其他人合法权益的约束，受习惯法、乡规民约、企业规章制度、党派规章制度、宗教戒律等行为规范的约束。因此对"法不禁止即可为（即自由）"准确的理解是"法无明文不违法，法无明文不受罚"。

用权利的负面清单管理市场和私人活动。法律列一个单子，告诉私人（包括企业、公民）什么是不可以做的，除此之外都是可做的。地方政府在处理群众的维权诉求、市场主体的准入资格、界定群体性事件的过激行为是否构成违法时，都应当实行"负面清单管理模式"。

而在公法领域，实行与"权利的负面清单"正好相反的"权力的正面清单"。对公权力而言，奉行"法无明文不可为，法无授权不得为（All is prohibited unless permissible）"的法谚，即政府职权、职责法定原则。公权力实行"法无明文不可为，法无授权不得为"，凡是没有规定可做的，都是政府不可做的。实行政府职权法定主义，即把政府的权力、责任实行法律授权、法律列举的"正面清单"，目的是监督政府。职权和责任的正面清单明确了政府部门"哪些事是份内事"，减少了"踢皮球"和不作为，有利于实行问责制。这是人民和社会对政府的监督和约束，可以避免权力扩张和权力的滥用，避免政府行为的越位、错位。

党的十八届四中全会《决定》指出："完善行政组织和行政程序法律制度，推进机构、职能、权限、程序、责任法定化。行政机关要坚持法定职责必须为、法无授权不可为，……行政机关不得法外设定权力，没有法律法规依据不得作出减损公民、法人和其他组织合法权益或者增加其义务的决定。推行政府权力清单制度，坚决消除权力设租寻租空间。"这就是说，要推行政府权力清单制度，行政机关不得法外设定权力。

"权力清单"背后的法理是：政府权力是人民授予的，政府要承认并且尊重人民的主体地位。这在西方启蒙思想家那里被称为社会契约论、人民主权思想。人民权利是自然权利。"法无明文不可为，法无授权不得为"根本上是解决私人与国家的关系，划分公权力与私权利的界限、市场与政府的界限、社会与政府的界限。我们深化改革、厘清政府与市场关系，实行放权给市场、放权给社会、放权给地方，都要以政府公权力奉行"法无明文不可为，法无授权不得为"为指导思想。

在王老吉与加多宝凉茶商标争讼、不正当竞争争讼案件中，仲裁机构仅仅因为广药集团的一个总经理构成受贿罪，就宣布广药集团与加多宝（鸿道集团）签订的商标许可使用合同无效，不仅是草率的，而且严重违反了合同当事人"意思自治"的原则。

广药集团的一个总经理构成受贿罪，并不导致商标许可合同必然无效。从司法实践来看，以合同有效为原则，无效为例外，除非符合合同无效的法定情形，法院不得轻易否定合同的效力。在审理案件的时候，对于当事人自愿订立的合同在履行时产生了纠纷，法院应当根据双方订立的合同进行审查，只要没有违反《合同法》第五十二条和第五十四条的规定，就不要轻易否定合同的效力，认定合同无效。

二、合同被宣布无效后，仲裁机构和法院都没有进行无效合同的善后处理

本案表面上、名义上是不正当竞争案，实质上、根本上是无效合同的善后处理案件。

仲裁书认定商标使用合同是无效合同，是广东高院一审得出判决结果的前提。仲裁机关宣布了商标使用合同是无效合同，但是没有对

无效合同的法律后果进行裁决，即对无效合同没有进行善后处理。

恰恰是广东高院的一审判决，必须涉及无效合同的善后处理问题：无效合同必须返还原物——加多宝公司把王老吉商标权和红罐装潢权一并返还给广药集团。广东高院的逻辑是，加多宝不返还红罐装潢权，还使用，即是构成不正当竞争。这个结论的错误之处在于：无效合同所应当返还的原物，被无中生有地扩大了。

第一，红罐装潢权原本不属于广药集团。广药集团对红罐装潢权不享有原权利、先权利，红罐装潢权是陈鸿道设计并且获得外观设计专利的，是加多宝公司通过知名品牌获得的。广药集团对红罐装潢没有"原权利、先权利"，何谈商标使用合同被仲裁无效后，红罐装潢权一并返还给广药集团？东西不是你的，哪里来的返还呢？

第二，商标权与装潢权是不是可以分离，取决于当事人的约定。在广药集团与加多宝（鸿道集团）签订的商标许可使用合同中，约定了绿色纸盒装潢归广药集团使用；红色铁罐装潢归加多宝（鸿道集团）使用。这就是说，在王老吉这一个商标下，有两个并行不悖的、平行的装潢权，即绿色纸盒装潢归广药集团；红色铁罐装潢归加多宝（鸿道集团）。根据《民法通则》第72条规定："按照合同或者其他合法方式取得财产的，财产所有权从财产交付时起转移，法律另有规定或者当事人另有约定的除外。"根据合同法有约定的从约定原则，红色铁罐装潢权利应当归加多宝（鸿道集团）。

广药集团与加多宝（鸿道集团）签订的商标许可使用合同，实质上约定商标权与装潢权是可以分开的。商标使用合同只有最后被仲裁无效的，才是无效的，前面没有被仲裁无效的许可合同，但是已经履行过的、有效的合同，双方在合同中约定商标权与装潢权是可以分开、装潢权是各自使用各自的，法律不做干涉。

第三，在商标使用合同被宣布无效后，原本归加多宝（鸿道集团）创造、投资、使用的红色铁罐凉茶装潢权，加多宝（鸿道集团）只是不能使用"王老吉"三个字了。加多宝的凉茶只要不使用王老吉的商标，就不存在不允许加多宝公司使用红罐装潢的问题——所以也就不存在不正当竞争问题。

由于红罐装潢的外观设计保护期限早已经过期，红色铁罐装潢早已进入公共领域公用，王老吉和加多宝都是著名商标、知名商品，都可以使用红色包装。红色包装不是商品的识别度的重要、唯一标志，"和其正""娃哈哈"不是在用红色罐子吗？只要加多宝公司的凉茶不使用王老吉的商标，加多宝的红罐凉茶就是受法律保护的。不存在一并附随王老吉商标归还广药的必然性。

第四，从反不正当竞争法规定来看，包装装潢是商品能与其他商品起区别作用的重要元素。在加多宝红罐王老吉之外，广药作为另一经营者同时在市场上销售绿纸盒王老吉凉茶。双方商标许可合同也强调其各自经营不同包装的王老吉凉茶并行不悖。这两种凉茶分别为本案原被告各自经营，却使用完全相同的文字商标即"王老吉"。这恰恰说明，"王老吉"商标无法完全起到法院所称的不同商品间的区别作用，而正是上述商标许可合同所强调的包装装潢区分，在商标之外发挥了独立的、不可替代的区别来源作用，在本案中即包装材质（铁罐与纸盒）、包装与文字颜色组合（红底黄字与绿底红字）的不同。

广药集团不能够玩弄"双重标准"，在当初许可加多宝（鸿道集团）加盟使用王老吉商标时，不允许其使用绿色纸盒包装，采取"分离说"——即商标权与"绿盒装"可以分离；在收回加多宝（鸿道集团）使用王老吉商标的资格时，又采取"合并说"——即商标权与"红罐装"不可以分离。

认为知名商品的包装装潢不可分割地包含"王老吉"文字，否定了本案中约定的"包装装潢"的独立性。判令加多宝公司"停止使用与涉案知名商品王老吉红罐凉茶特有包装装潢相同或者相近似的包装装潢"，既缺乏事实依据，其法律根据也不充分。

第五，"知名商品"与"商品名称"是两个不同的概念，不能混淆。广东高院一审判决书将"知名商品"最终界定为"商品名称"，这首先在逻辑上不成立，因为名称与包装装潢都是知名商品含有的起区别来源作用的标识，并不能等同于知名商品本身。将"知名商品"概念简化、替换为作为其下位概念的"名称"，却将同样重要（如果不是更重要的话）的包装装潢排除在考虑之外，这是不妥当的。

第六，仲裁书认定商标许可使用合同无效后，由于无效合同所导致的损失，双方应当根据过错责任的大小承担。但是广东高院没有区分双方过错责任，更没有对损失进行分担。

商标使用许可被仲裁为无效合同，本身就有可质疑的地方，在此姑且不议。单从《民法通则》《合同法》的相关规定看："民事行为被确认为无效或者被撤销后，当事人因该行为取得的财产，应当返还给受损失的一方。有过错的一方应当赔偿对方因此所受的损失，双方都有过错的，应当各自承担相应的责任。"

无效合同并没有给广药集团造成损失，因为只要加多宝不再使用王老吉商标，广药集团把商标权收回来了，它就不存在损失的问题。但是，仲裁商标使用许可合同无效，却给加多宝公司造成了巨大损失。因为加多宝公司实际投入了巨额广告费、营销宣传费、市场开拓支出、市场知名度维护支出等费用。这个巨额损失，需要双方根据无效合同的形成，按照双方过错的大小，分担加多宝的实际损失。

红罐王老吉之所以成为著名品牌，与加多宝在广告宣传方面投入的人力、物力、财力是分不开的。加多宝在做上述巨大的投入时，无法预见到经过广药集团董事会讨论决策、盖有集团公章、有法定代表人签字的合同竟然会无效。

　　加多宝（鸿道集团）斥巨资做广告，打造王老吉红罐凉茶的品牌和知名度，营造销售市场，如果商标许可使用期限太短暂，就无法承担巨额的广告投资，会出现亏损。这也是加多宝（鸿道集团）向广药集团提出要求延长合同期限的重要原因。

　　加多宝基于对长期合同的信任，投入了巨资打造品牌和市场，没有等到投入回报，加多宝的信赖利益、期得利益、商标使用许可的衍生权益就被剥夺，谁创造谁拥有产权的装潢权、谁投资谁拥有产权的"后发商誉权"就被侵犯。

　　如果"恶意串通，损害国家、集体或者第三人利益"的合同无效的理由可以成立的话，李益民的索贿行为表明：广药集团是造成无效合同的主要过错方。

　　第七，民法学上有一个著名的法谚："任何人都不得从自己的过错行为中获利"。广药集团对无效合同的形成，是有主要过错的，但是却从中获取了巨大的商标许可费和品牌溢涨的无形资产。这违反了"任何人都不得从自己的过错行为中获利"的民法理论，违背了民法的公平原则。如果广药集团不返还商标许可费和品牌溢涨市值，就属于不当得利。

　　"任何人都不得从自己的过错行为中获利"是不当得利制度的理论基础。广药集团不返还商标许可费和品牌溢涨市值，属于罗马法上"基于污点行为的不当得利"和"基于无效合同的不当得利"。如果是因自己的过错与不义而获益，也违反公共的商业道德和经商应当遵守的善良的交易习惯和交易规则。

　　退一万步讲，加多宝即使愿意把红罐包装装潢权一并附带着还给广药集团，也应当是广药集团给加多宝补偿，而不是反过来由加多宝赔偿广药集团。

　　第八，广东高院判决红罐包装装潢一并返还广药集团，欺骗了消费者权益，该判决导致不良的社会效果。

事实是，广药集团只有绿色盒装王老吉凉茶的配方，对红罐凉茶配方一无所知，一直无法对红罐凉茶进行配方、口味、质量的控制。当商标许可合同被解除后，加多宝仍然掌握着产品质量最为关键的红罐凉茶配方。现在，仅靠赚取许可费、配方又未获得的广药集团，所生产的"王老吉红罐凉茶"，已经不是加多宝在许可合同履行时生产的"王老吉红罐凉茶"，换了口味、换了配方的"王老吉红罐凉茶"对消费者的知情权和利益构成了侵害，对消费者关于商品的识别进行了误导。

第九，广东高院一审判决破坏了生效判决的既判力，导致法院出尔反尔、自食其言，损害法院的权威和公信力。

早在2003年，在另外一起诉讼中，广东高院就在终审判决书中认定："加多宝公司多年来生产销售的红色罐装凉茶商品是知名商品以及该知名商品具有特有的包装装潢、该装潢应当获得排他性法律保护。"①

终局的判决书是规制双方当事人今后法律关系的规范。当双方当事人对同一事项再度发生争执时，就不允许当事人提出与此相矛盾的主张，而且当事人不能对该判断进行争议，法院也不能作出与之相矛盾或相抵触的判断。这就是生效判决的既判力。

广东高院就"广药集团诉加多宝公司包装装潢纠纷案"所做的一审判决，自行否定了2003年的第212号判决，严重损害了维护生效判决的既判力的司法原则。不得不让人对于该法院的司法公信力产生质疑。

第十，广药集团构成不当得利，应当返还。

---

① 见广东省高级人民法院（2003）粤高法民三终字第212号民事判决书，简称第212号判决。

广东高院判决红罐包装装潢一并返还广药集团，使得广药集团构成不当得利。广药集团没有法律依据和合同依据，得到了王老吉红罐包装装潢权，得到了基于"无效合同"所产生的商标许可费若干百万元，这些都是广药集团的不当得利，应当返还给加多宝公司。

不当得利是指没有合法根据，或事后丧失了合法根据，自己得到利益，致他人遭受损失，对自己所获得的利益，依法应负返还的义务。如售货时多收货款，捡到钱包却据为己有等。取得利益的人称受益人，遭受损害的人称受害人。不当得利的取得，不是由于受益人针对受害人而为的违法行为，而是由于受害人或第三人的疏忽、误解或过错所造成的。在"广药集团诉加多宝公司包装装潢纠纷案"中，不当得利是基于第三人——仲裁机构的错误而引发的。受益人与受害人之间因此形成法定之债，受益人是广药集团，为债务人；受害人为加多宝公司，为债权人。

不当得利的构成要件是：

第一，双方当事人必须一方为受益人，他方为受害人。第二，受益人取得利益与受害人遭受损害之间必须有因果关系。第三，受益人取得利益没有合法根据，即既没有法律上也没有合同上的根据，或曾有合法根据，但后来丧失了这一合法根据。

受益人在得知自己的受益没有合法根据或得知合法根据已经丧失后，有义务将已得的不当利益返还受害人。

返还不当得利的方法，一是原物返还，即当原物尚存时，应返还原物。二是作价返还，即如果原物已不存在，则可作价偿还。

我国民事立法关于不当得利的规定，一是《民法通则》对不当得利的构成要件和法律效果作了原则性的规定。《民法通则》第92条规定："没有合法根据，取得不当利益，造成他人损失的，应当将取得的不当利益返还受损失的人。"二是《最高人民法院关予贯彻执行〈中华人民共和国民法通则〉若干问题的意见（试行）》第 131 条规定："返还的不当利益，应当包括原物和原物所生的孳息。利用不当得利所取得的其他利益扣除劳务管理费用后，应当予以收缴。"这一司法解释对不当得利的返还标的、返还范围也做了较为具体的规定。

上述对不当得利的规定，不足之处在于过于原则，对不当得利的返还客体未做区分，没有明确受益人主观是善意还是恶意的。司法解释中对"返还不当利益"的界定不完备，不当得利的返还范围并不限于原物及其孳息。"利用不当得利所取得的其他利益"的解释也不明确。现行法规在价格偿还的计算方法上面，对善意受领人在所得利益不存在时免除的返还义务以及转得人的返还义务等方面，尚未作出规定。

由于我国《民法通则》与司法解释对不当得利这一制度规定得的粗糙，太过抽象化、概括化，造成了司法实践中不当得利制度的适用困难。法官在审判此类案件时只能依据"衡平"的原则来确定当事人之间的权利义务关系和应返还的范围。

我国正在制定《民法总则》，也将制定我国的民法典。关于不当得利制度应该如何规定，如何安排不当得利返还请求权与其他请求权的关系等，都是迫切需要解决的问题。

结语

市场经济是法治的经济、竞争的经济、共享的经济。王老吉和加多宝两个民族品牌，为什么不能够在法治的环境中，并生并存、公平竞争呢？现在看，广东高院的一审判决是法律效果、社会效果、政治效果俱不佳的判例。

广东加多宝饮料食品有限公司与广州医药集团有限公司知名商品特有包装、装潢纠纷案法律意见书[①]

刘春田[②]　程永顺[③]　陶鑫良[④]等

就广东加多宝饮料食品有限公司（以下简称"加多宝"）与广州医药集团有限公司（以下简称"广药"）互诉侵犯知名商品包装、装潢纠纷案的相关法律问题，加多宝公司邀请我国知识产权界专家、学者进行论证。

根据加多宝提供的证据材料，经认真研究和论证，专家就本案涉及的知名商品特有的包装、装潢的性质、权利归属以及广药使用与之近似的包装、装潢是否违法问题形成以下四条法律意见：

一、商品知名是其特有包装、装潢受法律保护的前提。加多宝根据王老吉在香港的传人授权的配方生产经营的凉茶是本案的知名商品。加多宝与广药生产经营不同的凉茶，却共用一个商标，因此，加多宝在其凉茶上独家使用的红罐包装、装潢就成为与广药凉茶相区别的显著标记，这是市场早已认可的事实

专家认为，按照反不正当竞争法，包装、装潢要受法律保护，应具备两个条件，一是商品知名，二是包装、装潢特有。因此，只有知

① 刘春田等来自中国人民大学、北京大学、中国社会科学院、中国政法大学、西南政法大学、中南财经政法大学、华东政法大学、北京理工大学、华中科技大学、同济大学、上海大学、浙江大学、厦门大学、中山大学、华南理工大学、深圳大学等学术机构的30位著名知识产权专家学者为此案出具了法律意见书。

② 刘春田：中国人民大学法学教授，博士生导师，知识产权学院院长。

③ 程永顺：北京务实知识产权中心主任，北京高级人民法院原知识产权庭副庭长。

④ 陶鑫良：上海大学法学教授，博士生导师，上海大学知识产权学院院长。

名商品特有的包装、装潢才受到法律保护。本案中，知名商品是加多宝根据王老吉在香港的传人授权配方生产的凉茶，特有的包装、装潢是陈鸿道设计，加多宝长期独家使用的红罐包装、装潢。这是市场早已普遍认可的事实，也已被司法认定。

根据《最高人民法院关于审理不正当竞争民事案件应用法律若干问题的解释》（以下简称"《司法解释》"）第一条之规定，《反不正当竞争法》第五条第（二）项规定的"知名商品"指的是中国境内具有一定的市场知名度，为相关公众所知悉的商品。商品知名是一种状态，知名商品中的知名指的是产品本身。商品之所以知名，关键源自产品的质量保障以及产品提供者对品牌的培育和市场拓展，源自消费者对产品的认可和钟爱，而不是取决于商标和产品名称。产品始终是第一性的，是事物之"本"，是消费者追求和享用的最终目的。商标和名称是第二性的，是对"本"的描述，是事物之"标"，是供求双方用来引导和选择产品的手段与路径。就凉茶饮料而言，商标的权利归属和产品名称变化，都属于"标"的变化，对事物之"本"没有影响。只要饮料的配方和质地不变，产品就没有变，消费者始终在意的是"本"，是产品。俗话说，条条大路通罗马，产品就是罗马，是不变的目的。商标、产品名称是寻求产品的路径和手段，是可选择、可替代的，它的变化对产品没有影响。本案中，尽管加多宝的商标和产品名称不得已做出改变，但是由于其产品的配方、品质和口味始终如一，也就是它的"本"不变，所以，它的知名商品的法律地位不受影响，没有变化。

根据《司法解释》第一条的规定，认定知名商品，应当考虑该商品的销售时间、销售区域、销售额和销售对象，进行宣传的持续时间、程度和地域范围，作为知名商品受保护的情况等因素，进行综合判断。证据材料说明，在租用"王老吉"商标 17 年中，加多宝始终经营生产的是王氏特定传统配方凉茶产品，它符合《司法解释》认定知名商品审查标准的条件。因此，本案所谓"知名商品"的唯一指向对象，是加多宝生产经营的王氏凉茶，而不是广药的凉茶。

众所周知，广药的凉茶和加多宝的凉茶是两种品质不同的产品。在加多宝租用广药"王老吉"商标期间，在两家产品同时使用"王老吉"商标，而分别生产经营不同配方和品质凉茶的情况下，"王老吉"商标已经无法承担区别二者不同产品的功能。为了防止二者混淆，有必要启用其他标记作为区分的手段。事实上，双方也采取了相互区别的有效措施。双方在商标许可协议中约定，"甲方（许可方）只可保留生产和销售原已生产的用纸包装的王老吉清凉茶，但包装颜色不能取红色，包装设计图案不得与乙方（被许可方）生产的被许可商品相同……乙方生产的被许可商品包装颜色及图案也不得与甲方纸包装清凉茶饮品相同"。此后，广药生产的绿色盒装凉茶和加多宝生产经营的红色罐装凉茶这两种表里都不一样的凉茶在市场上长期并存。在双方同样使用"王老吉"商标的情况下，绿色盒装装潢成为广药凉茶产品的显著标记，鸿道集团（加多宝）自行设计和使用的红色罐装、装潢则成为加多宝凉茶产品的显著标记。材料说明，在商标许可协议的17年里，加多宝的凉茶产品和广药的凉茶产品，井水不犯河水。加多宝的红罐包装、装潢和广药的绿盒包装、装潢，泾渭分明。各做各的生意，两家相安无事。

二、本案涉及的包装、装潢是加多宝的重要财产，受反不正当竞争法的保护，并在2003年就被我国司法判决所认定

一个对象上可以同时存在多个知识产权，如专利权、商标权和著作权等。不同类别知识产权对应不同的法律制度和不同的保护方式。对商品包装、装潢的法律性质的判断将对其保护方式产生影响，性质

不同，适用的法律也不相同。

专家认为，保护商品的包装、装潢的意义在于保护其所承载的商品的市场价值，旨在保护创造该价值的市场主体的正当利益。

关于商品包装、装潢的法律地位和性质，一种意见认为，商品的包装、装潢是商标的一种。法律依据是，《与贸易有关的知识产权协议》（TRIPs 协议）第十五条规定，任何标记或标记的组合，只要能区分一企业和其他企业的货物或服务，就应可构成一个商标。这些标记，特别是单词，包括个人名字、字母、数字、图形和颜色的组合以及任何这些标记的组合，应有资格作为商标进行注册。……作为注册的一个条件，这些标记应是在视觉上可以感觉到的。此外，我国《商标法》亦作了类似规定。如果说狭义上的商标仅指注册商标，那么，商品的包装、装潢则可以被视为是未注册商标，通过商标法律法规予以保护。应当指出，包装装潢作为未注册商标，与在同一商品上使用的注册商标，是彼此独立的两个商标，二者互不隶属，既可以组合在一起，也可以分开使用。

另一种意见认为，我国《反不正当竞争法》对知名商品特有的包装、装潢的保护进行了专门规定，其第五条规定：经营者不得采用下列不正当手段从事市场交易，损害竞争对手：……（二）擅自使用知名商品特有的名称、包装、装潢，或者使用与知名商品近似的名称、包装、装潢，造成和他人的知名商品相混淆，使购买者误认为是该知名商品；……《司法解释》对其进行了细化；国家工商行政管理总局在 1995 年发布了《关于禁止仿冒知名商品特有的名称、包装、装潢的不正当竞争行为的若干规定》以及随后就仿冒和擅自使用他人知名商品特有的名称、包装、装潢行为的定性问题所作的答复，均将商品的包装、装潢看做权利的特有支配对象。《司法解释》第二条所规定的标准，"区别商品来源的显著特征"，与商标的认定标准类似；第四条规定，认定与知名商品特有名称、包装、装潢相同或者近似，可以参照商标相同或者近似的判断原则和方法。可见，人民法院类比商标审查的相关程序，对于知名商品包装、装潢的权益进行认定。

对知名商品特有包装、装潢保护的法律适用，既要依法律规定，也可以参酌以往的司法判决。广东省汕头市中级人民法院于2005年6月9日作出的（2005）汕中法知初字第7号判决，认为商品的名称、包装和装潢既可以成为《商标法》《专利法》和《著作权法》的保护客体，也可以是《反不正当竞争法》的保护客体，但立法的侧重点不同，《反不正当竞争法》主要是从规范竞争秩序的角度维护正常的竞争行为。此外，由于商品的包装、装潢和商标是相互独立的两项权利（权益），根据我国现行的法律，只有在竞争者之间构成不正当竞争时，该权益或法益才可能受到保护。因此，对侵犯知名商品包装、装潢的行为的适用法律，以《反不正当竞争法》更为恰当。

本案中，加多宝的红罐包装、装潢拥有知名商品包装、装潢资格，早在2003年，就已经被法院根据《反不正当竞争法》予以认定。广东省高级法院在（2003）粤高法民三终字第212号判决中对"王老吉"凉茶的包装、装潢进行了认定，认为知名商品特有的装潢是随着该特有的装潢在商品上使用，当该商品成为知名商品时，而产生的一种排他使用的民事权利，该权利与知名商品密不可分，由知名商品的合法经营者享有，并随知名商品的经营者的变化而可由新的合法经营者继受。由于加多宝罐装凉茶的装潢在文字、色彩、图案上及其排列组合上设计独特，具有显著的区别特征，由于它的凉茶产品是知名商品，所以加多宝对该包装、装潢享有权利。这一司法认定为确立加多宝生产经营的王氏凉茶为知名商品，以及该商品特有的红色罐装包装、装潢为知名商品特有包装、装潢，提供了法律依据。

三、"王老吉"商标权与知名商品的特有包装、装潢权益分别属于广药和加多宝,所有合同无效或解除后,广药只能拿回商标,包装、装潢仍属于加多宝所有

商标和商品的包装、装潢是两种不同的商业标记。对它们的法律调整,分别属于两个不同的法律范畴。商标是区分商品和服务的标志,其保护适用的是《商标法》及其相关的法规和司法解释。装潢既可以美化商品的包装,又具有区别商品来源的功能,其保护适用的是《反不正当竞争法》。两套制度体系虽然相关,却不相同。根据需要,商标和包装、装潢二者既可以分别使用,也可以组合在一起使用。即使组合使用,二者的性质与功能也不相同。本案中,商标和包装、装潢分属不同的权利人。在商标许可协议有效期间,尽管商标和包装、装潢是组合在一起使用的,但二者的权利仍各有所属。由于加多宝的凉茶和广药的凉茶是品质不同的产品,又共用"王老吉"商标,红罐和绿盒就成为双方各自凉茶产品的特有标记。红罐包装、装潢作为特有的外在表征,和加多宝王氏凉茶产品互为表里,利害相依,是加多宝的竞争工具和财产;绿盒包装、装潢作为特有的外在表征,和广药的凉茶产品也是互为表里,利害相依,是广药的竞争工具和财产。

本案中,"王老吉"商标和加多宝知名商品特有包装、装潢组合在一起使用,是有条件的,该条件就是有效的"王老吉"商标许可协议。根据该协议,租赁来的"王老吉"商标被放置在加多宝凉茶的红罐包装、装潢上一起使用。商标许可合同解除或其效力终止后,二者组合在一起使用的条件丧失,商标和包装、装潢作为各自的财产,分道扬镳,各归其主,加多宝将租用的"王老吉"商标返还给广药,它自己设计和长期独家使用的红罐包装、装潢,则属于加多宝的财产。

四、根据我国法律和大量的司法判例的一贯精神，广药擅自使用与加多宝知名商品包装、装潢近似的包装、装潢之行为，构成不正当竞争

根据公认的法律准则，民事权益的获得必须正当。对于财富而言，"种瓜得瓜，种豆得豆"，谁付出了创造，谁投入了使用，谁做出了贡献，谁就是创造成果或劳动成果的所有者。在法治的原则下，任何人都不可以超出法律的界限，不正当地取得他人的创造成果或劳动成果。

根据本案现有证据材料可以认定的事实是，红罐包装、装潢是陈鸿道设计，授权加多宝集团使用、投入的商业标记，其权益依法应当属于加多宝所有。广药集团既非红罐包装装潢的设计者，也从未使用过红罐包装，它对该包装装潢没有支配权。在其收回"王老吉"商标权之后，亦无权使用与加多宝红罐包装、装潢相同或近似的包装、装潢，否则构成不正当竞争。

根据我国大量司法实践，认定知名商品的特有名称、包装和装潢的归属时，主张相关权益应属于系争商品特有名称、包装、装潢的使用者。根据不同的事实，该使用者包括在先使用者和长期实际使用者。具体有以下几种情况，可供参考：

（1）认定商品包装、装潢属于在先使用人。例如，贵阳南明老干妈风味食品有限公司与被告湖南华越食品有限公司、北京燕莎望京购物中心不正当竞争纠纷案中，北京市高级人民法院于2001年3月20日的（2000）高知终字第85号民事判决书中认为，权利人在该案中请求保护的是其知名商品特有的名称、包装、装潢的权利，它与专利权属于两种类型的知识产权权利。不同类型的知识产权权利发生冲突，人民法院应当按照民法通则规定的诚实信用原则和保护公民、法人的合法的民事权益原则，依法保护在先使用人享有继续使用的合法的民事权益。在扬州市糖果二厂与扬州市万和商贸有限公司仿冒知名商品特有的名称、包装、装潢纠纷案中,江苏省高级人民法院于2002年5月23日作出的(2002)苏民三终字第033号民事判决中认为,糖果二厂"绿叶"牌花式牛皮糖的包装、装潢为其花式牛皮糖所特有并使用在先。糖果二厂的"绿叶"牌花式牛皮糖的包装、装潢具有显著的区别性特征,并非相关商品所通用。故应当认定"绿叶"牌花式牛皮糖的包装、装潢为糖果二厂生产的牛皮糖所特有。在广东加多宝饮料食品有限公司与佛山市三水华力饮料食品有限公司侵犯知名商品包装、装潢纠纷案中,广东省高级人民法院于2004年12月13日作出(2003)粤高法民三终字第212号民事判决认为,在1996年,东莞鸿道公司已开始在罐装"王老吉"凉茶饮料上使用本案讼争的装潢标识,并投入大量的广告宣传,使该商品成为知名商品,该装潢在"王老吉"罐装凉茶饮料上的使用时间明显早于上诉人使用的时间,被上诉人是"王老吉"罐装凉茶饮料的合法经营者,继受了该知名商品特有的装潢权,故其是本案知名商品特有装潢权的权利主体。

(2)认定长期使用者为系争商品名称、包装、装潢的所有人。在杭州红申电器有限公司、杭州之江开关股份有限公司与浙江之江电器有限公司、杭州之江电气有限公司不正当竞争纠纷案中,浙江省杭州市中级人民法院于2005年3月30日作出(2004)杭民三初字第197号民事判决认为,"HS"系列型号由于原告杭州开关公司的反复、长期使用,在消费者心中与特定厂家的特定产品联系起来,具有了另外的标识特定商品的意义,即在消费者心目中已与"杭州开关公司"的低压电器产品联系起来,成为区分杭州开关公司与其他低压电器企业产品的重要商业标识,并具有显著的区别性特征,构成了原告杭州开关公司特有的产品标识或产品名称,即为原告杭州开关公司所特有的产品型号,而非相关产品所通用。

在上海华银日用品有限公司与上海圣诺德日用化工有限公司仿冒知名商品特有包装纠纷案中，上海市第二中级人民于 2006 年 1 月 25 日作出（2005）沪二中民五（知）初字第 215 号民事判决认为，在洗涤剂五厂停止使用涉案包装瓶后，原告自 1991 年开始一直使用涉案包装瓶至今，并使"蜂花"产品获得了较高知名度和市场占有率。即使洗涤剂五厂自 1990 年至 1995 年期间使用与原告相同的包装瓶，也不能说明涉案包装瓶已成为同类产品的通用包装瓶，丧失了区别性特征，同时也不影响原告通过经营和宣传，在其产品达到一定知名度后，取得涉案包装瓶知名商品特有包装的权利。

（3）认为商品的包装、装潢为实际使用者所有。在美国鸿利国际公司与上海美祺牛肉面餐饮有限公司侵犯知名商品特有的名称、装潢纠纷中，上海市浦东新区人民法院于 1999 年 9 月 24 日（1999）浦知初字第 1 号民事判决书，认为知名商品特有的名称和装潢均属于使用而形成的，是商品经营者长期使用、广泛行销、正确宣传的结果，这种特有性会使消费者产生商品来源的联想，可使经营者获取竞争上的优势。被他人擅自作相同或近似的使用，误导了消费者，受损的是经营者的信誉和竞争优势。据此，根据知名商品特有名称、装潢的形成特点及其作用，该权利应属使用人。该认定获得了二审法院的支持。此外，使用者对商品包装、装潢所享有的权利甚至可以对抗该商品包装、装潢的原始设计人。在天津市中央制药厂、天津医药保健品进出口公司与吉林省抚松制药厂、吉林省抚松制药二厂、中国天津国际经济技术合作公司、天津市静海县三呼庄鑫兴印刷厂仿冒包装装潢侵权纠纷案中，天津市高级人民法院于 1996 年 6 月 20 日（1995）高知初字第 1 号民事判决中认为，当使用在先的原告装潢已形成为知名商品的特有装潢时，创作设计人对在后的近似设计虽仍有著作权，有权许可他人进行其他方式的使用，但若自己或许可他人在同类产品上以相同方式进行同样的商业用途的使用，即进入我国《反不正当竞争法》的调整范围。设计人对自己创作的美术作品有处分权，但并不等于对企业的商品装潢同样也享有处分权。上海市浦东新区人民法院在上海金门营销有限公司与上海农工商工业发展有限公司、上海健必依保健品厂侵犯知名商品名称、包装、装潢权利、侵犯商标权纠纷案中也有类似的认定。

我国社会主义法治的基本职能，就是保障法律面前人人平等。所有市场主体必须遵循诚信原则，公平竞争。中共十八大提出"权利公平、机会公平、规则公平"，这是市场行为的底线，没有人可以超越这条底线。本案中，根据商标许可协议，双方通过对红罐和绿盒包装的各自专有使用约定，并通过长期的实践对市场进行了平等的划分。基于此，鸿道集团设计了红罐凉茶的包装、装潢，并通过加多宝长期使用和大量投入广告宣传，在大幅地提升了"王老吉"商标价值的同时，该特有的红罐包装装潢也成为加多宝重要的商业标记，成为它的重要财产。17年来，广药生产的凉茶，从来没有使用过红罐包装装潢，广药与加多宝特有红罐包装装潢没有任何关系。

专家一致认为，根据我国反不正当竞争法、最高人民法院的司法解释、大量判例所秉持的一贯法律精神，可以认定，加多宝是知名商品王氏凉茶特有包装、装潢的权利人。广药未经许可擅自使用与加多宝知名商品特有包装、装潢近似的包装、装潢的行为，违反了公认的商业道德，构成不正当竞争。

商标许可使用中"衍生权益"必然"回馈"商标权人的合理性质疑

——评广东高院对广药集团与加多宝公司就红罐包装装潢纠纷案的一审判决

张　平①

广药集团与加多宝公司的系列法律诉争已有太多的评论和著述，但当 2014 年 12 月 12 日广东高院一审判决②后又引发了社会各界激烈的争论，也使双方当事人采取了更为激烈的异向舆论攻势以及加多宝丝毫不减弱的产品销售及宣传，这一反以往对一审判决的观望态度。本文重点讨论法院判决书的逻辑矛盾进而质疑在商标许可中产生的衍生权益必然回馈给商标权人的合理性。

逻辑问题一：法院认为该案的"知名商品"是"王老吉凉茶"，但事实是"王老吉凉茶"对应的是"红"、"绿"两种包装的产品，法院认定的"知名商品"没有唯一性，也就导致了与后面认定"红罐包装装潢"不存在唯一关联的逻辑问题，而且，在认定了"王老吉凉茶"之后，判决书中多处表述"王老吉红罐凉茶"，法院又回到了唯一指向的红罐王老吉凉茶这一特指的商品，可见判决书前后所指发生了矛盾。

逻辑问题二：法院描述了红罐包装装潢的具体表现形式，但依据

---

① 张平：北京大学法学院知识产权学院常务副院长，北京大学网络法律中心主任，教授，博士生导师。

② 法院判决书来源于西南政法大学"西南知识产权网"扫描件，http://www.xinanipr.com/picture/show/2300.aspx。

双方签订的商标使用合同中约定加多宝使用"红罐"的条款，就认定为是广药集团授权使用但由被许可方日后才完成设计并使用的包装装潢，这是对合同中"双方约定"和"授权使用"概念的混淆，在合同签订时还不存在"红罐王老吉凉茶"的包装装潢设计，何谈授权？

逻辑问题三：法院认为由于广药集团"王老吉"商标在合同签订时具有一定知名度，才使得红罐王老吉凉茶具有知名度，进而其特有的包装装潢也快速具有知名度，所以该包装装潢与"王老吉"商标无法分割，广药集团在收回商标许可使用权时也有权收回其包装装潢。那么同样使用"王老吉"商标的盒装凉茶为什么没有红罐的效益好，这是否说明红罐的商誉不当然只有"王老吉"商标在起作用。法院又以保护消费者利益，防止混淆商品来源为理由认为红罐包装装潢必须回馈给商标权人，但是却认可广药集团当初在商标许可合同签订时的"王老吉"商标与其当时的"盒装王老吉凉茶"包装装潢可以分割，并认为不会引起消费者混淆。

逻辑问题四：如果法院认为商标权与包装装潢不可分割，为什么在双方签订合同时，广药集团不把"盒装王老吉的包装装潢"与"王老吉"商标捆绑许可给加多宝公司？盒装装潢与"王老吉"商标可分，红罐与"王老吉"商标不可分？这显然是双重标准。

逻辑问题五：法院认为，《反不正当竞争法》对包装装潢给以保护的法定要件是"商品具有知名度及其包装装潢的实际使用并形成特有性、显著性"，本案中，具有知名度的商品是加多宝公司生产的"红罐王老吉凉茶"，这一商品的经营者是加多宝公司，何以得出要保护广药集团的红罐包装装潢？

逻辑问题六：法院认为，"加多宝公司在王老吉红罐凉茶的经营期间也收回了部分投资产生的效益，广药集团收回王老吉商标的同时一并收回红罐包装装潢不会给加多宝造成不公平"。这段话意味着，如果加多宝在经营"红罐王老吉凉茶"期间只要有盈利就可以被剥夺"其他权益",何谈公平?

一、"知名商品"是"王老吉凉茶"还是"王老吉红罐凉茶"

本案一审判决书中用相当长的篇幅讨论如何认定"知名商品"。法院最后认为:在双方争议之前的"王老吉凉茶"属于知名商品,法院使用了双方当事人没有签订商标使用合同之前(1995 年 3 月)"王老吉"商标即知名的证据,得出"王老吉凉茶"是知名商品,这样的认定无可争议,但这只能说明之前在市场上销售的"盒装王老吉凉茶"的知名度,证明"盒装王老吉凉茶"是"知名商品",但本案的目的不在于此,本案要证明的是附着在红罐王老吉凉茶上的包装装潢问题。之后法院使用了 1995 年 3 月许可合同签订之后"红罐王老吉凉茶"知名的证据,证明所谓"王老吉凉茶"的知名度,转而得出"王老吉凉茶"是知名商品的结论,法院将市场上长期存在的"绿色盒装王老吉凉茶"和"红罐王老吉凉茶"两种商品合二为一。事实是:广药集团经营的"绿色盒装王老吉凉茶"与加多宝公司生产的"红罐王老吉凉茶"在配方、口味和包装上是完全不同的两种商品。如果说将"王老吉凉茶"看做是上位概念商品的话,其下的"红"、"绿"凉茶分属于下位概念的商品,证明"王老吉凉茶"是"知名商品"与之后想要认定的"知名商品"的"特有包装装潢"并无必然逻辑关系。确认"知名商品"的目的是确认附着在这种商品上的特有的包装装潢的归属。显然"王老吉凉茶"对应的是两种商品,所涉及的商品特有的包装装潢也是两种,法院何以得出之后的红罐包装装潢是"王老吉凉茶"特有的结论呢? 此外,从整个判决书中,无论是双方的证据,以及在先判决,还是对消费者的调查,都得出了"红色罐装王老吉凉茶"是一种"知名商品"。法院认定"王老吉凉茶"是"知名商品"实际上指代了两种商品，这种对知名商品界定缺乏唯一性的结果无法与其后面认定"特有的包装装潢"相联系。

　　笔者发现，在法院判决书认定"王老吉凉茶"是知名商品后，又多次使用"王老吉红罐凉茶"来代替"王老吉凉茶"，从法院这些文字的真实意思表示中，可以得出法院亦认为"王老吉红罐凉茶"是本案唯一涉及的"知名商品"。为了更加突出"知名商品"的专门所指，笔者认为将"红罐"作为主修饰词放在王老吉前面更为贴切，当然，如果使用判决书中的"王老吉红罐凉茶"也无不可，但这里强调的是"红罐"，只有"红罐"才有特定的包装装潢。

二、"红罐王老吉凉茶"包装装潢的构成及权益的归属

　　在确定了"知名商品"之后，法院特别描写了认定该知名商品特有包装装潢所指向的对象，即该包装装潢的具体构成："采用红色为底色，主视图中心突出、引人注目的三个竖排黄色装饰的楷书大字'王老吉'，'王老吉'右边为两列小号宋体黑色文字'凉茶始祖王老吉 创业于清朝道光年 已有百余年历史'，'王老吉'左边下部为褐色底、宋体白色文字'凉茶'，再左边为三列小号宋体黑色文字'王老吉凉茶 依据祖传秘方 采用上等草本配制 老少咸宜 诸君惠顾 请认商标'；罐体上部有条深褐色的装饰线，该装饰线上有黄色英文'herbal tea'和'王老吉'楷书小字相间围绕，罐体下部有一粗一细两条装饰线；后视图与主视图基本相同；左视图是中文和英文的配料表及防伪条码；右视图上部是'王老吉'商标及'王老吉凉茶'字样，下部是'东莞鸿道集团食品有限公司'及其地址、电话、传真、保质期等商品生产者的信息"。判决书最后还特别总结道："综上，本案所涉知名商品特有包装装潢的内容是指标明在王老吉红罐凉茶产品的罐装

体上包括黄色字体'王老吉'等文字、红色底色等色彩、图案及其排列组合等组成部分在内的整内容。"按照这些描述，这是一个有充分内涵的包装装潢设计，绝不是一个简单的"红色罐装"可以表达清楚的，但是法院却以双方签订的一系列商标许可使用协议中约定被许可方经营"红色包装，罐装凉茶"为授权依据，进而认定上述描述的红罐包装装潢属于广药集团的一种"授权"。在此，法院将双方为了区别商品来源而分别使用红色和绿色的约定，认定为授权是错误的。首先，1995年首次签订合同时，双方的约定是"在各自生产的凉茶商品上，所有包装装潢和颜色均不得与另一方相同"，为了区别当时广药集团的盒装凉茶，双方约定加多宝要使用红色罐装，这仅仅是一种"约定"而不是"授权"，广药集团及其前身没有任何在先的红罐包装装潢设计许可给加多宝公司，更不可能有前述法院判决中详细描述的包装装潢内容的设计，在不存在在先权利的情况下，如何谈授权？广药集团授权的只能是"王老吉"商标。其次，如果法院把在合同中约定被许可方经营"红色罐装"认定为授权，相当于确认了颜色的独占性，在没有第二含义证明的情况下，依据"颜色耗尽"和"颜色匮乏"理论①，单一颜色是不可能有任何独占权的，想必当年广药集团的前身也无意把红色据为己有，而是强调要区别自己当时的产品包装而已。就连支持广药集团观点的学者也赞同"合同约定并不能证明广药默认红色包装本身有显著性，充其量只能证明红绿包装能够区别'王老吉'品牌内部的两个系列凉茶"②。一审判决中武断地授予广药集团一种颜色的独占权显然于法、于事实无据。

① 杜颖：《商标法》，北京大学出版社2010年版，第58页。
② 崔国斌：《商标许可终止后的商誉分配》，2012年12月第12期，转引自顾心悦，《"王老吉"败了谁的火——"王老吉"商标纠纷的法律解读》，《电子知识产权》2012年第6期。

按照知识产权权利归属的一般原则，委托设计权利归属按照"有约定从约定，无约定归完成方"原则，法院判决中已经确认，"广药集团与加多宝公司在王老吉商标许可使用合同中并没有对涉案王老吉红罐凉茶的包装装潢权益作出明确的约定"，此时，包装装潢就应当归设计完成人或者委托人所有。但是，法院判决中作如下表述认为该包装装潢属于商标权人："王老吉红罐凉茶的包装装潢中所突出使用的'王老吉'三个汉字，承载着王老吉品牌巨大的商誉和价值。涉案王老吉红罐凉茶的商誉和价值与涉案商标许可协议签订之前的王老吉品牌的商誉和价值一脉相承，因此，广药集团及其前身对本案所涉知名商品及其特有包装装潢的知名度做出了巨大的贡献，使涉案王老吉红罐凉茶刚推出市场，即享有较高的关注度，拥有较好的消费群体基础和市场前景，同时广药集团作为'王老吉'商标所有人，其对'王老吉'的知名度和美誉度的维护和提高，是涉案王老吉红罐凉茶知名度得以延续和发展所不可或缺的因素。""'王老吉'三个字已经与王老吉红罐凉茶包装装潢的其他组成部分紧密地结合在一起，已经成为该包装装潢的一个重要组成部分，即商标与包装装潢已经融为一体，不可分离"，"对于相关公众而言，他们也是将本案所涉包装装潢的各个构成要素作为一个整体进行观察，从而对商品来源予以识别"，由此，法院不支持加多宝的对涉案知名商品包装装潢与商标权分属双方当事人的请求。这里法院没有正面确认涉案包装装潢的权益归属，而是不支持加多宝公司认为的"该包装装潢是由鸿道集团委托他人设计并首先投入使用"的主张。

那么，既然双方没有合同法基础的授权，不论是本着民法中"耕种即劳获""谁付出、谁受益"原则①，知识产权法中的"创造产生权

---

① 向波：《"不劳而获"的现实与"公平正义"的神话？——原王老吉凉茶特有包装装潢利益归属法律分析》，《知识产权》2012 年第 12 期。

利"的原则、商标法中的"后发使用获得显著性原则"①、还是按照著作权法的产品设计作品的归属原则，本案的包装装潢权益无疑应当属于加多宝，加多宝在获得"王老吉"商标授权的情况下，将注册商标以及"王老吉"三个字设计到红罐的包装装潢中是合法行为，而具体怎样使用注册商标以及"王老吉"三个黄色楷书字体如何体现在包装装潢中完全是加多宝公司的设计，广药集团授权使用的"王老吉"只能说明这一包装装潢设计是合法的，而不能说明是此设计的共同参与者。另外，在判决书中，由于具体设计人员提供的是证言而没有到庭质证，所以法院没有采信这一证据，但是，对于广药集团没有参与包装装潢的设计是没有争议的事实，无论加多宝提供的设计人证言是否被采信，都不能得出该包装装潢属于广药集团的结论。"除非通过契约或者法律特别规定获得某种知识财产权益，任何人都没有理由不劳而获，获取本不属于自己的财产。"② 法院还认为："即使本案所涉及包装装潢是由鸿道集团委托他人设计并取得外观设计专利权，但是外观设计本身并不能产生知名商品特有包装装潢权，只能受专利法保护，而知名商品特有包装装潢权系通过使用而形成，其受反不正当竞争法保护。"依据法院的这一结论，其强调的恰恰是包装装潢权是通过使用产生的，那么包装装潢的使用者一定是加多宝，因为在双方当年签订的合同中早就约定，广药不能使用红罐包装，广药集团不可能是该包装装潢的使用者。法院还认为："商品具有知名度及其包装装潢的实际使用并形成特有性、显著性，是该包装装潢受反不正当竞争法保护的法定要件。"那么，本案中，具有知名度的商品是"红罐王老吉凉茶"，这一商品的经营者是加多宝，所以，无论如何也得不出广药

---

① 陶鑫良、张冬梅：《被许可使用"后发商誉"及其移植的知识产权探析》，《知识产权》2012 年第 12 期。

② 李杨：《究竟谁动了谁的奶酪》，《知识产权》2012 年第 12 期。

集团拥有该包装装潢。不论从设计角度看还是从使用角度看，该包装装潢都应当属于加多宝公司。

三、商标许可中产生的"衍生权益"是否可以分割及必然"回馈"给商标权人

法院认为："广药集团收回王老吉商标时，附属于涉案知名商品的特有包装装潢亦应一并归还给王老吉的商标权人广药集团。"

按照法院判决的逻辑，如果在收回商标许可后而不同时收回包装装潢，会给消费者带来商品来源的混淆，其依据是商标与知名商品的包装装潢无法分割。这实际上是一种矛盾的解释，法院已经认定：当年广药集团许可加多宝使用"王老吉"商标时，"王老吉"已经知名，其所依附的"盒装王老吉凉茶"也已经知名，那么为什么广药集团在商标许可使用合同中没有把"盒装的包装装潢"一并许可给加多宝公司呢？按照法院的"不可分原则"，当时的合同中就必须约定"王老吉"商标与"盒装装潢"一并许可给加多宝，同样按照"不可分原则"，当年合同中约定双方"不得使用与对方相同的包装"就是一个无效条款。广药集团的起诉主张更是前后矛盾，主张权利时认为"因'红罐王老吉凉茶'是'知名商品'与'王老吉'商标不可分割，必须同时收回"，而在当时签订商标许可使用合同时对同样知名的"盒装王老吉凉茶"的包装装潢与"王老吉"商标就是可分割的，这是明显的双重标准。难道在当年许可加多宝使用"王老吉"商标而不允许使用与自己商品相同的"盒装包装装潢"时广药集团就不担心消费者混淆吗？无论学者怎样用所谓的"商誉分配"[①]理论来论证广药集团的"强盗逻辑"，广药集团自己认可的事实就已经说明了"知名商品"与其

---

① 崔国斌：《商标许可终止后的商誉分配》，《知识产权》2012 年第 12 期。

上的"特有包装装潢"是可分割的，至少是通过合同约定"可分别使用的"，事实确实如此，在 1995 年双方合作后，"王老吉"商标与当时特有的"盒装凉茶"的包装装潢的分离并没有造成消费者的混淆。恰恰是被许可方加多宝在之后的商业宣传中不断在加强红罐王老吉包装装潢，才使得这一包装装潢能够区别于当年"盒装王老吉"凉茶，形成了两个不同的产品。

在商标使用中产生的新权益，应当秉持知识产权权利归属的一般原则。对于可分割的"衍生权利"，一般通过合同约定权利归属和使用条件，在没有约定的情况下应当归属于完成方，也就是本着"创造者享有权利"原则。对于不属于法定知识产权的其他权益，本着"相同性质权益保护的同一性原则"，亦应当归属于"完成方"或者"在先使用方"。对于知识产权许可中产生的不可分割的"衍生权利"的再使用问题在知识产权制度中也已经给出了结论。专利权和著作权许可使用产生的改进技术和演绎作品与原始权利如果不可分割，可以通过合同约定使用条件，如果不能达成一致意见，还有强制许可和交叉许可制度，但均是有偿许可，对于强势地位的许可方如果约定不合理的"回授条款"，还要受反垄断法的规制 ①。

在商标许可使用中对于商标增值部分，毫无疑问应当属于商标权人，这是商标许可使用最基本的利益追求，商标权人就是要通过广泛许可增加商标的知名度来获得市场利益，"借鸡生蛋"和"坐收渔利"都没有错，但是，对于伴随商标许可使用中产生的其他权益，比如，特有名称、包装装潢、未注册商标、商业秘密、外观设计、专利权、著作权等没有法律规定当然回馈给商标权人的，也未必都在《反不正当竞争法》下进行保护，对于不是"知名商品"的包装装潢也还可以

---

① 参见中华人民共和国国家发展与改革委员会行政处罚书，发改办价监处罚〔2015〕1 号。

作为设计作品受著作权法保护，尽管加多宝公司没有主张著作权，但不意味着放弃著作权，如何使用和修改自己的设计作品都与广药集团无关，广药集团收回了王老吉的商标，就只能经营自己的"绿色盒装王老吉凉茶"商品或者自行研发其他包装的王老吉产品，如果要继续使用红色罐装，应当向加多宝获得授权。

有观点称，"《反不正当竞争法》保护包装装潢，并非保护设计者的智力贡献"[①]，笔者同意这一观点，但不意味着包装装潢不能受其他法律保护，不论包装装潢是否附着在"知名商品"上，其都享有著作权法意义上产品设计的权利，如果已经成为"知名商品"，构成权利竞合，当事人可以选择用法律保护。也许有人会问，既然著作权法能够保护包装装潢，为何还需要在《反不正当竞争法》中多此一举呢？这不奇怪，我们可以举出许多在不同知识产权部门法中以及在《反不正当竞争法》中权利竞合的例子，比如商标、计算机软件、实用美术作品、产品设计、地理标记等，不同法律保护有不同的重点和力度，权利竞合影响的是保护方式的选择，不影响权利的产生和归属的认定。

既然加多宝享有红罐王老吉包装装潢有关的权益，加多宝也就享有对该包装装潢的修改权。在广药集团收回商标之后，加多宝虽然无权在其包装装潢上使用"王老吉"注册商标图形以及"王老吉"三个字，但完全可以将"加多宝"替代"王老吉"文字，这属于对自己作品的修改，由于修改前后都是同一生产商产品，不存在误导消费者，也没有虚假宣传，完全是一种客观表述。对于之前存在"红罐王老吉凉茶"这一"知名商品"，由于加多宝不能使用"王老吉"文字，广药集团不能使用红罐包装装潢，可能会导致这一"知名商品"的消失，那么这也应当是许可方和被许可方能够遇见的风险，既然双方都不想

---

① 崔国斌：《商标许可终止后的商誉分配》，《知识产权》2012 年第 12 期。

寻找"共赢"的纠纷解决方案,那也只能选择下策:加多宝公司把王老吉商标还给广药集团,广药集团继续经营自己已有的"盒装王老吉"或者重新设计罐装产品,加多宝公司再投资努力打造"红罐加多宝凉茶"使其成为"知名商品",在"红罐加多宝凉茶"没有成为"知名商品"前,红罐包装装潢不受《反不正当竞争法》保护但受著作权法保护。

结语

在中国 30 余年的商标法实践中鲜有同类案件发生,人们关注商标许可使用的问题往往注意的是被许可人能否在许可使用中保证许可人的商标信誉和商品质量,没有考虑其中可能产生出新的权益以及为商誉增值作出贡献的被许可方的利益。如果按照法院在判决书中所说的"风险论",被许可方在商标许可合同终止后应当预见到要将所有附加在该商品上的所有商誉全部"回馈"给商标权人,那么,接下来广药集团在"大健康产业"规划中要广泛寻找的"王老吉"商标的被许可方就要"三思而后行"了。尽管商场如战场,知识产权的竞争就是利益的竞争,但是一个可持续的知识产权战略应用还应当是"商德唯信,利末义本"。

(原载:《中国知识产权》2015 年 5 月号)

被许可使用"后发商誉"及其移植的知识产权探析

——从"王老吉"与"加多宝"商业标识系列纠纷谈起

陶鑫良　张冬梅 [①]

　　当代重大的知识产权诉讼案件包括商业标识知识产权诉讼案件,越来越呈现出"海上冰山"现象:在法律海平面上以法律的视角所能观察到的往往只是露在法律海平面之上的冰山峰角,而法律视线所不能直接企及的却是法律海平面之下的与冰山峰角融为一体的更为巨大的冰山基体。这冰山基体就是企业之间商业权益的角逐和市场份额的争夺。这些重大知识产权诉讼案件当事人的首要目标,通常不是涉案的经济赔偿,而是禁止对方使用系争知识产权所对应的技术方案或者商业标识,进而借系争知识产权攫取甚至于独霸市场份额以牟取商业权益。"法律背后是商业,案件背书为权益,醉翁之意不在酒,诉讼本旨在商战。"因此对于这类知识产权纠纷,法庭往往只是市场竞争的延伸,讼争常常只是商业博弈的别名。"王老吉"与"加多宝"商业标识知识产权系列纠纷案件,就是这方面的一组典型案例:其双方当事人实质系争的,其实就是前17年来已经成功培育出的、年销售额高达180多亿元的原红罐"王老吉"凉茶品牌的巨大商誉及市场份额。

　　理论总是灰色的,法律也总会有所滞后,"法律的真谛在于实践",唯有生命之树常青与实践之水长流。"王老吉"与"加多宝"系列商业标识知识产权纠纷案件也许将再一次证明:知识产权包括商业

---

　　① 陶鑫良:上海大学知识产权学院院长,教授,博士生导师;张冬梅:同济大学经济与管理学院,知识产权管理博士研究生。

标识知识产权的重大前沿问题与疑难问题，几乎总是发生和凸显在鲜
活的知识产权纠纷案例中，首先拷打与挑战知识产权司法审判或者知
识产权行政管理，尔后进一步推进知识产权理论研究乃至于知识产权
立法修改。

当"王老吉"与"加多宝"系列商业标识知识产权纠纷案件浮出
水面从而开始引发众所瞩目时，恰逢正在参加今年 6 月 2 日于重庆西南
政法大学召开的"商标法修改国际研讨会"。针对当时初露端倪的"王
老吉"与"加多宝"商业标识纠纷，我在大会发言中曾提出三个问题①：

（1）加多宝方大力将"王老吉"品牌的巨大商誉移植到"加多宝"
品牌上的一系列行为的正当性与合法性？

（2）加多宝方在 17 年被许可使用期间独力打造的"王老吉"凉
茶品牌之"后发商誉"，究竟涉及到哪些商业标识知识产权种类（譬
如注册商标权，知名商品特有名称、包装、装潢权益，驰名商标权
益，外观设计专利权，广告语之著作权等）？加多宝方在归还"王老
吉"注册商标时是否应当将这些知识产权权益一并归还王老吉？

（3）今后如果广药集团生产"王老吉"红罐凉茶的话，加多宝方
能否对广药集团主张"红罐"凉茶知名商品特有包装、装潢权益？
如果加多宝方生产"加多宝"红罐凉茶的话，广药集团能否对加多宝
方主张"红罐"凉茶知名商品特有包装、装潢权益？

一、加多宝在被许可使用中独力打造出"王老吉"品牌的"后发商誉"

与可口可乐、雀巢咖啡等品牌"先知名、后许可"的"先发商誉"

---

① 西南政法大学、中国审判理论研究会知识产权专业委员会 2012 年 6 月 2 日至 4
日在重庆共同举办的"纪念商标法颁布三十周年暨商标法修改国际研讨会"。

不同。"王老吉"注册商标在 1997 年许可加多宝方使用前的商誉局限地方，几无影响，当时的年销售量至多不过百万元。而至 2011 年纠纷爆发时，"王老吉"品牌在我国的年销售量已经高达 180 多亿元从而誉满华夏，如日中天。而王老吉这一巨大商誉几乎完全是加多宝方 17 年来独力打造出来的"后发商誉"。

"后发商誉"是相对于"先发商誉"而言的。所谓"先发商誉"，是指如可口可乐、雀巢咖啡、星巴克等诸多著名品牌或者驰名商标，都是在许可他人使用该注册商标或者他人"傍名牌"而擅自使用该注册商标的时间节点之前，已通过注册商标权人的在前充分使用，使得该注册商标在上述时间节点前已产生了显著的巨大商誉即"先发商誉"。譬如在我国，可口可乐、雀巢咖啡、星巴克等诸多著名商标品牌所许可使用的绝不仅仅是其已经获准的中国注册商标权，还有此前多年来在国内外已经吸附、凝聚、载负在其商标品牌上的并且已经辐射到我国的显著的"先发商誉"。所谓"后发商誉"，则是指在许可他人使用该注册商标或者他人擅自使用该注册商标的时间节点之前，该注册商标还没有较高的知名度与美誉度，即还没有显著商誉。在该时间节点之后，或者是被许可使用人在后的被许可使用过程中的贡献所致，或者是在擅自使用该注册商标者在后的擅自使用过程中的效果所致，才使得该注册商标"后发"产生了显著商誉，即"后发商誉"。在我国，"王老吉"品牌商誉的情况即如前者，"IPAD"品牌商誉的情况即如后者，"王老吉"品牌商誉和"IPAD"品牌商誉都属于"后发商誉"。

"王老吉"品牌商誉属于在被许可使用过程中所产生的"后发商誉"。在上世纪 90 年代中广药集团起初许可加多宝方（鸿道集团）使用"王老吉"注册商标时，"王老吉"凉茶还只是销售额不到百万元的偏处一隅的地方性小品牌；"王老吉"商标品牌 2011 年销售额高达 180 亿元的风靡华夏的巨大"后发商誉",的的确确是由被许可使用人加多宝方在被许可的"后发使用"的 17 年过程中独力培育出来的。

"王老吉"原是清朝道光年间（1828 年）由王氏家族在广州创办的一家凉茶铺的"老字号"。凉茶是岭南地区数百年来广为流行的一种药茶饮料,长期以来通过"前店后工场"之凉茶铺的商业模式进行销售,至 20 世纪末期以来才有罐装、盒装或瓶装的凉茶相继问世。多少年来仅广州城中就有过数以百计的冠以各种字号的凉茶铺,例如,仅前些年申报并已被列名我国"非物质文化遗产"名录的凉茶配方就有 16 类共 54 种之多。广州"王老吉"凉茶的"老字号"在解放后就归入国有企业系列并逐步被纳入广药集团旗下。自 20 世纪 80 年代末起,广药集团陆续申请获准了多个"王老吉"注册商标权,包括这次广药集团与加多宝方之间发生许可合同纠纷涉及的"王老吉"注册商标。但是包括香港地区在内的诸多海外各地的"王老吉"注册商标与"王老吉"字号,迄今仍然大多由王氏家族的传人所拥有。

据称 1995 年开始"王老吉"注册商标权人广药集团许可鸿道集团及其子公司在红罐凉茶商品上使用"王老吉"商标。1997 年双方签约约定,广药集团许可鸿道集团及其子公司（以下称加多宝方）使用"王老吉"注册商标权至 2010 年。2003 年前后双方又签订两份补充协议续约许可加多宝方使用"王老吉"注册商标权至 2020 年；当时代表广药集团签署补充协议的是时任广药集团副董事长兼总经理的李益民。但 2005 年案发查明李益民在签署该补充协议过程中受贿鸿道集团方 300 万元港币,李益民因此被判刑 15 年。2011 年 4 月 26 日,广药集团以该两份补充协议系受贿签订应予无效为由,申请仲裁至中国国际经济贸易仲裁委北京总会,请求裁决上述两份补充协议无效。2012 年 5 月 9 日中国国际经济贸易仲裁委裁决:①该两份协议无效；②加多宝方（鸿道集团）停止使用"王老吉"商标；③近93万元仲裁费由双方各半承担。

加多宝方自2011年底开始就在其生产销售的红罐装潢上将原来两面都大书的"王老吉"大字，改变为一面"王老吉"和另一面"加多宝"的大字；2012年5月11日接到"停止使用'王老吉'商标"的仲裁裁决书后，即将其继续生产的凉茶在包装、装潢上全面去"王老吉"化，将红罐两面装潢的大字都改为了"加多宝"。此后加多宝方在其红罐凉茶的包装、装潢以及广告宣传的方方面面不再使用任何"王老吉"字样。同期，加多宝方在其大面积、高强度、长时间的广告宣传中使用了诸如"销售量最大的红罐凉茶已经改名加多宝，还是相同的配方，还是熟悉的味道"之类的广告词。

从销售额视角观察：1828年在广州创办的"王老吉"老字号，长期处于凉茶铺的商业模式，销售额一直很小。直至上世纪90年代中，广药集团许可加多宝方使用"王老吉"注册商标后的销售额虽有发展但仍一直较低，2000年仅为886万元；至2002年也不到2亿元。但从2003年开始，加多宝方生产销售的"王老吉"红罐凉茶的销售额与年俱增并大幅增长，2003年6亿多元，2004年15多亿元，2005年35多亿元，2006年50多亿元，2007年近90亿元，2008年达到120多亿元，2009年约160多亿元，2010年160多亿元，2011年约180亿元，迄今已连续几年超过了我国国内的可口可乐销售额。从2007年开始，广药集团也"反向搭便车"，开始产销绿盒利乐包装的"王老吉"盒装凉茶，2011年其销售额也已近20亿元。"王老吉"红罐凉茶销售量从2002年至2011年的十年期间就翻了近90倍。纵观上述17年尤其是2003年以来十年间的"王老吉"品牌销售额及其商誉激增的历程，不难看出，如今"王老吉"品牌的巨大商誉的确是由加多宝方在被许可使用进程中独立打造出来的"后发商誉"。人们还记得 2008 年汶川大地震时加多宝公司慷慨解囊捐助 1 亿元，2009 年玉树大地震时加多宝公司又捐助 1.1 亿元，这些善举也的确对"王老吉"品牌的商誉提升带来了烘云托月、锦上添花的强有力的促进作用。

二、将"王老吉"品牌商誉移植至"加多宝"品牌上的行为正当合法

在"王老吉"商标纠纷案自去年末以来日趋白热化的最新发展中，吸引人们视线的焦点之一就是：加多宝方千方百计争取将"王老吉"品牌的巨大商誉，尽可能移植到"加多宝"品牌上去的一系列行为是否合法与正当？①

甚至于在 2012 年 5 月 9 日中国国际经济贸易仲裁委裁决许可期限延伸至 2020 年的两份"王老吉"商标许可补充协议无效、裁定加多宝方"停止使用'王老吉'商标"之后，过去 17 年来精心培育出"王老吉"著名品牌的加多宝方并没有过多纠缠于仲裁与诉讼程序。即使加多宝方作为仲裁当事人的鸿道集团在 2012 年 5 月 17 日向相关法院提起了请求撤销上述仲裁裁决之诉，但看来这也只是加多宝方争取时间的缓兵之计和佯攻布局的虚晃一枪而已。明显地加多宝方全力倾注在着重于广告攻势与宣传手段的"商誉移植工程"，其主要的战略与策略目标均富集在如何最大限度地将其 17 年来独力培育成功在其被许可使用的"王老吉"品牌上的巨大商誉，迅速地移植至其独立自主拥有的"加多宝"品牌上来，意欲移花接木，期在柳暗花明，争取在不得不将"王老吉"注册商标归还广药集团的过程中，尽可能地剥离下更多的商誉并且移植到其自己的"加多宝"品牌上。为此加多

---

① 陶鑫良、张冬梅：《"王老吉"品牌商誉移至"加多宝"品牌是否正当？》，《中国知识产权报》2012 年 6 月 29 日。

宝方运筹帷幄，棋出多招，例如，去年末就开始在其红罐装潢上将原来两面都大书的"王老吉"字样，先过渡为一面"王老吉"和另一面"加多宝"；今年 5 月 11 日接到裁定其停止使用"王老吉"商标之后，立即进一步改定为红罐装潢两面都是"加多宝"字样。再如，其广告语中反复强调加多宝凉茶是"17 年的正宗凉茶"，全力宣传"销售量最大的红罐凉茶改名'加多宝'，还是相同的配方，还是熟悉的味道"。一时间打开电视机发现各地卫视上几乎都有加多宝凉茶广告，铺天盖地。可能是担心继续使用"王老吉"商标文字标识会涉嫌侵权，故加多宝方的上述广告宣传都充分暗示但却已经概不出现"王老吉"字样（其实加多宝方应当可以描述性地继续使用"王老吉"字样）。加多宝方的上述宣传广告的一系列举措，千方百计地向消费者灌输"昨日的'王老吉'就是今天的'加多宝'！今天的'加多宝'才是昨日真正的'王老吉'！"的信息，不竭余力地宣传"销售量最大的红罐凉茶，已经改名加多宝，还是相同的配方，还是熟悉的味道"。加多宝方力争将更多的原被许可使用的"王老吉"驰名商标与著名品牌的商誉，迅速移植至其自己拥有的现"加多宝"品牌上来。加多宝方的上述举措显然已取得了较显著的成效，譬如不少原来只熟悉"王老吉"商标而不知道还有"加多宝"品牌的凉茶"粉丝"们由此恍然大悟，甚至有人在微博等处发出"从此告别王老吉，今后只喝加多宝"的感叹。从客观上观察，由于加多宝方数箭俱发，多管齐下的较有效的"商誉移植"的"组合拳"，昔日凝聚在"王老吉"品牌上的巨大商誉，已经有相当部份被成功移植到了"加多宝"品牌之上；而且此消彼长、与时俱进的态势仍在继续发展。固然"王老吉"品牌的巨大商誉不会被尽数移植至"加多宝"品牌之上，但至少三分天下甚至于平分秋色的形势恐怕已成定局。

如前所述，广药集团与鸿道集团及加多宝公司之间的"王老吉"

商标许可使用中的商誉是"后发商誉"。作为"王老吉"品牌之"后发商誉"的独力创造者的加多宝方，在当前这场纠纷中加多宝方正在将其原来创造并依附在"王老吉"注册商标上的巨大商誉，争取尽快尽多地移植到其自主的"加多宝"品牌上。根据中国国际经济贸易仲裁委的仲裁裁决，作为原被许可使用人的加多宝方实际上已经将"王老吉"注册商标使用权归还给了注册商标权人广药集团；其间如果加多宝方毫不作为，那么其17年来独力培育出来的已经依附、凝聚、载负在"王老吉"注册商标上的巨大商誉，将随着"王老吉"注册商标一起，自然而然地悉数转移到注册商标权人广药集团手中。现在加多宝方积极作为，努力争取将原已依附、凝聚、载负在"王老吉"注册商标上的巨大商誉，尽可能多地移植到其自己拥有的"加多宝"品牌之上。那么，加多宝方这些行为的正当性与合法性如何呢？

围绕着这些行为是否侵害了广药集团"王老吉"注册商标权或者构成了不正当竞争，至少存在着三种观点：

第一种观点认为：上述加多宝方的移植商誉行为，不但构成了不正当竞争，也侵害了广药集团的"王老吉"注册商标权。其主要理由是：因为商誉的载体是商标，商标则是商誉的唯一标志；故商誉与商标如影随形，形影不离，浑为一体。正因为广药集团是"王老吉"注册商标权人兼许可使用方，而加多宝方只是被许可使用方；故即使"王老吉"的商誉大多是加多宝方在被许可使用过程中所创造，但皮之所在，毛当依附，这些商誉在"王老吉"注册商标回归广药集团时理当如数随之"回授"，仍应全部归属于广药集团。加多宝方在签订"王老吉"注册商标许可使用合同时，应是了解并能合理预期这一结果的。所以在"王老吉"注册商标归还广药集团后，加多宝方的上述移植"王老吉"商标品牌商誉的行为，当然侵害了广药集团依法拥有的"王老吉"注册商标权。加多宝方当初明知或者应知并能够合理预期这些"后发商誉"必将伴随"王老吉"注册商标一起回归广药集团，但现在却千方百计将吸附、凝聚、载负在"王老吉"商标品牌上的一部分"后发商誉"移植到其"加多宝"品牌上来，加多宝方的这些行为显然违反了诚实信用的"帝王原则"，有悖基本的商业道德，当然也构成了不正当竞争。

第二种观点认为：上述加多宝方的"王老吉"商标品牌的商誉移植行为，虽没有侵害"王老吉"注册商标权，但已构成了不正当竞争。其理由主要是：一方面，因加多宝方在上述行为中没有再继续使用"王老吉"字样的商标标识，更谈不上"突出使用"，故不存在商标法意义上的侵权使用行为。另一方面，如当事人之间无特别约定，则"王老吉"商标品牌的增值商誉只应"回授"归属给注册商标权人广药集团。这种观点认为：在客观上商誉与商标虽然可以适度分离或者相应移植。但在法律上，如果当事人之间没有特别约定，则商誉应当依附于商标。而加多宝方的上述商誉移植行为，已把原来依附在"王老吉"品牌上的部分商誉转移到了"加多宝"品牌上，使得"加多宝"品牌的商誉因此不当增值，同时已使得广药集团的"王老吉"品牌商誉有所流失或被损害，有违诚实信用原则，有悖基本商业道德，构成了不正当竞争。

第三种观点认为：上述加多宝方的商誉移植行为，既没有侵害"王老吉"注册商标权，也没有构成不正当竞争。首先，知识产权法律不直接保护商誉，知识产权法律能直接保护的是那些凝聚、负载有商誉的并且又通过"权利法定"的知识产权，譬如商标、商号、知名商品特有包装与装潢等方面的知识产权权益（有的已是类型化的权利，有的可能还是非类型化的法益）。除另有限制性的"回授条款"类的特别约定外，"王老吉"注册商标应当依约归还广药集团，但加多宝方"后发使用"创造的巨大商誉之其他知识产权权益原则上应归属加多宝方。如果加多宝方不作为，"王老吉"品牌的全部商誉将自然伴随其注册商标权一起流向广药集团。现在加多宝方积极努力将原负载在"王老吉"品牌上的部分商誉剥离并移植到其"加多宝"品牌上，如上分析，这些行为既不侵害注册商标权，也不构成不正当竞争，既正当，也合法。

笔者趋同第三种观点，知识产权法律直接保护的是那些吸附、凝聚、载负商誉的并且又通过"权利法定"的商业标识相对应的知识产权权益，包括类型化的知识产权权利和非类型化的知识产权权益。广药集团1997年起签约授权给加多宝方（包括鸿道集团）的仅是当时销售额不过百万元，知名度局限于某地的名不见经传的"王老吉"注册商标权；"后发商誉"完全是加多宝方在被许可使用进程中独力打造的。况且十多年来广药集团已经从加多宝方收取了数以千百万元的商标使用费，广药集团现在根据仲裁裁决可以收回的只能是"王老吉"注册商标权本身，而无权奢求其他（其实终止"王老吉"注册商标许可使用协议的仲裁裁决也仍然有商榷的空间，不过那是合同法的问题，本文不予深入讨论）。所以，除另有合同特别约定外，一方面，"王老吉"注册商标根据已经生效的仲裁裁决应当归还广药集团；另一方面，加多宝方在被许可使用过程中创造出的巨大"后发商誉"所对应的其他知识产权权益应归属加多宝方。即加多宝方积极将"王老吉"品牌上的部分"后发商誉"移植到其自己的"加多宝"品牌上的行为，并不侵害注册商标权，也不构成不正当竞争，既正当，也合法。

三、载负"后发商誉"的红罐凉茶装潢知识产权权益归属于加多宝方

1. 知识产权法律保护"权益法定"的载负商誉的各种商业标识

无论大陆法系国家，还是英美法系国家，迄今对商誉的法律保

护多是在竞争法语境下，从仿冒、虚假宣传、诋毁、诽谤等不正当竞争行为的角度切入，禁止和制裁这些损害商誉的不正当竞争行为，并没有将商誉视为一项完整的民事权利或者一项充分的知识产权。国内近期研析商誉权的论文中还认为"在英美法系国家与大陆法系国家的学术著作与法律规定中均没有商誉权'goodwill right'或者'right of goodwill'的概念"①。

在我国主张"商誉权"可以成为一项独立权利的学者中，对于"商誉权"的法律属性见仁见智，有主张"商誉权"为人格权的，有主张"商誉权"为商事人格权的，有主张"商誉权"为知识产权的②。例如，著名知识产权专家吴汉东教授主张将商誉权规定为一项兼具独占权及禁止权的民事权利，一项兼容人格权与财产权的独立的知识产权。但同时又指出，"将商誉权归类于知识产权，关键在于其无形财产权属性，或者说其客体的非物质性"。并且认为，"商誉权"与专利权、商标权、著作权等传统知识产权明显不同，具有"非确定的地域性，非法定的时间性，非恒定的专有性"的显著特性③。笔者认为，鉴于商誉迥异于知识产权传统特征的上述特性，从而"像雾像雨又像风，只在消费者心中"的商誉，其本身并不具备一般民事权利的充分必要条件，所以商誉难以成为民法意义上的民事权利；商誉本身也不能满足知识产权的基本特征，故商誉也难以通过立法成为一项独立的知识产权。从"权利法定"的现行知识产权民事权益层面上，无论在现行商标法架构下，还是从商标法的修改前瞻看，商誉权恐怕难以类型化确立。所以既无可能也无必要将商誉单独规定为一项独立的知识产权来加以保护。至今包括我国在内的各国法律大多保护"权利法

---

① 沙金：《论我国商誉权的法律保护》，《法制与社会》2012 年第 3 期。
② 沙金：《论我国商誉权的法律保护》，《法制与社会》2012 年第 3 期。
③ 吴汉东：《论商誉权》，《中国法学》2001 年第 3 期。

定"的载负商誉的商业标识之知识产权权益的模式，在我国应当和可以继续完善与发展。

当前我国知识产权法律保护的商业标识主要有：（1）获准注册但没有使用的注册商标；（2）获准授权但没有使用的外观设计；（3）获准注册并已使用且生商誉的注册商标；（4）获准授权并已使用且生商誉的外观设计；（5）知名商品特有的名称、包装与装潢；（6）注册或者未注册驰名商标。

上述（1）、（2）商业标识因未使用从未产生商誉。而（2）、（3）、（4）、（5）商业标识，则都可以载负商誉，都可能成为商誉的载体。例如，加多宝方17年来打造的"王老吉"品牌的商誉，同样也可以与可能载负于存在着的（2）、（3）、（4）、（5）商业标识上。

另一方面，除我国《反不正当竞争法》第十四条有"经营者不得捏造、散布虚伪事实，损害竞争对手的商业信誉、商品声誉"的规定外，迄今我国的知识产权法律规范再无关于商誉的明文表述。可以就此将商誉分为企业整体的"商业信誉"及其具体产品或者具体服务的"商品声誉"。例如，苹果公司的整体商誉是苹果公司的"商业信誉"，而苹果公司的"IPAD"或者"iPhone"各自的相关商誉，则是苹果公司产销的这一类平板电脑商品或者这一类智能手机商品各自的"商品商誉"。而对几乎为单一"红罐凉茶"商品的加多宝公司，其"商业信誉"及其"商品商誉"则就往往会被合二为一了。

商誉更多表现为"会计学术语"或者经济学名词。例如，在我国会计新准则第20号《企业合并》中就规定："购买方对合并成本大于合并中取得被购买方可辨认净资产公允价值份额的差额应当确认为商誉。"[①]又如《牛津法律大辞典》认为商誉"源于企业的名誉及其与

---

① 财政部〔2006〕3号文："财会企业会计准则第20号——企业合并（2006）"。

顾客的联系以及使这种联系得以保持的条件。"① 可以认为，商誉通常是指社会公众尤其是相关消费者群对某一企业整体的或者对其某项商品、某项服务具体的知名度、美誉度与市场亲和度的概括性评价。商誉其实"像雾像雨又像风，自在消费者心中，商业标识导行踪，茫茫商海一帆风"；消费者选择与购买具体的商品与服务，通常直接受相应具体的"商品商誉"之影响，同时也受相关企业之"商业信誉"的辐射。

我国商标法及其他知识产权法保护吸附、凝聚、载负了相关商品或者服务之商誉的商业标识载体所对应的知识产权权益，包括"权利法定"的类型化的知识产权权利与"权益法定"的非类型化的知识产权权益，前者例如注册商标权、企业名称包括字号权（商号权）、外观设计专利权等；后者例如知名商品特有名称、包装、装潢与驰名商标的法律保护等。从市场层面看，消费者"购货认品牌，品牌看标识，标识聚商誉，商誉促销售"。从法律视角看，第一，难以将商誉作为一项独立的知识产权权利直接保护。第二，商誉被吸附、凝聚、载负在商业标识上；经"权利法定"的商业标识依法被赋予了知识产权权益。第三，知识产权法律表面上似乎保护的是作为商誉载体的商业标识，但其真正保护的是"权益法定"在这些载负商誉的商业标识上的知识产权权益。

2. 载负"后发商誉"的红罐凉茶装潢知识产权权益归属于加多宝方

我国现行法律保护"权利法定"的载负商誉的各种商业标识之知识产权权益，其中也包括根据我国《反不正当竞争法》第五条第2款规范的"知名商品特有装潢"知识产权权益。因为加多宝方17年来

---

① 〔英〕戴维·M. 沃克：《牛津法律大辞典》，李双元等译，法律出版社。

独力创造的原"王老吉"品牌之巨大商誉的"商誉载体",可以包容如上所述的"获准注册并已使用且生商誉的注册商标、获准授权并已使用且生商誉的外观设计、知名商品特有的名称、包装与装潢、注册或者未注册驰名商标"等商业标识。考虑到相关外观设计专利权已经终止,也暂不讨论注册或者未注册驰名商标标志,同时考虑在原"王老吉"品牌知名商品特有的名称、包装与装潢中,主要体现显著性的、尤其体现"使用显著性的"是与"王老吉"注册商标平行的"红罐装潢"的特定情况。所以,依法应当作为"知名商品特有装潢"的红罐凉茶装潢也是载负、积淀与凝聚"王老吉"品牌"后发商誉"的主要载体之一。

红罐凉茶装潢能否作为"知名商品特有装潢"来保护?或有观点认为:红罐凉茶装潢实在太普通,是饮料业内的通用装潢,不应给予知识产权保护。笔者认为,这里涉及到了被许可使用"后发使用显著性"问题。这里的后发使用显著性,是指加多宝方在被许可使用后的17年中对红罐凉茶装潢大面积、长时间、高强度的使用过程,使得红罐凉茶装潢逐步知名进而著名,从原来的非显著性发展到了后来的显著性,从原来的"毫不起眼"发展到后来的"望罐认物"。红罐凉茶装潢与"王老吉"注册商标同样成为这一著名品牌的十分显著的区别性商业标识符号。WTO 的 TRIPS 协议第十五条规定:[1] "任何能够将一企业的商品或服务与其他企业的商品或服务区别的标记组合,均应能够构成商标。""即使有的标志本不能区别相关商品或服务,成员亦可根据其经过使用而获得的显著性。"同理,后发使用的红罐凉茶装潢在使用过程中,因其强化使用而成就其显著性,成为了"足以区别相关商品或服务"功能和效果的"知名商品特有装潢",让消费者

---

[1] WTO 的《与贸易有关的知识产权协议》即 TRIPS 协议第十五条第 1、3 款。

一看到红罐凉茶装潢就会联想起加多宝方 17 年来打造成功的知名品牌凉茶。因此，红罐凉茶的"知名商品特有装潢"与"王老吉"注册商标标志一样，都是加多宝方 17 年来打造成功的知名品牌凉茶的巨大商誉之主要载体之一。

将红罐凉茶装潢作为"知名商品特有装潢"，对其知识产权权益加以保护。那么，这一知识产权权益应当花落谁家？应当归属于其打造者加多宝方？还是应当随"王老吉"注册商标一起归属于注册商标权人广药集团？如前所述，有观点认为"知名商品特有装潢"附属于注册商标，即红罐凉茶装潢附属于"王老吉"注册商标；如今"王老吉"注册商标完璧归赵于广药集团，则红罐凉茶装潢当然如形随影一起归还给广药集团。笔者不同意这种观点，笔者认为，作为原"王老吉"品牌巨大商誉载体之一的红罐凉茶"知名商品特有装潢"，并不属于"王老吉"注册商标权利的内容范围，当然也不是许可使用的授权内容（至于合同约定被许可方使用于红罐凉茶，只是当事人签约时对"王老吉"注册商标被许可使用范围的具体合意，并不意味着此后产生的红罐凉茶装潢知识产权权益归属广药集团）。载负"后发商誉"的红罐凉茶装潢完全是由加多宝方一手打造并且独力推广的，其知识产权权益理应归属加多宝方。红罐凉茶"知名商品特有装潢"权益与"王老吉"注册商标权利两者是各自独立的，在前可以在"王老吉"品牌及其商誉构架下平行配置，共存共荣；现在也可以分道扬镳，各奔前程。

需要关注与讨论的是，无论视之为"非注册商标权益"，还是称之谓"知名商品特有名称、包装、装潢"的知识产权权益或者利益，其实并不是一种完整的类型化的知识产权民事权利，所以往往更适宜在竞争法语境下，从竞争法的视角加以考量与处分。

（原载：《知识产权》2012 年 12 期）

究竟谁动了谁的奶酪

——加多宝与广药之争案评析

李 扬[①]

一、"掀起你的盖头来"——事实真相

被誉为"中国商标第一案"的加多宝与广药之争，已引起社会各界的广泛关注。知识产权学界对此更是倾注了极大热情，以各种形式召开了各种研讨会。围绕着王老吉商标许可使用合同被仲裁裁定解除后，王老吉凉茶红罐包装装潢是否也应当同商标"王老吉"一道回归广药集团，加多宝与广药集团同时生产销售风格极为相近的红罐凉茶，究竟谁在进行不正当竞争等重大问题，学者们仁者见仁，智者见智，提出了各种观点和想法。本文认为，要想正确解决问题，首先得弄清楚加多宝与广药之争中各种事实真相。

1990 年，王老吉第五代传人、在香港执掌王老吉国际有限公司的王健仪小姐与陈鸿道经过协商达成合作协议，王老吉国际有限公司授权鸿道集团使用王老吉凉茶的秘方与商标生产饮料。陈鸿道首先设计了方形大红色纸盒包装。1992 年开始在东莞生产并在中国大陆销售清凉茶。1995 年陈鸿道又设计了金属易拉罐王老吉凉茶包装装潢，易拉罐包装装潢采用红色为底色，主视图中心是突出、引人注目的三个黄色装饰文字"王老吉"楷书大字，"王老吉"两边各有两列小号

---

① 李扬：中山大学法学院、知识产权学院教授，博士生导师；最高人民法院知识产权司法保护研究中心研究员。

宋体黑色文字，分别是"凉茶始祖王老吉，创于清道光年，已逾百余年历史"和"王老吉依据祖传秘方，采用上等草本材料配制，老少皆宜，诸君惠顾，请认商标"，罐体上部有条深褐色的装饰线，该装饰线上由英文"herbal tea"和"王老吉"楷书小字相间围绕，罐体下部有一粗一细两条装饰线；后视图与主视图基本相同；左视图是中文和英文的配料表以及防伪条形码；右视图为"王老吉"商标等属于按照国家标准必须标注的内容。陈鸿道将该包装装潢设计在香港进行了注册登记，在大陆申请了外观设计专利并于1997年6月14日获得授权，专利权人为陈鸿道个人。1998年10月18日，陈鸿道将该专利许可给加多宝公司独占实施，用于包装销售王老吉凉茶。从1998年至2011年上半年，加多宝集团为生产和销售红罐王老吉凉茶，共投入广告、促销费用共计62.3亿元人民币。加多宝巨额广告和促销投入在使"王老吉"商标价值不管攀升的同时，也使其红罐包装装潢深入广大消费者心中，成为其经营祖传王老吉凉茶的显著商业标记。在此过程中，广药集团从未经营过红罐包装装潢凉茶，也从未对红罐包装装潢及其凉茶进行过任何广告、促销投入。

1995年3月28日，香港鸿道集团与广州羊城药业股份公司王老吉食品饮料分公司（以下简称王老吉分公司）签订第一份商标许可合同。王老吉分公司许可鸿道集团从即日起到2003年1月期间使用王老吉商标，用于在中国大陆生产经营红色纸盒包装清凉茶，王老吉分公司保留在图案和颜色不同的凉茶纸盒包装上使用王老吉商标。同时约定双方不得使用对方的任何包装装潢。1997年2月13日，双方重新签订许可协议，王老吉分公司许可鸿道集团及其投资企业独家使用王老吉商标生产红罐凉茶。1997年8月28日，王老吉分公司将王老吉商标转让给广药集团。2000年5月2日，广药集团和鸿道集团签订许可协议，合同期限变更为2000年5月2日至2010年5月2日。

2002 年 11 月 27 日，双方签订补充协议，协议有效期延至 2020 年。在广药与鸿道集团签订的许可协议中，除了增加许可使用费外，其他内容沿用王老吉分公司和鸿道集团签订的协议内容。2012 年 5 月，中国国际经济贸易仲裁委员会裁决广药和鸿道集团 2002 年 11 月 27 日签订的补充协议无效。鸿道集团自此无法再继续在中国大陆使用王老吉商标。

但是，鸿道集团生产的红罐王老吉凉茶配方，一直属于香港王老吉国际有限公司的商业秘密，鸿道集团获得授权使用。鸿道集团投资设立的加多宝公司不能再继续使用王老吉商标后，加多宝公司生产的红罐凉茶仍然使用原来的配方。加多宝现在生产的红罐凉茶依然是原来被冠名为"王老吉"的凉茶。由于配方不同，因此广药现在生产销售的红罐凉茶已经不再是原来的"王老吉"凉茶。

鉴于广药集团提起 2002 年 11 月 27 日签订的商标许可补充协议无效仲裁纠纷，加多宝公司开始改用加多宝商标生产销售红罐凉茶，除了商标改变以外，配方没有改变，包装装潢也基本未变，并且被消费者普遍接受。2012 年 5 月仲裁裁决后，广药集团于 2012 年 6 月 3 日在八达岭举行红罐王老吉凉茶新装上市庆典，公开销售其生产的红罐王老吉凉茶，其产品包装装潢与加多宝生产的红罐凉茶非常近似，广药集团同时派发了新闻稿《新装红罐王老吉震撼亮相长城，五年实现 300 亿销售》，并且特别强调了红罐新装。2012 年 7 月，加多宝和广药分别在北京和广州法院向对方提起诉讼，案由基本相同，均诉对方"擅自使用知名商品特有包装装潢"，两地法院已经分别立案。

二、红罐包装装潢财产权益的来源和归属

在了解上述事实真相之后，再来讨论各种存在争议的法律问题，就不会想当然和无的放矢了。

　　加多宝与广药之争，首先必须面对和解决的问题是，包含巨大财产价值的知名商品特有包装装潢——红罐，在王老吉商标许可使用合同被仲裁解除后，究竟应该归加多宝还是广药所有？

　　尽管学者们多用功利主义的激励理论来解释知识产权的正当化根据，并因此而对作为近代自然权利理论一部分的洛克财产权劳动学说用于解释知识产权的正当化根据多有诟病，但财产权劳动学说依旧被许多著名学者所津津乐道。日本著名知识产权法专家田村善之先生认为，虽然功利主义的激励理论是立法者创设知识产权的积极根据，但洛克的财产权劳动学说依旧是立法者创设知识产权的消极根据。所谓激励理论是立法者创设知识产权的积极根据，是指如果允许后来者过分搭取先行者的便车，将导致意欲进行知识财产创作和投资的先行者数量大为减少，因此应当考虑在一定程度上禁止免费使用，这本质上是为了社会公共利益的需要。[①] 所谓财产权劳动学说是立法者创设知识产权的消极根据，是指由于知识产权实际上是一种规制人们行为模式的权利，而按照自然权利理论组成部分的财产权劳动学说，某人仅仅凭借创作出某种东西就当然地可以广泛制约他人行为自由，这恐怕不太有说服力。[②] 也就是说，虽然劳动并不一定能够使知识创造者当然地获得权利，但反过来，没有进行任何劳动和投资的人，由于什么东西也没有创作出来，除非有法律的特别规定，或者是通过受让方式取得，否则其是没有任何正当化根据获得知识财产权益的。

　　第一部分陈述的事实表明，王老吉凉茶红罐包装装潢（多数情况下，商品包装和装潢是可以分开的，但本案中的包装装潢紧密结合在一起，很难进行区分，因此本文使用红罐包装装潢）完全是陈鸿道个人付出劳动设计，是多加宝公司付出巨额投资打造的一个具有识别

---

　　① 〔日〕田村善之:《智慧财产法政策学初探》，载李扬编:《知识产权法政策学论丛》（2009 年卷），李扬、许清译，中国社会科学出版社 2009 年版，第 99—126 页。

　　② 〔日〕森村进:《财产权的理论》，弘文堂·1995 年，第 168—171 页。

力、凝聚巨大财产价值的商业标记。在该商业标记财产化的过程中，广药既没有付出任何劳动进行设计以创造其价值，也没有付出任何投资使其价值增值，广药和加多宝签订的多份协议也明确表明，加多宝根本没有将该商业标记转让给广药，同时也没有任何法律规定广药能够当然地分享该商业标记蕴含的财产价值，试问广药凭什么说红罐包装装潢属于自己知名商品特有的包装装潢并因此而想据为己有呢？

一种观点认为，红罐包装装潢与"王老吉"商标在使用过程中已经成为一个整体，具有不可分离性，在商标回归广药的同时，红罐包装装潢自然也应当像影子一样归属广药。此种观点可以说是不甚了解商标权形式上的来源和商标权法律界限的结果。在采取商标权注册主义制度的国家和地区，经营者要想获得注册商标权，必须依法经过申请、审查、异议、公告和核准注册等程序，此即所谓商标权形式上的国家授予性，此其一。其二，商标获得注册后，其专用权和排他权的范围是非常有限的。专用权只及于核准注册的商标和核定使用的商品，超出该界限则无专用权。排他权则只及于在相同或者类似商品上使用相同或者近似商标的行为。据此，按照红罐包装装潢与"王老吉"商标不可分离、应当随其自然回归广药手中的观点，无异于未经申请注册就赋予了红罐包装装潢一个注册商标权，无异于将"王老吉"商标专用权和排他权扩展到了红罐包装装潢上。这完全违背了知识产权法定原则，将使竞争者和社会公众遭受商标权人不可预测的侵害。

那么，红罐包装装潢与"王老吉"商标是否真的具有不可分离性呢？本文认为，虽然在组合商标中，商标的文字、图案、色彩及其立体形状作为一个整体共同指向某商品或者服务，难以分离，但这种情形并不适用于加多宝与广药之争。在该案中，二者是完全可以分开的。理由如次：

其一，从注册角度看，"王老吉"商标在大陆的最先注册权利人广州羊城滋补品厂1988年申请该商标注册时，申请注册的仅仅是"王老吉"这个文字商标，而不是包含了红罐包装装潢的立体商标或者是红罐包装装潢和文字结合的组合商标，二者事实上就属于不同的商业标记，广药及其前身王老吉分公司与陈鸿道签订的多份协议中都约定双方不得使用对方的包装装潢生产销售王老吉凉茶很好地印证了这一点。

其二，从使用角度看，二者是否可以分离，关键得看二者是作为一个有机的不可分割的整体具有识别力，还是分别都具有识别力。如果是前者，则二者不可分离；如果是后者，则二者完全可以分离。事实表明，加多宝公司在耗费巨资进行广告宣传和促销凉茶时，除了极力宣传"王老吉"商标、具有独特配方的凉茶本身之外，也着力宣传了红罐包装装潢。对于相关公众而言，即使去掉"王老吉"商标和起说明性作用的小字体"王老吉"文字，施加普通注意力，也会将红罐与加多宝公司利用自己的秘方生产的凉茶联系起来。这充分说明，红罐包装装潢已经获得了独立地位，完全可以脱离王老吉而独立发挥识别商品来源的作用。这个理由也有力地驳斥了那种认为着黄色的"王老吉"商标三个字本身就是红罐包装装潢一部分、真正发挥识别作用的是"王老吉"商标而红罐包装装潢不具有识别力的观点。

其三，从商标法和反不正当竞争法的关系看，商标法保护的主要是注册商标，对于未注册商标只提供消极的防御性保护（即符合要件的未注册商标能够阻止他人注册和使用）。反不正当竞争法对于未注册的商业标记（包括商品具有识别力的名称、包装、装潢和其他任何标记）则仅仅在竞争地理区域和营业范围内提供积极的、有限的排他性保护。据此，当商品包装装潢符合商标法规定的注册要件时，则商品包装装潢可以成为注册商标受到商标法全国地域范围内的排他性保护。当商品包装装潢不符合商标法规定的注册要件或者其拥有者不选择申请商标注册时，则只要其通过使用获得了识别力，仍然可以受到反不正当竞争法保护。在加多宝与广药之争中，"王老吉"属于注册商标，主要受商标法保护。红罐包装装潢属于未注册的商业标记，主要受反不正当竞争法保护。这进一步说明"王老吉"商标和红罐包装装潢是不同的商业标记，二者虽存在交叉之处，但完全可以分离而独立存在。

另有一种观点认为，陈鸿道设计、加多宝使用的红罐包装装潢虽然于1997年6月14日获得过外观设计专利，但至2006年6月5日（申请日为1996年6月5日）已经过期，更何况该外观设计专利因为与陈鸿道自己在该外观设计申请日前申请的另一外观设计专利相同，已于2004年6月22日被国家专利局宣告无效。因此红罐包装装潢从1995年设计完成开始就应当自动进入公有领域，人人可得而免费用之，而不应当再由加多宝公司独占使用。此种观点虽有一定道理，但明显属于孤立地从专利法的角度看问题而得出的结论。专利法保护外观设计的目的在于追求设计的新颖性、非显而易见性、实用性，着眼点在于设计理念的保护。在侵权判断上，只要产品相同或者类似，产品外观相同或者近似，不管其有无识别商品来源的识别力（虽然好的外观设计能够吸引消费者和中间交易者眼球，往往具有识别力），也不管行为人是否属于独立设计，是否会引起消费者和中间层次的交易者混淆，其行为都会构成侵权。而商标法、反不正当竞争法对商业标记的保护，关注的是某个标记是否具有识别力，而不是该标记是否具备专利法上的新颖性、非显而易见性、实用性，或者是著作权法上的独创性。在侵权行为的判断上，除了考察产品是否相同或者类似，标记是否相同或者近似外，特别关注是否会引起消费者和中间层次交易者混淆的可能。这说明，如果某个产品外观既符合申请外观设计专利的条件，也符合申请商标注册的要件，或者反不正当竞争法规定保护要件，则可以受到外观设计专利法和商标法或者反不正当竞争法的双重保护。即使不符合其中某一个法律规定的要件，也不会排斥获得另一个法律保护的可能性，只要其符合另一个法律规定的要件。具体到加多宝的红罐包装装潢也是如此。虽然该红罐包装装潢被宣告无效，或者已经过了保护期，但由于它已经通过使用获得了高强度的识别力，因此不应当自动进入公有领域，而应当受到反不正当竞争法的保护。①

还有一种观点认为，红罐包装属于"美学功能性形状"，②因而不得由加多宝或者广药任何一方作为商业标记进行排他性使用。且不说美国第九巡回上诉法院 1952 年适用所谓"美学功能性标准"判决一个瓷器的外观具有美感功能性而不受商标法保护之后因为其模糊性而如何饱受诟病，③④即使承认该标准具有合理性，认为陈鸿道设计加多宝极大打造的红罐包装属于"美学功能性形状"，也是对"美学功能

---

① 关于选择性保护，参见 Mogen David, 328 F. 2d 925（C. C. P. A. 1964），affg 134 U. S. P. Q.（BNA）576（T. T. A. B. 1962）. 该案中，大卫获得了关于葡萄酒瓶的外观设计专利，随后他打算将外观注册为商标，声称公众已经开始通过酒瓶识别他的产品，该外观已经获得第二含义。申请被驳回后，大卫上诉到商标审判和上诉委员会（TTAB），委员会基于上诉人已经获得专利保护而维持了不予注册的决定。于是大卫上诉到海关和专利上诉法院。该法院认为"合理地解决上述问题需要明确，专利法与商标法对外观设计进行保护的宗旨是有区别的。专利权内存的价值和本质相较于商标权是相分离、异质的。商标权或者反不正当竞争权，在专利到期后继续有效并不会'延长'专利权的垄断。二者基于不同的法律和不同的基础，是彼此独立的，其中任何一方的终止并不会对其他的权利产生法律上的影响。在专利法、相关法令以及其他规范中无法找寻到相关规定——能够确保任何人都拥有自由复制过期专利产品的绝对权利"，从而撤销了原判决。

② 最高法院 2006 年发布的《关于审理反不正当竞争民事纠纷案件应用法律若干问题的解释》第 2 条也采纳了所谓的"美学功能性原则"。

③ 美国第九巡回上诉法院在 1952 年 Pagliero 案中第一次适用了美学功能性原则。法院认为，由于瓷器的外观吸引了消费者眼球，并因此增加了瓷器的销售，所以瓷器的外观具有美感功能性不予保护。"如果有关图案是商品取得商业成功的重要因素，在没有专利或版权保护的情况下，出于自由竞争的需要，应当准许模仿。"（由此确立了判断美学功能性的"商业成功重要因素"标准。）See Pagliero v. Wallace China Co., Ltd., 198 F. 2d 343（9th Cir. 1952）.

④ 对美学功能性原则的批判，参见张玉敏、凌宗亮：《三维标志多重保护的体系化解读》，《知识产权》2009 年第 6 期。

性形状"的一种误读。所谓"美学功能性形状",是指使商品具有实质性价值的形状,比如带手柄的瓷器、胸针。但加多宝的红罐包装装潢设计并非如此,虽然以红色为底色、加上黄色和黑色的字体以及其他元素的设计使得该包装装潢具有一定价值,但该价值尚未构成"实质性价值"。真正使该红罐具有实质性价值的,是加多宝耗费巨资对该红罐进行的广告宣传。同时,"美学功能性形状"要求该形状具备较强的艺术性和欣赏价值,而加多宝使用的红罐虽然给人视觉强烈冲击,但从美学上看,并无多少艺术上的独创性。此外,从消费者的角度看,具备"美学功能性的形状"本身往往就是消费者意欲购买的产品,而不是该形状识别的产品。而在加多宝与广药之争中,红罐虽然给人视觉强烈冲击力,具备较强识别力,但并不是消费者购买的对象。消费者真正想要购买的,是该红罐中的凉茶。总之,以所谓"美学功能性形状"为由否定加多宝对红罐包装装潢应当享有的财产权益也是站不住脚的。

事实上,佛山市中院和广东省高院在加多宝诉佛山三水华力饮料食品公司一案中,也已经通过判决确认,加多宝公司对使用"王老吉"商标的罐装凉茶装潢享有知名商品特有装潢权益。[1]

"种瓜得瓜,种豆得豆",这是千古不破的真理。广药在红罐包装装潢上既未种过瓜,也未种过豆,更没有精心培育过瓜和豆,凭什么在春天里守株待兔,却要坐享秋天的收成呢?

三、谁在进行不正当竞争

(一)"知名商品"究竟指代什么

那么,究竟是谁动了谁的奶酪,究竟是谁在进行不正当竞争呢?

---

[1] 参见〔2003〕佛中法民三初字第 19 号、〔2003〕粤高法民三终字第 212 号。

　　这个问题的解决除了明确红罐包装装潢的归属外，还必须解决本案中争论最为激烈的知名商品的界定问题。

　　按照最高人民法院 2006 年发布的《关于审理不正当竞争民事纠纷案件应用法律若干问题的解释》第 1 条规定，知名商品，是指在我国境内具有一定市场知名度，为相关公众所知悉的商品。这里的公众是指可能和使用特有名称、包装、装潢的知名商品发生交易关系的人群。这里的知名度是指相关公众对该商品正面、肯定的评价，而且知名应当是指原告商品在被告经营地域范围内的知名，并不要求原告商品同时在原被告经营地域范围内或者其他原被告非竞争的地域范围内知名。①

　　在加多宝与广药之争中，对知名度大家意见基本一致，都认为涉争商品为知名商品。但对于"知名商品"究竟指代什么，则意见纷纷。一种观点认为，"王老吉凉茶"才是知名商品。另一种观点认为，"王老吉红罐凉茶"才是知名商品。本文认为，这两种观点都是片面的。因为商品附着的商标、商品冠用的名称、商品采用的包装、装潢和商品本身并不是一回事。商品附着的商标是识别商品来源的标志。商品冠用的名称包括本商品通用的名称和具有识别力的名称。商品包装是用来盛放商品的容器或者其他外壳。商品装潢是附着于商品本身或者商品包装上的色彩、图案、文字等吸引消费者眼球的美化元素组合。商品本身则是指可以用来进行生产或者生活消费的具体物品。前四者（除了商品通用名称外）虽然表现形式不一样，但在一定条件下，都能够起到识别商品本身来源的作用，并且存在交叉和重合之处。比如，商品商标和商品具有识别力的名称在实践中往往重叠使用。按照最高人民法院上述司法解释，知名商品判断除了要考虑地域因素之

---

　　① 李扬:《知识产权法基本原理》，中国社会科学出版社 2010 年版，第 909—911 页。

外，还应当考虑销售时间、销售量、销售对象，进行广告宣传的持续时间、程度和地域范围，作为知名商品受保护的时间等因素。可见，最高人民法院采取的是综合各种相关因素进行判断的原则。本文认为，在最高法院上述司法解释未列举的因素中，商标、商品名称、商品包装装潢、加工商品的原材料、配方等对于商品本身是否是知名都有一定影响。对于饮料等商品而言，配方尤其重要。配方不同，口感就不同，消费者的评价也会不一样。

综合考虑上述因素，本文认为，在加多宝与广药之争中，确切地说，知名商品应当是指加多宝利用自己的秘方生产、利用加多宝红罐包装、租用了王老吉商标、被命名为"王老吉"、加多宝投入巨资宣传、已经获得广大消费者认同的凉茶。在这几个要素中，最核心最重要的是加多宝利用自己的秘方生产、使用其拥有财产权益的特有红罐包装装潢等几个要素。因为加多宝耗费巨资进行大量广告宣传之后，即使不附着"王老吉"商标，并且将其生产的凉茶改为别的名称，广大消费者依旧会广泛知悉该红罐凉茶为加多宝生产的红罐凉茶，并保持很高的知名度。相反，仅仅保留"王老吉"商标和"王老吉"商品名称，而改用其他配方、包装、装潢，变更生产厂家（比如广药自己生产的绿色纸盒包装凉茶），则相关公众不一定会再知悉该凉茶，更谈不上认可该凉茶，该凉茶的知名度也会因此而大为降低。这个结论可以从如下事实得到反证。即2012年6月3日后，广药之所以铤而走险，采用与加多宝红罐近似的红罐作为包装装潢，如果不是因为害怕其生产的凉茶配方已经改变，已经不再是加多宝利用自己秘方生产的、广大消费者熟知其味道的红罐凉茶，又是因为什么原因呢？其意图是非常明显的，即在于使消费者以为其生产的凉茶依旧是加多宝原来生产的拥有很高知名度的凉茶。

由上可见，该案中的知名商品并不是指泛泛意义上的"王老吉凉茶"，因为广药自己也生产销售绿纸盒包装的凉茶，但其并没有什么知名度。也不是指向不甚明确的"王老吉红罐凉茶"，因为该说法并未指明红罐包装装潢的归属，也未指明究竟是利用谁的秘方、由谁生产销售的凉茶。以此判断为基础，本文认为，在加多宝与广药商标许可使用合同解除后，究竟谁构成不正当竞争，需要综合考察上述各种因素方可得出结论。

（二）究竟谁在进行虚假宣传

一种观点认为，加多宝存在严重的虚假宣传行为。理由是，在商标许可使用合同解除后，加多宝在全国大小报刊、网络、电视媒体等进行了大量虚假宣传。比如"一样的配方，一样的味道""销量全国第一的红罐凉茶""红罐王老吉更名为加多宝""红罐凉茶更名为加多宝凉茶"，等等，都是典型的虚假宣传语。这种理解是片面的。根据上文的阐释，加多宝与广药之争中的知名商品秘方属于加多宝公司，也是加多宝公司生产的，其销量也多年稳居全国第一，因此"一样的配方，一样的味道""销量全国第一的红罐凉茶"等宣传语，只不过在陈述客观事实，加多宝根本就没有捏造并散布虚假事实，又何来虚假宣传呢？商标许可使用合同解除后，由于加多宝不能再使用原商标"王老吉"和商品名称"王老吉"，加多宝公司理所当然应当变更商标和商品名称，加多宝如果不这样做，其行为反而会侵害他人注册商标权。"红罐王老吉更名为加多宝""红罐凉茶更名为加多宝凉茶"，虽然用语不是特别规范，但其意思还是非常明确的，即加多宝在商标许可使用期间生产的、命名为"王老吉"的"红罐凉茶"，已经更名为"加多宝红罐凉茶"，这同样是在讲述一个客观事实，加多宝同样不存在捏造虚假事实的行为，当然也就不会引起相关公众将加多宝公司生产的红罐凉茶误解为广药生产的"红罐凉茶"的可能性了。事实上，在商标许可合同生效期间以及 2012 年 6 月 3 日之前，广药根本就没有生产销售过红罐凉茶，试问，相关公众能够误解什么呢？6 月 3 日之后，尽管广药也开始生产销售红罐凉茶，但加多宝讲述客观事实的行为性质并未因此而改变。

相反，倒是广药 2012 年 6 月 3 日及其之后的宣传行为存在误导之嫌疑。理由在于，其生产销售的凉茶配方发生了变化，虽然依旧使用"王老吉"商标并冠以"王老吉"的商品名称，并且使用了红罐包装，但实际上已经不再是加多宝利用自己秘方生产销售的原红罐凉茶，广药对此必须向媒体和广大消费者予以说明。然广药对此不但未予说明，反而于 2012 年 6 月 3 日在长城举行的"红罐王老吉新装上市庆典"活动中，特别强调红罐新装，并派发新闻稿《新装红罐王老吉震撼亮相长城，五年实现 300 亿销售》。请问，五年以来广药生产销售过"红罐王老吉"吗？如果没有销售过，又何来"五年实现 300 亿销售"的结果？这显然是一种赤裸裸的市场误导行为，意在使媒体和相关公众相信其生产销售的红罐王老吉就是原来加多宝生产销售的王老吉。

（三）究竟谁在制造混淆

一种观点认为，是加多宝在制造混淆。具体表现为违反我国《反不正当竞争法》第 5 条第 2 项规定，擅自使用广药知名商品特有的名称、包装、装潢，造成和广药的知名商品相混淆，使购买者误认为加多宝生产销售的红罐凉茶是广药生产销售的知名红罐凉茶的行为。这种观点是经不起推敲的。构成《反不正当竞争法》第 5 条第 2 项规定的不正当竞争行为，必须同时具备如下要件。

（1）擅自使用的对象是他人"知名商品"特有的名称、包装、装潢。这个要件显然不成立。其一，在 2012 年 6 月 3 日之前，广药根本就没有生产销售过所谓的"知名商品"。2012 年 6 月 3 日之后，虽然广药也开始生产红罐包装凉茶，但因其配方不同于加多宝在商标许可使用存续期间生产的凉茶配方，很难讲已经获得消费者认同，因此说其已经属于"知名商品"，根本上缺乏说服力。不能将加多宝原来生产的红罐凉茶等同于广药 6 月 3 日后生产的红罐凉茶，从而认定广药 6 月 3 日后生产的红罐凉茶属于"知名商品"。其二，如上所述，红罐包装装潢属于加多宝，而不属于广药，加多宝使用属于自己的红罐包装装潢生产销售凉茶，何来擅自使用他人"知名商品"特有包装装潢呢？其三，商标许可使用合同解除之前，根据合同，加多宝有权使用商品名称"王老吉"，根本不存在擅自使用问题。合同解除后，加多宝再没有将其凉茶命名为"王老吉"凉茶，而更名为"加多宝"凉茶，因此也不存在擅自使用广药"知名商品"特有名称的问题。

（2）自己使用的商品名称、包装、装潢与他人"知名商品"特有名称、包装、装潢相同或者近似。这个要件也不成立。其一，2012 年 6 月 3 日之后，加多宝使用的商品名称为"加多宝"，与广药的商品名称"王老吉"不存在任何相同之处。其二，加多宝使用的是自己一直在使用的红罐特有包装装潢，虽然与广药使用的红罐包装装潢整体上存在相似之处，但属于正当行使自己的权益，而不是所谓的"擅自使用"，王老吉根本无权干涉。相反，广药使用与加多宝拥有财产权益的特有包装装潢近似的红罐包装装潢，未经加多宝同意，倒属于擅自使用。

（3）混淆可能性。这是构成《反不正当竞争法》第 5 条第 2 项必须具备的结果要件。2012 年 6 月 3 日商标许可使用合同解除后，加多宝严格遵守法律的规定，不再使用广药的"王老吉"商标，也不再将"王老吉"作为商品名称使用，仅仅继续使用原本属于自己的特有红罐包装装潢生产经营具有独特配方的早已知名的凉茶，并且通过电视、网络等媒体客观讲述自己原来生产的红罐凉茶已经更名为"加多宝"凉茶，而且在红罐上面用大字体醒目地标注了"加多宝"三个大字，完全与广药之间划清了界限，客观上不可能使相关公众看到"加多宝"红罐凉茶而误认为是广药生产经营的红罐凉茶，更不会认为加多宝与广药之间存在经济或者法律关系。

可见，加多宝的行为并不违反我国反不正当竞争法第 5 条第 2 项的规定。相反，广药使用与加多宝红罐整体近似的红罐生产销售配方不同凉茶的行为，尽管其红罐上标明了"王老吉"三个黄色字，但由于商品摆放位置的关系，在商场或者零售商店的货架上或者冰箱里，这三个字并不总是对准相关公众的眼球，因此很容易使相关公众施加普通注意力时，误以为广药生产销售的红罐包装凉茶就是原来或者现在加多宝生产销售的正宗凉茶，其行为已经构成擅自使用他人知名商品特有包装装潢、导致相关公众误认的不正当竞争行为。

总之，广药虽然可以利用自己的配方、使用自己的商标"王老吉"生产商品名称亦为"王老吉"的凉茶，但为了不误导相关公众，其不得使用与加多宝红罐包装装潢相同或者近似的红罐包装装潢，并且必须在其商品包装显著位置说明，其生产的凉茶配方不同于加多宝在商标许可合同期间以及现在生产的红罐凉茶，否则，其行为就存在不正当竞争之嫌疑。

四、王老吉品牌财产增值部分的归属

一种观点认为，在加多宝与广药解除商标许可使用合同之后，"王老吉"品牌价值中的增值部分（2011 年，王老吉商标品牌价值估算在 1080 亿人民币）无需也不可能进行任何分割，必须随"王老吉"商标一道当然回归广药。其主要理由有两个，一是作为一个正常的、理性的市场主体，在签订合同时就应该预见到在商标许可使用期间，自己投入巨资进行的广告宣传和促销活动，都是在为他人做嫁衣裳，在为"王老吉"创造品牌价值，除非在许可使用合同存在期间提出异议，否则该许可使用合同到期时，该品牌价值必须毫无疑义、毫无保留地归属于商标许可使用权人，即广药。二是虽然加多宝耗费巨资打造了"王老吉"这个品牌，但加多宝也因此获得了巨额利益，其巨额投资已经得到了回报，商标许可使用合同到期时自然无权再提出分享"王老吉"品牌价值中的增值部分，该增值部分全部归属于广药，对加多宝而言，不能说不公平。这两种观点值得商榷。

虽然意思自治和合同自由是民法的核心价值之一，理性的市场主体应当根据自己的意思自由地安排自己的财产，但市场主体的理性认识能力总是存在疏漏之处，因此合同总有安排不到或者不周延之处，民法中所说的重大误解或者显失公平民事法律行为，就是市场主体理性认识能力不足在法律上的最好体现。正是因为如此，才需要根据公平等民法基本原则对合同没有安排或者安排不周延之处进行解释。

从加多宝和广药及其前手签订的几份协议看，双方当事人对合同安排显然存在不周延的地方。双方当事人既没有约定商标被许可人每年是否负担投入广告和促销费用的义务及其数量，也没有约定签订合同时对被许可使用的商标价值进行评估，更没有约定商标许可使用合同到期时，是否应当对被许可使用商标进行价值评估，以及是否和如何分割因为被许可人使用商标而增加的价值。在这种情况下，不能简单地认为被许可使用商标新增的所有价值都归属于商标许可使用权人，而应当根据民法的公平原则对其归属进行解释。公平原则的诸多含义中，交换公平和矫正公平最重要。交换公平，是指当事人的权利义务应做到基本对等和合理。矫正公平，是指当出现权利义务关系失衡时，法律应当按照正义原则和人类理性对这种失衡进行矫正。

第一部分陈述的事实表明，在王老吉品牌价值形成过程中，加多宝共投入62.3亿元人民币的广告促销费用，还不断有体力劳动和智力劳动以及时间等方面的投入，而广药虽然对王老吉商标的使用进行了监督管理，但基本上没有金钱投入，即使投入了，所占比例也非常之少。在此情况下，仅仅由于商标许可使用合同的解除，王老吉现有的品牌价值1080亿元人民币就应当全部归属广药，显然违背了民法中的交换公平原则，因而需要对其进行矫正。具体矫正方式是，按照双方金钱、劳动、时间、管理等方面投入的贡献大小进行合理分配。

五、结语

虽然以公共利益为依归的功利主义激励论是知识产权正当化的积极根据，但作为自然权利理论组成部分的财产权劳动学说依旧是知识产权正当化的消极根据。未付出任何劳动或者投资，除非通过契约或者法律特别规定获得某种知识性财产权益，任何人都没有理由不劳而获，获取本不属于自己的财产，哪怕是国家亦是如此。在市场经济面前，"国有资产"和个人财产一样，只不过是财产的一种形态而已，其所有和流转同样必须遵守市场经济自由、平等、等价有偿、诚实信用等基本原则，否则"国有资产"只不过是骗子中的骗子，强盗中的强盗而已。在这样一个反复诉说、坚定追求、并义无反顾迈向自由、平等道路的时代，"国酒""国脚""国母""国手"等带"国"字头的东西并不是越多越好。历史已经反复并将继续证明，无论对于"国有财产"还是"私人财产"，简爱朴实话语的真理性："我们的精神是平等的，就如同我们穿过坟墓，平等地站在上帝面前。"

（原载：《知识产权》2012 年 12 期）

"怕上火广告语案"^① 评析

杜 颖^②

2015 年 11 月 30 日，广州市中级人民法院对"怕上火广告语案"做出一审判决，认定"怕上火"这一广告语是一种商业标识，应该受《反不正当竞争法》保护；该广告语的合法权益归属于王老吉；被告加多宝应立即停止使用相关侵权广告语，包括"怕上火喝加多宝""怕上火，喝正宗凉茶；正宗凉茶，加多宝""怕上火，喝正宗凉茶"等，并赔偿原告王老吉 500 万元。法院判决所援引的主要法律依据为《反不正当竞争法》第二条、第五条第（二）项和《最高人民法院关于审理不正当竞争民事案件应用法律若干问题的解释》第四条的规定。对"怕上火广告语案"的判决书进行仔细研读后，笔者认为，该案涉及的事实认定和法律适用问题很多，广州市中级人民法院一审判决存在诸

① 目前，广东加多宝饮料食品有限公司（该公司为加多宝集团分公司之一，除非特别说明，下文将加多宝集团及其分公司统称为"加多宝"）与广州王老吉大健康产业有限公司（广州王老吉大健康产业有限公司为广州医药集团有限公司控股公司的全资子公司，除非特别说明，下文将广州医药集团有限公司及其关联企业统称为"广药"）之间发生的"怕上火广告语案"有两起，一起为重庆案（该案原告为广东加多宝饮料食品有限公司，被告为何某、广州王老吉大健康产业有限公司，重庆市第一中级人民法院于 2013 年 12 月 16 日一审判决中驳回加多宝公司作为原告诉请法院判定王老吉使用"怕上火喝王老吉"广告语侵权的全部请求。该案一审判决见重庆市第一中级人民法院民事判决书（2012）渝一中法民初字第 777 号，目前二审程序尚未完结）。一起为广州案（该案原告为广州王老吉大健康产业有限公司，被告为广东加多宝饮料食品有限公司和广东乐润百货有限公司，该案判决见广州市中级人民法院民事判决书（2013）穗中法知民初字第 619 号）。本文主要针对广州案展开，以下关于该案案情及判决情况的论述均来自该案判决书。

② 杜颖：中央财经大学法学院知识产权法教研室主任，教授，博士生导师。

多可商榷之处。笔者围绕该案主要争议焦点问题，做一个初步分析。

一、"怕上火"广告语难以获得商标权保护

据"怕上火广告语案"判决书所记，原告的第一项权利主张为商标权利保护，原告认为"怕上火"属于"第二含义"商标，请求法院将"怕上火"作为未注册商标保护。但广州市中级人民法院在判决中仅对反不正当竞争请求给予了分析，并支持了原告的诉讼请求，对原告从《商标法》角度寻求保护的请求并未展开评价，个中缘由究竟为何？据笔者分析，"怕上火"即使已经成为第二含义商标，根据我国《商标法》的规定，作为未注册商标，在"怕上火广告语案"中也很难获得商标权保护。从这个角度看，广州市中级人民法院避开未注册商标保护，仅从不正当竞争角度分析，源于存在法律上的障碍。但法院判决没有从正面对原告的商标法保护请求予以回应，在处理方式上欠妥，也反映出法院在对此问题的把握上底气不足。

(一) 第二含义商标"怕上火"的保护范围

第二含义商标被称为"弱商标"，[①] 这源于第二含义自身的固有属性。第二含义（secondary meaning）[②] 是指相对于标记所使用的商品来说，标记本身不具有内在显著性，但是通过标记的商业使用，公众已经将其作为商品的符号与商品的提供者联系在一起，此时标记获得了不同于其本义的另外一种含义。从序列上说，标记的最初含义是它的

---

① 弱商标（a weak mark）是与强商标（a strong mark）相对的概念，往往指没有内在显著性或显著性比较弱的商标，如叙述性词汇和暗示性词汇等。显著性和公众对商标的认知程度决定了商标的强弱，也影响商标受保护的范围。See Westward Coach Mfg. Co. v. Ford Motor Co. 388 F.2d 627，634（7th Cir. 1968）.

② 我国台湾学者将其翻译为"次要意义"（参见曾陈明汝：《商标法原理》，中国政法大学出版社 2003 版，第 27 页）。虽然翻译方式不同，但其含义都是指商标本义以外的含义。

本义，即第一含义；[①] "第二含义"是该标记本义之外的一种含义，即商标意义。[②] 第二含义商标是弱势商标，主要是因为第二含义商标通常从某一个侧面反映了商品或服务的特点。如果我们以词汇商标为例，第二含义商标多为叙述性词汇，[③] 直接描述了商品或者服务的颜色、气味、成分、功能等特征。"怕上火广告语案"中，"怕上火"描述了凉茶产品的功能特征，本身不具有显著性；但加多宝多年的宣传使得其与王老吉凉茶联系在一起，因此具有了商标意义。

第二含义商标的固有属性决定了其保护范围自然会受到限制，即商标权人不能排除其他人对自己的商品或服务进行描述时正当使用[④]商标所包含的文字，这也被称为商标的叙述性合理使用，或者叫做传

[①] Vincent N. Palladino, Secondary Meaning Surveys in Light of Lund, 91 The Trademark Reporter 573, 574 (2001).

[②] Vincent Palladino, Assessing Trademark Significance: Genericness, Secondary Meaning and Surveys, 92 The Trademark Reporter 857, 857 (2002).

[③] 1976 年，美国第二巡回法院的 Henry Friendly 法官在 Abercrombie & Fitch Co. v. Hunting World, Inc. 一案中，把标识分为四类，根据商标与所标识的商品的关系，商标因是否为"属名的"（generic）、"叙述的"（descriptive）、"暗示的"（suggestive）、"任意的"（arbitrary）"或者"臆造的"（fanciful），而有不同的内在显著性层次。See Abercrombie & Fitch Co. v. Hunting World, Inc., 537 F 2d 4, 9 (2d Cir. 1976).

[④] 商标的合理使用，简言之，是指在一定条件下非商标权人可以使用他人商标标识中的文字、图形、颜色等，但不构成侵权。与著作权保护制度中的合理使用不同，商标合理使用实际上不是商标意义上的使用，从本质上说，使用者是对与商标重叠的标识的使用，是单纯的符号使用，而不是在商标意义上使用标识。因此，使用者对标识的使用一开始就不属于权利控制范围，对权利的限制也就无从说起。正是基于这样一种理解，我国有学者提出，"商标的合理使用之谓有逻辑错误"（参见李琛：《禁止知识产权滥用的若干基本问题研究》，载《电子知识产权》2007 年第 12 期，第 150 页）。这种观点很有道理，因此，"正当使用"的用法应该更加准确。但鉴于目前世界各国基本上接受了合理使用之谓，为讨论问题之便，本文暂且保留使用这种提法。

统合理使用（classic fair use）。① 我国《商标法》在第五十九条第一款规定了叙述性合理使用，即"注册商标中含有的本商品的通用名称、图形、型号，或者直接表示商品的质量、主要原料、功能、用途、重量、数量及其他特点，或者含有的地名，注册商标专用权人无权禁止他人正当使用"。② 具体到"怕上火广告语案"，根据第二含义商标无法排除他人正当使用的规则，我们可以得出："怕上火"二字即使能够作为未注册商标获得保护，其权利人也不能排除其他商业主体正当使用"怕上火"三个字。质言之，尽管广药集团是"怕上火"未注册商标的权利人，在稻香村打广告称"怕上火，吃稻香村绿豆清凉糕"、琯溪柚子宣传"怕上火，吃琯溪蜜柚"时，它都无法阻止该广告行为。具体到"怕上火广告语案"，如果不会导致消费者就凉茶的来源产生混淆，加多宝当然可以说"怕上火就喝加多宝"。从"怕上火广告语案"的判决书来看，原告就被告使用"怕上火"广告语而可能导致消费者发生混淆并未提供什么有力的证据。从事实情况来看，加多宝和广药集团的恩怨自2012年始发酵，随着媒体的深度跟踪报道和法学界、产业界的追议，以及加多宝后期对"加多宝凉茶"狂轰滥炸的广告，应该说相关公众对加多宝凉茶和广药王老吉凉茶之区分有了清晰的认识。我们甚至可以说，时至今日，两家的纠葛让消费者想分不清加多宝凉茶和王老吉凉茶都很难了。依据此种事实情况，加多宝将"怕上火"作为广告语使用，是对其自己生产的凉茶的功能的客观描述；相关公众对加多宝凉茶和王老吉凉茶之间的来源认识清晰，加

---

① 商标法律制度最初发现的商标合理使用是商业活动主体对人名、地名和叙述性词汇进行的合理使用，即叙述性合理使用或传统合理使用；但后来又发现了指明商标权人的合理使用，有人也称为指示性合理使用。参见杜颖：《指明商标权人的商标合理使用制度———以美国法为中心的比较分析》，《法学论坛》2008年第5期。

② 严格意义上说，本条款是关于注册商标的规定，但举重明轻，对注册的第二含义商标的保护尚有如此限制，对未注册的第二含义商标当然也应该适用。

多宝将"怕上火"作为广告语使用，也不会导致消费者的混淆。因此，从第二含义商标"怕上火"保护的角度来看，广药是无法阻止加多宝在其产品广告上使用"怕上火"的。

（二）未注册驰名商标"怕上火"受保护的要件

我国《商标法》以注册商标为商标权取得模式，对未注册商标提供的保护非常有限，[①] 仅体现在寥寥几条的规定中，如第十五条、第三十二条、第四十四条第一款从阻却注册事由方面对未注册商标的保护规定；第五十九条第三款是关于未注册商标的先使用抗辩规定。与"怕上火广告语案"直接相关的是第十三条第二款的规定，即"就相同或者类似商品申请注册的商标是复制、摹仿或者翻译他人未在中国注册的驰名商标，容易导致混淆的，不予注册并禁止使用"。该款适用的要件有三个：第一，请求保护的未注册商标为在中国驰名的商标。第二，被控侵权人在相同或类似商品上申请注册或使用了与未注册驰名商标相同或近似的标志。第三，被控侵权人对标志的使用容易导致混淆。"怕上火广告语案"中，鉴于王老吉品牌的价值以及与"怕上火"有关的广告强度和力度，证明"怕上火"已经成为驰名商标并不难。"怕上火广告语案"中，双方当事人对此也未有明确的争议。同时，该案涉及的原被告双方的商品类别是相同的，即凉茶；商标标识也相同，即"怕上火"。因此，第二个适用要件也成立。那么，判断的关键在于第三个构成要件，即混淆要件。根据《最高人民法院关于审理涉及驰名商标保护的民事纠纷案件应用法律若干问题的解释》第九条第一款的规定：足以使相关公众对使用驰名商标和被诉商标的商品来源产生误认，或者足以使相关公众认为使用驰名商标和被诉商标的经营者之间具有许可使用、关联企业关系等特定联系的，属于商标

---

① 有关未注册商标保护的分析，请参见杜颖：《在先使用的未注册商标保护论纲——兼评商标法第三次修订》，《法学家》2009 年第 3 期。

法第十三条第一款规定的"容易导致混淆"。该款解释的前半句为直接混淆的规定，后半句为赞助混淆的规定。根据我们上文的分析，基于本案相关的事实情况，由于加多宝和广药集团从 2012 年即开始诉讼大战，后期加多宝对"加多宝凉茶"斥巨资进行广告宣传，消费者对加多宝凉茶和广药王老吉凉茶二者不同的来源，已经有了比较清晰的认识，因此，即使加多宝在广告中使用"怕上火"，也难以导致消费者就两种商品产生来源上有直接联系或间接联系的错误认识。因此，该案中，混淆要件似难证成，第十三条第二款也无法用于保护"怕上火"商标。

综上所述，"怕上火"作为第二含义商标，不能排除其他商业主体对"怕上火"进行正当使用；而若将其作为未注册驰名商标进行保护，从构成要件来看，必须证明消费者混淆要件成立，而从该案事实情况来看，混淆要件的证成存在困难。因此，若从商标权角度对"怕上火"进行法律保护，存在诸多障碍。

二、"怕上火"广告语无法依据《反不正当竞争法》第五条第（二）项获得保护

广州市中级人民法院的判决是依据《反不正当竞争法》的规定做出的，其中主要涉及两个条项，首先是第五条第（二）项，即"擅自使用知名商品特有的名称、包装、装潢，或者使用与知名商品近似的名称、包装、装潢，造成和他人的知名商品相混淆，使购买者误认为是该知名商品"的，属于采用不正当手段从事市场交易，损害竞争对手的不正当竞争行为。该项法律规定的适用需满足以下几个构成要素：知名商品；特有的名称、包装和装潢；相同或者近似的使用；导致市场混淆和误认。[1]"怕上火广告语案"中的知名商品应该是凉茶，第一个构成要素成立。但是，第二个要素究竟是什么，判决书并未明

---

① 孔祥俊：《反不正当竞争法原理》，知识产权出版社 2005 年版，第 118 页。

示。判决书中，原告主张，被告对"怕上火"广告语的使用转移、淡化、稀释了"王老吉"知名商品特有名称及商标的无形资产，因此，原告主张对其知名商品名称"王老吉"进行保护。对原告请求保护"知名商品名称"的主张，广州市中级人民法院未予以明确评论。有学者认为，广告语可以是包装、装潢的构成要素，[①]"怕上火"本身似可作为包装装潢处理。但广州市中级人民法院也没有将广告语作为包装装潢处理。判决书提到，"怕上火喝"是产品功能定位，"王老吉"是产品指向，二者共同构成了有机整体，不可分割。此外，通过长期的宣传、推广和使用，"怕上火"已经成为"具有识别性和显著性的商业标识""具有区别其他同类商品的能力"，是广告形式的未注册商标，具有识别商品来源的权益。因此，广药集团对属于该商标形象组成部分的广告语享有合法利益。其判决思路似乎是说："怕上火"和"王老吉"一起构成了品牌形象，是品牌形象的组成部分。那么，这里的品牌形象是什么？在法律上如何定性，又如何保护？因此，广州市中级人民法院虽然适用了《反不正当竞争法》第五条第（二）项的规定，但对被告仿冒行为针对的究竟是什么：名称、包装还是装潢，的确是语焉不详。关于第三个要素——相同或者近似的使用，该案很容易证明，因为涉案商品都是凉茶，广告语都是"怕上火"。问题又出现在关键的第四个要素，即市场混淆和误认。《最高人民法院关于审理不正当竞争民事案件应用法律若干问题的解释》第四条规定，足以使相关公众对商品的来源产生误认，包括误认为与知名商品的经营者具有许可使用、关联企业关系等特定联系的，应当认定为《反不正当竞争法》第五条第（二）项规定的"造成和他人的知名商品相混淆，使购买者误认为是该知名商品"。正如我们上文已经分析过的那样，

---

① 李永明、卜千：《关于广告语构成商品包装、装潢要素的法律思考》，《知识产权》2012 年第 12 期。

无论从"怕上火广告语案"的事实情况来看，还是从双方当事人就本案提供的证据来看，都很难得出加多宝对"怕上火"广告语的使用会导致消费者就凉茶来源产生混淆或者认为加多宝和广药集团之间存在许可或赞助等特定联系的结论。

综上所述，广州市中级人民法院援引《反不正当竞争法》第五条第（二）项规定对"怕上火广告语案"做出判决，对该案中知名商品的特有名称、包装、装潢所指为何，含糊其词、语焉不详；对《反不正当竞争法》第五条第（二）项规定的仿冒行为构成中的"可能造成混淆或误认"要素并未给予充分的考虑。因此，笔者对该判决适用《反不正当竞争法》第五条第（二）项规定的正确性存疑。

三、"怕上火"广告语无法依据《反不正当竞争法》一般条款获得保护

除《反不正当竞争法》第五条第（二）项的规定外，广州市中级人民法院还在判决中援引了《反不正当竞争法》一般条款的规定，即该法第二条的规定，"经营者在市场交易中，应当遵循自愿、平等、公平、诚实信用的原则，遵守公认的商业道德"。笔者认为，在此案中根据一般条款做出裁决，存在技术上的障碍。

（一）"怕上火广告语案"不存在适用《反不正当竞争法》一般条款的前提

对于《反不正当竞争法》一般条款的适用，有"法定主义说""限制性一般条款说"和"一般条款说"。法定主义说认为，《反不正当竞争法》只规定了11种不正当竞争行为，理由在于：第一，《反不正当竞争法》通过第二条第二款"违反本法规定"的表述，限定了该条款乃至该法的适用范围；第二，从法律条文的一般关系看，通常确立"一般条款"的立法，都会在下文列举不正当竞争行为的类型时添加

类似"其他不正当竞争行为"的兜底性条款，而我国并没有这样的规定。[①] 有限的一般条款说认为，司法机关可以根据《反不正当竞争法》第二条认定不正当竞争行为，但行政机关不能依据该条认定不正当竞争行为，该条只对司法机关有意义，对行政机关不具有意义。[②] "一般条款说"认为，《反不正当竞争法》所调整不正当竞争行为应当不限于第二章所列举的 11 种行为，《反不正当竞争法》第二条作为一般条款，可以对 11 种类型之外的不正当竞争行为进行判断；它既具有形式功能，又具有实质功能。[③] 笔者赞同"一般条款说"。但是，即使用"一般条款说"理解《反不正当竞争法》第 2 条的规定，也并不意味着，司法实践动辄便可以启用一般条款；恰恰相反，只有在类型化条款没有做出规定时，一般条款才能适用。[④] 否则，会造成"向《反不正当竞争法》一般条款逃逸"，[⑤] 或一般条款滥用。[⑥] 这不仅破坏了

---

① 种明钊：《竞争法》，法律出版社 2008 版，第 112 页。

② 孔祥俊：《反不正当竞争法创新适用》，中国法制出版社 2014 年版，第 95—96 页。

③ 蒋舸：《反不正当竞争法一般条款的形式功能与实质功能》，《法商研究》2014 年第 6 期，第 140—148 页。

④ 张平：《〈反不正当竞争法〉的一般条款及其适用——搜索引擎爬虫协议引发的思考》，《法律适用》2013 年第 3 期，第 48 页。

⑤ 有的学者指出，当前网络不正当竞争案件中，很大一部分从法律设计层面是应当通过侵权法得到解决的，而当事人却因为各种制约因素，选择不正当竞争诉讼的策略，从而在某种程度上架空，甚至虚化了侵权法层面上的救济渠道，反映了在司法救济途径上存在某种"向反不正当竞争法逃逸"的现象。参见薛军：《互联网不正当竞争的民法视角》，资料来源于法制网，http：//www.legaldaily.com.cn/IT/content/2015-10/27/content_6325669.htm?node=78871，发布时间：2015.10.27，访问时间：2015.12.13。

⑥ 据统计，近五年北京法院审判涉网络不正当竞争纠纷案件中，根据一般条款作出判决的比例高达 37%。以至于有的学者感叹道，"在目前司法适用中，《反法》第二条几乎已经被雕凿成了一个无所不包、无所不能，甚至让互联网企业自己也摸不着头脑的巨大黑洞"。参见李扬：《堵住〈反不正当竞争法〉第二条的黑洞》，资料来源于知产力，http：//www.hfiplaw.cn/?p=10024，发布时间：2015.11.15，访问时间：2015.12.12。

法律的预期性和权威性，也与我国"司法克制"下的司法能动①形成
紧张关系。②最高人民法院曾明确指出，《反不正当竞争法》第二条适
用的前提是法律对竞争行为未作出特别规定，即"人民法院可以根据
反不正当竞争法第二条第一款和第二款的一般规定对那些不属于反不
正当竞争法第二章列举规定的市场竞争行为予以调整，以保障市场公
平竞争"。③

　　为《反不正当竞争法》一般条款的适用设定这样的前提，是由
《反不正当竞争法》与知识产权保护的关系以及一般条款的功能决定
的。从《反不正当竞争法》与知识产权保护的关系来看，学界通说④
认为，反不正当竞争法对知识产权保护发挥补充功能，⑤克服知识产权
法定主义带来的类型化不足。⑥但是，反不正当竞争法对智力成果及
相关成就的保护应该严格地限制在必要的范围内，如果任其滥用的话
就会影响到知识产权制度体系本身，即它会使得特殊的专有权利成为

　　①　张榕：《司法克制下的司法能动》，《现代法学》2008 年第 2 期，第 179 页。
　　②　有的学者指出，法院应当秉持法律人稳妥、谦抑、注重传统的思维特征，在没有
明确依据的案件不应当频繁地运用一般条款对互联网竞争行为的正当性进行表态。参见薛
军：《质疑"非公益必要不干扰原则"》，《电子知识产权》2015 年第 2 期，第 70 页。
　　③　参见山东省食品进出口公司、山东山孚集团有限公司、山东山孚日水有限公司
与马达庆、青岛圣克达诚贸易有限公司不正当竞争纠纷案的最高人民法院民事裁定书
〔2009〕民申字第 1065 号。
　　④　关于反不正当竞争法与具体知识产权法之间的关系，非主流观点为独立说，认为
反不正当竞争法与知识产权法不属于特别法和一般法的关系，两者之间没有兜底保护关
系，在发生法条竞合时由当时人选择适用。参见刘丽娟：《论知识产权法与反不正当竞争
法的适用关系》，《知识产权》2012 年第 1 期，第 28—29 页。
　　⑤　吴汉东：《论反不正当竞争中的知识产权问题》，《现代法学》2013 年第 1 期，第
38 页。
　　⑥　易继明：《知识产权的观念——类型化及法律适用》，《法学研究》2005 年第 3 期，
第 116 页。

多余；如果法官常常从不正当竞争法的原则条款出发，慷慨地赋予智力成果及相关成就过分保护的话，成果所有人就会放弃保护成本太大的特别权利。① 质言之，《反不正当竞争法》本就是知识产权保护的补充规范，需要慎用；而《反不正当竞争法》一般条款更是对不正当竞争类型化的兜底规定，适用时更须慎之又慎！

具体到"怕上火广告语案"，就原被告双方争议的涉案行为，《商标法》第十三条、《反不正当竞争法》第五条第（二）项都已经做出了相关规定。另外，因为该案涉及的是广告语的使用问题，《反不正当竞争法》第九条也有适用的空间。当然，诚如前文分析，依据这些条款的规定，"怕上火"广告语都难以获得保护；但不能因此就得出，法院需要启动一般条款。这无异于法院先入为主地对案件做出了一个结论，然后再去寻找各种可能的法律依据，当具体法律依据不足时，就启用一般条款的规定。如果穷尽相关法律条款，仍无法确定被告行为侵权，这是否意味着原告的权利保护主张根本不成立呢？

（二）适用一般条款的技术要求

援引《反不正当竞争法》一般条款保护广告语，首先需满足《商标法》等知识产权单行法无法对应予保护的权益提供救济，且具体涉案行为无法为《反不正当竞争法》具体条款所涵盖，但又确有予以救济的必要。其次，从技术要求考虑，适用一般条款需要法官对"公认的商业道德"的内涵予以解构和阐释，具体化为可兹适用的裁判规范。

从概念上分析，有学者批判指出，"商业道德"这一该表述过于空泛，边界模糊，内容具有较大的不确定性，也无法包含任何具有权

---

① 韦之：《论反不正当竞争法与知识产权法的关系》，《北京大学学报（哲学社会科学版）》1999 年第 6 期，第 32 页。

利义务性质的法律术语。① 具体到可适用的衡量标准，争议也颇多。有人认为，应当根据反不正当竞争法的立法精神，即是否存在搭便车、不劳而获等商业伦理精神进行衡量。② 但反对者则提出，将伦理道德等法外因素作为评价法律行为正当性的标准，本身就是值得争议的。况且某些在伦理道德层面应受谴责的行为从竞争意义上未必不正当。③ 由此可见，我国学界目前尚未对"商业道德"的判断形成比较一致的认识，而"公认的商业道德"具体内涵为何，更未形成统一共识。有关"公认的商业道德"的界定标准，也存在诸多矛盾。

从立法规定来看，目前不曾有关于"公认的商业道德"的更为细化、可操作性更强的标准出现。因此，综合相关情况来看，关于"商业道德"和"公认的商业道德"的概念，学者解释不一，立法规定缺失，司法实践操作匮乏。目前，可兹参考的是最高法院针对山东省食品进出口公司、山东山孚集团有限公司、山东山孚日水有限公司与马达庆、青岛圣克达诚贸易有限公司不正当竞争纠纷案做出的决定。最高法院提出了认定"公认的商业道德"应遵循的原则，即主体标准为理性的"经济人"；影响范围标准为公认性和一般性；同时考虑个案的特殊性标准，即根据特定商业领域和个案情形具体分析确定"公认的商业道德"。④

"怕上火广告语案"中，广州市中级人民法院并没有根据涉案商品所在的行业领域的具体特点，析出相关的行业公约或商业惯例，对加多宝的行为违反"公认的商业道德"的内容究竟为何并未做出论

---

① 李生龙：《互联网领域公认商业道德研究》，《法律适用》2015 年第 9 期，第 57 页。

② 孔祥俊：《反不正当竞争法原理》，知识产权出版社 2005 年第 1 版，第 87 页。

③ 蒋舸：《反不正当竞争法一般条款的形式功能与实质功能》，《法商研究》2014 年第 6 期，第 143 页。

④ 参见最高人民法院民事裁定书〔2009〕民申字第 1065 号。

证，而仅仅提到了"必然会令消费者产生疑惑""不当增加了加多宝公司加多宝产品的竞争优势，从而损害两原告的合法利益"。判决书对"公认的商业道德"不进行深入分析，却采用含糊其词、轻描淡写、一带而过的处理方式，这严重影响了判决结论的说服力。

　　笔者以为，"怕上火广告语案"的判决有太多可商榷之处。司法判决书既为定分止争之书据，也为法律宣传之利器，应力求表意清晰、兼破兼立、有理有据、论证充分。但该案判决在关键事实认定上缺乏强用力的证据支撑，在适用法律具体规定时，对决定性构成要件考虑不充分；援引《反不正当竞争法》一般条款做出判决，没有令人信服的说理论证。总言之，"怕上火广告语案"的判决结论，值得商榷。

"王老吉"商标许可协议仲裁案评析

陈森国[①]

中国国际经济贸易仲裁委员会(中国贸仲委)于 2012 年 5 月 9 日作出〔2012〕中国贸仲京裁字第 0240 号裁决书,认定广药集团与鸿道集团签订的《"王老吉"商标许可补充协议》和《关于"王老吉"商标使用许可合同的补充协议》无效,鸿道集团停止使用"王老吉"商标。中国贸仲委认为,首先,根据广东省高级人民法院的刑事终审判决书,广药集团的原副董事长、总经理李益民构成受贿罪。其次,鸿道集团董事长陈鸿道在双方补充协议续签前后因故送给李益民三百万港币,此举为贿送行为,陈鸿道行贿的目的是补充协议的订立。李益民受贿为陈鸿道所在的鸿道集团谋取了"补充协议的订立"利益。最后,中国贸仲委认为"申请人(广药集团)是国有独资性质,由于其所有者权益同归国家所享有,所以申请人的利益损失一定会导致国家利益的损失,这是明显的事实"[②],"补充协议的订立既损害申请人(广药集团)的利益,也损害国家利益",最终认定两份补充协议无效。

裁决为终局裁决。随着裁决的作出,鸿道集团使用长达 17 年、为之投入巨额资金及全部精力的"王老吉"商标使用权失去了合法性基础。但该裁决不但未能定分止争,反而成了双方一系列诉讼案件的

---

①　陈森国:中央党校研究生院硕士研究生,律师。

②　见中国国际经济贸易仲裁委员会〔2012〕中国贸仲京裁字第 0240 号裁决书,第 44—45 页。

导火索，细细研读，仲裁委的裁决存在诸多可商榷之处。

中国贸仲委认定：补充协议的订立属于《合同法》第 52 条第 2 项"恶意串通，损害国家、集体或者第三人利益"的情形，补充协议应当被认定为无效。

传统民法在无效法律行为制度中专门就恶意串通予以规定的立法例很少，在大陆法系传统民法理论中也找不到与此直接对应的概念。就此而言，将"恶意串通损害第三人利益"作为一种无效的原因予以规定的做法堪称我国民法的一个创制。但是，这一创新却颇有疑问，不仅恶意串通本身的内涵难以确定；而且，也造成了恶意串通与其他民事制度之间的诸多竞合与抵牾。①

一、欲加之罪——仲裁委对"恶意串通"的错误界定

恶意串通，是以损害他人利益为目的而相互通谋、相互勾结作出的意思表示。合同法规定恶意串通损害国家、集体或者第三人利益的合同是无效合同，构成恶意串通确需行为人明知或应知该行为侵害国家、集体、第三人利益，即行为人主观上具有恶意。而判断行为人主观上是否有恶意则需结合具体案情予以综合评判。

串通可以视为是一种意思表示行为，必须要有意思的表达、联络与交汇。恶意串通须双方事先存在通谋，是指当事人具有共同的目的，共同的目的可以表现为当事人事先达成一致的协议，也可以是一方作出意思表示，而对方明知实施该行为所达到的目的而用默示的方式表示接受，当事人互相配合或共同实施该非法行为。

恶意串通要求双方当事人是出于故意，这种故意的本质在于通

---

① 黄忠：《论恶意串通损害第三人利益无效规范的存废——基于体系的一项检讨》，《人大法律评论》2014 年第 1 期。

过损害他人的利益来获取自己的非法利益。恶意串通须有双方损害第三人的恶意，即明知或应知某种行为会造成国家、集体或第三人的损害，而故意为之；但如果双方当事人或一方当事人不知或不应知道其行为的损害后果，则不构成恶意。在我国司法实践中，恶意的存在是恶意串通行为构成的前提。

按照我国《民法通则》第 58 条第 1 款第 4 项以及《合同法》第 52 条第 2 项的规定，恶意串通损害国家、集体或者第三人利益的法律行为无效。自《民法通则》和《合同法》实施以来，我国司法实践对恶意串通行为这一概念的认识极其混乱。按照学者研究，司法实践中对这一概念有如下几种理解：其一，代理人或代表人与相对人恶意串通，实施对被代理人或所代表的法人不利的法律行为；其二，双方代理行为中的恶意串通；其三，恶意串通逃避债务；其四，恶意串通实施无权处分；其五，恶意串通实施财产权的多重转让，包括股权多重让与、"一房二卖"等；其六，恶意串通实施共同欺诈；其七，恶意串通规避法律。① 本案形式上貌似符合第一种情况，即"代理人或代表人与相对人恶意串通，实施对被代理人或所代表的法人不利的法律行为"，事实上果真如此吗？

首先，本案中，补充协议的签订，经过了广药集团组成专责小组进行调查、进行测算、作出报告和董事会表决，严格按照广药集团的议事规则办理，最终经过法人意思机构的确认并付诸表达。补充协议的签订，从广药集团的决策程序而言，是按照其决策议事程序进行的，是经董事会集体研究决定的，李益民在其中并没有起特殊作用，和一般的履行职务并无区别。另外，李益民只是时任总经理，法定代表人另有其人，为此，即使是李益民存在犯罪行为，这种犯罪行为与

---

① 杨代雄：《恶意串通行为的立法取舍——以恶意串通、脱法行为与通谋虚伪表示的关系为视角》，《比较法研究》2014 年第 4 期。

补充协议之间并无因果关系。《民法通则》第43条规定："企业法人对它的法定代表人和其他工作人员的经营活动，承担民事责任。"广药集团必须对其对外的经营管理活动承担责任。

其次，从已经确定的事实来看，陈鸿道与李益民之间不存在针对以达成合同订立为目的，旨在延长许可期限和约定许可费用的意思沟通，也不存在这方面的任何默契。陈鸿道给付李益民金钱的目的一方面出于感情因素，是在李益民小孩儿遭遇不幸的特定环境下进行的，否则陈鸿道一定不会堂而皇之地通过支票转账的方式，将这一赤裸裸的"行贿证据"保留下来。同时，这一"事前"的目的、动机和真实意思，并不由于李益民"事后"的犯罪而发生性质上的改变，因为李益民构成的受贿罪是出于保障公务员的廉洁性出发，是否基于正当理由在所不问，而其"事后"悔罪，也是出于这一点。另外，李益民此举应构成索贿。仲裁书认定陈鸿道贿送目的部分确认了这一事实：在回答与李益民有何经济往来的询问时，陈鸿道承认"李益民叫我给他300万元"。广药集团作为大型国有企业，在与鸿道集团合作中具有先天优势，其总经理利用手中的权势提出要求，鸿道集团不可能无动于衷，否则，鸿道集团与广药集团的合作肯定会横生波折，前车之鉴并不鲜见。

再次，在我国的司法实践中，作为受贿罪构成要件之一的"为他人谋取利益"的范围，包括了民事上的"正当利益"。为此，不能简单地得出，只要存在受贿罪就必要涉及"正当的利益"，谋取的利益正当与否，不是刑法评价的范围，而必须由私法在具体个案之中去评价；也并非存在受贿罪的情况下，对应的行贿行为就一定构成犯罪。事实是，广药集团的总经理已经因为受贿罪定罪判刑，陈鸿道的"贿送行为"至今处于侦查阶段，"未经人民法院依法判决，对任何人都不得确定有罪"。广药集团的过错和责任，中国贸仲委视而不见；在鸿道集团签署的协议跟陈鸿道个人的贿送行为是否存在必然关联、陈鸿道是否构成犯罪也存在极大争议的情况下，中国贸仲委却先法院一步，认定鸿道集团属于恶意串通，实在有点"欲加之罪，何患无辞"的意思。

二、混淆概念——国有企业利益等于国有利益？

依据《民法通则》第 58 条第 4 项和《合同法》第 52 条第 2 项，导致法律行为无效的不是"恶意串通"的形式，而是"损害国家、集体或者第三人利益"的实质。[①] 如果我们综合《合同法》第 52 条第 1 项和第 2 项就可以发现，这两项规定都涉及了"国家利益"的损害问题，并且应当承认，在这两种情况下，"国家利益"受到损害本身才是否定其法律行为效力的正当理由，至于这种损害是通过欺诈、胁迫的手段抑或恶意串通的手段来实现的则非所问。

众所周知，法律非经解释不能适用。在 1999 年《合同法》颁布以后，可以明确看出《合同法》较《民法通则》和《经济合同法》而言对无效合同的法律依据进行了明显的压缩，围绕着国家利益如何进行法律解释，以确定国家利益的正确内涵和外延，存在着非常大的意见分歧。意见集中体现在国有、国家控股、国家参股公司的利益，是否是国家利益。这样的问题在审判实践中也经常引起争论。关于国有、国家控股、国家参股公司的利益，无论从逻辑角度还是合同法价值取向上，《合同法》所称的国家利益都不能包括国有企业以及国有控股、参股公司的利益。

第一，从理论上看，几乎所有的理论文献都不支持简单地将"国

---

① 黄忠：《论恶意串通损害第三人利益无效规范的存废——基于体系的一项检讨》，《人大法律评论》2014 年第 1 期。

有企业利益”等同于“国家利益”。

　　尽管对何谓“国家利益”有不同的观点和看法，但是，有一点是非常确定的，那就是，现有的理论文献几乎都不赞成简单地将企业利益等同于国家利益。梁慧星教授主张，关于《合同法》第 52 条之“国家利益”，以解释为“社会公共利益”为宜。[①] 杨立新教授认为，国家利益可以有三种解释：一是公法意义上的国家利益，就是纯粹的国家利益；二是国有企业的利益，因为国有企业的所有者是国家，因此才有这样的结论；三是社会公共利益。《合同法》第 52 条的“国家利益”应当作狭义的理解，应当解释为公法意义上的国家利益，不包括其他的利益，因为国有企业的利益，实际上就是独立经营的企业法人，应当独立承担责任，不应在法律上作这样特别的保护。国有企业在民事流转中，是具体的法人，作为合同的一方，是合同当事人；不作为合同的当事人，就是合同关系的第三人。损害国有企业法人利益的，应当作为侵害对方当事人的利益或者侵害第三人的利益，不能作为损害国家利益的欺诈对待。[②]

　　王利明教授认为，对于《合同法》第 52 条“国家利益”之界定，目前存在以下几种观点：一是公法意义上的国家利益，即纯粹的国家利益；二是国有企业的利益，国有企业的所有者是国家，所以国有企业的利益就是国家利益；三是社会公共利益。由于《合同法》第 52 条第 4 项已明确规定损害社会公共利益的合同无效，所以争论的焦点就在于国有企业的利益是否属于国家利益。而国有企业虽然属于国家，但是一旦进入市场领域，它与其他所有的公司、企业、个人等民事主体地位平等。所以侵害国有企业利益时，应视为侵害对方当事人

　　① 梁慧星：《民法总论》，法律出版社 2001 年版，第 199 页。
　　② 杨立新：《合同法总则》(上)，法律出版社 1999 年版，第 155 页；另见杨立新：《合同法专论》，高等教育出版社 2006 年版，第 135 页。

的利益或者侵害第三人的利益。[①] 也就是说，此处的国家利益主要是指国家经济利益、政治利益、安全利益等，而不应当包括国有企业的利益。如果损害了社会公共利益，则应适用《合同法》第 52 条第 4 项的规定。[②] 由此可以看出，国内法学界的学者并不赞成将国有企业利益等同于国家利益。

第二，从立法的规定看，国有企业的利益并不等于国家利益。

广药集团是国有独资公司，《公司法》第 65 条规定："本法所称国有独资公司，是指国家单独出资、由国务院或者地方人民政府委托本级人民政府国有资产监督管理机构履行出资人职责的有限责任公司。"国有独资公司只是从出资人的身份角度进行划分的，出资人一旦创设公司，股东的终极所有权就与公司独立的法人财产权相分离，公司独立的法人财产权的维护并不应为股东的身份而有所改变。对此《公司法》第 3 条规定："公司是企业法人，有独立的法人财产，享有法人财产权。"按照《企业国有资产法》的规定，企业国有资产（国有资产），"是指国家对企业各种形式的出资所形成的权益"（第 2 条），但是，国有资产从来是具体的、特定的利益存在，属于私法中的财产类别，国有资产从来就不能简单地等同于国家利益这一公法上的概念，我国也没有法律规定"国有资产"就是"国家利益"，相反，《企业国有资产法》第 6 条规定："国务院和地方人民政府应当按照政企分开、社会公共管理职能与国有资产出资人职能分开、不干预企业依法自主经营的原则，依法履行出资人职责。"显然，这一规定将国有资产这一地位纳入到出资人这一私法领域去对待。

---

① 王利明：《合同法要义与案例析解（总则）》，中国人民大学出版社 2001 年版，第 137 页。

② 王利明：《合同法研究》第 1 卷（修订版），中国人民大学出版社 2011 年版，第 649 页。

第三，从我国的政策及司法实践看，不宜将国有企业利益与国家利益混同。

"推动国有企业完善现代企业制度""健全归属清晰、权责明确、保护严格、流转顺畅的现代产权制度，让各类企业法人财产权依法得到保护"是我们国家经济体制改革的核心内容。在 WTO 背景下，目前还有相当多的国家不承认我国是市场经济国家，这也使得我们的企业在反倾销调查中多处于不利的地位。如果说国家利益在合同法上就是或包括了国有企业、国家控股、参股公司的利益，也就是市场交易在相当多的情况下用国家公权力直接代替市场主体，这显然和整个经济体制改革的目标和方向是背道而驰的，这实际上使国有企业在市场竞争中处于非常不利的地位。如果坚持国有企业的利益就是国家的利益，等于是在说国有企业不是普通的市场主体，国家应对国有企业对外债务承担无限责任。

在我国司法实践中，已有一些地方的高级人民法院专门对此进行了厘定，比如，《山东省高级人民法院 2008 年民事审判工作会议纪要》（鲁高法〔2008〕243 号）就明确规定关于法律规定的"国家利益、集体利益和社会公共利益"的理解问题。我国现行法律均未对民事主体从事损害国家利益、集体利益和社会公共利益的内涵给予明确的界定，导致审判实践中对国家利益、集体利益和社会公共利益的理解经常出现分歧。对此，实践中要正确理解和把握法律关于国家利益、集体利益和社会公共利益规定的立法精神，根据民事主体民事行为的性质和后果，准确判断民事行为是否损害了国家利益、集体利益和社会公共利益，不能把某些国有企业的利益、银行的利益、某些国家机关的利益简单地等同于国家利益，也不能把集团经济组织的利益片面理解为集体利益，而违反社会公共利益的本意主要是指违反社会公共秩序和善良风俗。因此，中国贸仲委的"国有独资公司的所有者权益统归国家所享有，所以国有独资公司的利益损失一定会导致国家利益的损失"这一认定殊为可笑，既缺少法律依据，又不符合国家的方针政策。

中国贸仲委在这起案件中混淆不同法律关系的性质，将调节社会关系的不同性质的法律随意切换和混用，以此混淆和模糊不同法律关系的构成要件和适用前提，将刑法、行政法和民事法律的构成和判断视为是可以等同和简单转化的。比如，将刑事上的受贿罪简单地等同于民商事上的"恶意串通"，同时无视公司法的法人制度、法人的独立性与公司法定代表人的行为的区别，也无视合同法维护交易稳定的目的和精神，机械运用法律，甚至以"看人下菜碟"的方式适用法律。更严重的是，简单地将国有企业私法性质上的利益等同于"国家和集体利益"，违背了我国市场经济的大政方针，势必在国际上造成非常恶劣的影响，毫无疑问是"法律效果、社会效果、政治效果俱不佳的判例"。

三、执一而论——贸仲委"利益损失"以偏概全

中国贸仲委认为"补充协议约定的许可费明显低于商业惯例"，从而补充协议的订立既损害广药一方利益，也损害国家利益。我们看到，广药集团与鸿道集团的商标许可费用是逐年递增的，从1995年最初的每年8万元许可费增长到了补充协议中确定的每年537万元，贸仲委的不符合商业惯例的论断不知从何而来。笔者揣测贸仲委是基于"王老吉"商标的产品市场不断扩大，以及该商标当下的价值评估数额巨大而做出的论断。单以许可费率来说，双方协议约定是按照商业惯例逐年递增的，一方不满，也可申请进行变更，不应作为合同无效的理由。姑且不论长期合同费率低是否正常，"王老吉"商标的利益仅仅表现在许可费用本身吗？

本案所涉的是商标使用许可合同，广药集团作为许可方，经营管理国有资产，国有资产的价值和广药集团的企业利益，体现在不同的方面，收取许可费用只是其利益表现的一方面，甚至不是商标作为企业竞争性资源的最大利益所在，本案中，广药集团作为许可方的利益更为主要地体现在商标的品牌价值。

注册号为 626155 的"王老吉"申请注册商标获得核准始于 1993 年 1 月 20 日，1995 年 3 月 28 日即许可给鸿道集团。没有证据证明，在仅仅两年的时间里，广药集团的注册商标就已经获得足够的知名度。"王老吉"这一称呼在粤港澳地区有一定影响，这并非基于广药集团的"王老吉"注册商标，而是基于"王老吉"这一历史名人的商品化权，广药集团无权将作为公共领域的文化遗传据为己有。

"王老吉"作为注册商标知名度的创造者是鸿道集团。今天"王老吉"已经成为中国知名品牌，这固然与"王老吉"这一中华老字号的历史传承有关，但更是鸿道集团劳动创造的结果。即使是按照广药集团自己单独委托资产评估公司作出的《"王老吉"商标独占使用权资产评估报告》（中都咨〔2011〕215 号）也承认这一事实：王老吉凉茶经过大规模推广后，在市场上获得了巨大成功。"怕上火喝王老吉"，今天王老吉已经不再是广东人传统意义上消暑解火的凉茶，王老吉已经成为大众饮料中的一员……在《2008 中国消费者理想商标大调查》(中国商务广告协会和中国传媒大学主办，BBI 商务商标战略研究所执行的，涉及中国 36 个中心城市，有效样本 6421 份）中，王老吉以 15.4% 的提及率成为非碳酸饮料第一理想品牌。

2007 年中国品牌研究院发布的《首届中华老字号品牌价值百强榜》中，王老吉品牌价值为 22.44 亿元；2011 年 11 月 10 日，北京名牌资产评估有限公司评估的结果为，王老吉品牌价值为 1080 亿元。在 4 年之中，品牌价值猛涨了近 50 倍。这一资产价值的倍增，恰好说明企业资产没有流失而是增值了。而上述数据，正是广药集团自己在诉讼过程中提供的。品牌增值是国有资产增值保值的重要表现，也是国有资产核心利益和长远利益的表现。

因此，在本案中，不管广药集团的利益能否等同于国家利益，都没有出现法定的"损害"情形。

四、偏信则暗——"王老吉"商标许可合同不应认定无效

仲裁的本质是解决民事纠纷的一种契约方式。本案是商标许可使用合同纠纷，从合同法的角度看，市场交易的本质是一种"非人格化"交易，并不在乎交易双方的身份特征和等级制度，民事活动的首要法则是平等、自愿、意思自治，不管民事主体的资产性质是国有、民营还是外资，都有平等受到保护的必要。在这一意义上，国有资产不得流失，民营及外资企业的财产同样也要受到保护，不可无端受到侵害。

（一）从交易习惯看，补充协议是双方先前做法的自然延伸

许可费用与许可期限的设计是激励被许人致力于品牌精神的利益"杠杆"，只有许可期限足以回收品牌创造者的投资成本和合理利润时，被许可人的利益才有确切的可保障性；许可费用也如此，它实则隐含着许可人和被许可人利益的分配问题。品牌建设的一个基本特点是：投资大、风险大、周期长、无形化、维护成本高。任何品牌的成长都要建立一个孕育、培养、成长和成熟壮大的过程，这一过程需要时间去培养，需要花费巨额的财力和物力。为此，品牌打造的成本与收益必须要寻求一定的平衡，才有足够的经济动因鼓励受许人致力于长远的利益追求去打造品牌，否则，就会不可避免地产生短视行为，造成大家竭泽而渔、杀鸡取卵，将商标的剩余价值"榨干"。

鸿道集团对补充许可协议的合理期待，建立在诚实信用基础上，产生了合理的信赖基础，正是这种信赖基础，促使了被申请人的投资经营活动。应该指出，鸿道集团大规模的品牌打造投资都发生在2004年之后，也即两份补充协议签订之后。进行如此大规模的投资、广告与促销活动，显然是基于受许人确信双方建立的许可协议合法可靠，许可方不存在任何不履行协议或者阻碍协议履行的情形。

在双方的交往合作中，类似本案这样的合同变更情形同样存在，合同的变更是双方合作关系的一部分，是非常自然的事情，合同内容的变化并不影响和动摇双方的合作基础。合理解决本案，必须充分尊重双方自1995年以来长达17年的商业交往历史，充分尊重双方在长期合作中形成的习惯性做法。

（二）商业贿赂并不必然导致合同无效

在商业贿赂情形下，所签订的民事合同是否有效？对此存在三种不同的意见：第一种意见认为，商业贿赂行为属于行贿人和受贿人恶意串通，损害了交易一方的合法权益和其他参与主体的公平竞争权，属于《合同法》第52条规定的"恶意串通，损害国家、集体或者第三人的利益"的情况，应当认定为无效合同。第二种意见认为，在商业交易中存在贿赂行为，仅仅是违反了缔约程序，侵犯了其他人的公平竞争权，尚不足以影响到合同相对方的实体民事权益，签订的民事合同应认定为有效合同，对行贿人和受贿人应依法追究刑事责任或者行政责任。第三种意见认为，商业贿赂情形下民事合同是否有效，不能一概而论。合同效力的认定，应当结合受贿人为行贿人谋取利益的性质、所签订的合同是否损害国家利益及合同履行中的具体情况等多方面来考察认定。现针对本案例的情况，具体分析如下：

（1）从行贿人谋取利益的性质来看：行贿人向受贿人行贿，依据中国贸仲委的认定，系"为了取得补充合同的订立"。行贿人所谋取的利益，仅仅是一种订约机会，这种订约机会取得的不正当性在于它侵犯了其他订约人的公平竞争机会，并不具有合同法效力上的非法性，不能仅据此认定合同无效。

（2）从法律规定来看：《合同法》第 52 条规定的"恶意串通，损害国家、集体或者第三人利益"的无效合同，必须满足三个条件：（1）双方有恶意串通的行为；（2）国家利益受到了损害；（3）国家利益受到损害与恶意串通行为之间存在因果关系，即恶意串通导致国家利益受损。结合此规定，在本案中，认定合同效力的关键是国家利益是否受到了损害。根据前文论述，本案并不具备《合同法》第 52 条规定的适用前提。

（3）从立法目的来看：两份补充协议是在原有许可协议已经长期实际履行的前提下订立的，补充协议变更的实质内容是时间的延续。基于保护交易安全、维护市场经济秩序的目的，除特殊情形外，均不认定为无效。在本案中，鸿道集团（加多宝公司）签署补充协议后，为履行该合同进行了大量投入，创造了良好的社会声誉，使得产品造成了良好的社会效应，实际上国有公司的利益得到了增值。

同时，如果认定合同无效，双方显然均存在过错，应当对由此造成的损失各自承担相应的责任。广药集团因为其总经理受贿，向中国贸仲委申请仲裁合同无效，却由鸿道集团（加多宝公司）为其违法行为买单，自己出了问题，板子打在别人身上，显失公平。

商标是私权，合同是平等基础上的意思一致表达，合同双方当事人之间的利益关系即使存在某些失衡，即使是重大失衡，在法律上也不属于《合同法》第 52 条规定的无效合同问题。具体到本案，广药集团声称的两大事实："许可费用严重低于该注册商标许可使用的市场价值""许可费用延长 10 年"，在法律上所能导致的法律后果也只能是"重大误解"或者"显失公平"的，绝非是恶意串通损害国家、集体或者第三人利益的法律效果。合同无效不是绝对的、不可补救的。对于已经履行多年的协议，如果仅仅是一方事后因为在补充协议中约定的许可使用增长幅度偏低，那么应当属于合同法中可变更的情形，无论如何上升不到损害国家利益的范畴，更不应该贸然将其裁判无效。

从以上分析可以看出，民事合同的效力不应一概认定为无效。民事合同在实践中往往十分复杂：有的可能已经履行完毕，有的甚至具有不可撤销性，不能互相返还。故从判决的社会效果考虑，民事合同的效力认定，还应考察合同履行的实际情况，依照保护交易安全、稳定交易秩序的市场经济原则来综合认定处理。

五、公正高效——仲裁的价值追求不应偏颇

仲裁是具有民间性质的仲裁机构以第三方的身份，对双方当事人之间的争议作出裁断。仲裁作为解决争议的一种方式，在其诸多价值中，公正与效率的冲突尤为突出。从某种意义上讲，当事人选择仲裁方式即是基于效率的考虑。但是，仲裁亦有司法精神在内，它应当符合自然公正，不能突破自然公正的底线。从根本上讲，当事人追求的是仲裁的公正性或正义性，或者说，当事人事先能达成仲裁协议是基于其对事后仲裁裁决公正性或正义性的信任与期待。

在实践中，仲裁庭依据当事人的授权和法律的规定所取得的对当事人纠纷的仲裁权并非总是在公正或正义的轨道上运行。但因为仲裁裁决的效力问题涉及仲裁的根本制度，所以有关法律和国际条约对法院的司法监督权予以严格限制，以树立仲裁的权威并确保仲裁裁决能够得到社会的认可和尊重，从而使仲裁制度能够在法治的轨道上有效率地运行。对于在中国作出的涉外仲裁裁决，只能就其程序运作上进行司法审查和监督，而不能审查和监督（包括必要的纠正）其实体

内容。这种"只管程序运作，不管实体内容"的监督规定，显然与国际仲裁立法的通例以及《国际商事仲裁示范法》的范例相左。① 从而在实践上势必造成这样的效果：如果仲裁裁决实体上适用法律错误或者仲裁裁决所依据的证据出现问题，以及仲裁员在仲裁该案时有索贿受贿、徇私舞弊、枉法裁决行为的，纵使一方当事人已经提出确凿证据，证明其完全属实，管辖法院也无法、无权援用涉外仲裁监督程序对它们进行监督和纠正。②

仲裁员是仲裁争议的最终裁决者，是仲裁价值实现的关键所在。因此，仲裁裁决的公正归根到底与仲裁员能否公正、独立地裁判有着重要的关系。中国的涉外仲裁机构先后制定和修订了《仲裁员须知》《仲裁员守则》，强调仲裁员应当依法公正裁断、廉洁自律、珍惜荣誉、自我监督；《仲裁法》除了规定应当组建"中国仲裁协会"这一自律性组织之外，还明文规定了要依法追究仲裁员枉法裁决行为的法律责任。这些举措无疑是有益的，但却很不够。任何时候自我监督都不能代替广泛的社会监督、完善的制度监督和严格的法律监督；对于涉外仲裁员个人的法律监督也代替不了对涉外仲裁裁决的法律监督。何况在现有监督机制下，即使仲裁员个人因实施枉法裁决行为而受到查处，受害当事人仍然无法向管辖法院寻求救济。仲裁员的公正性不能只靠伦理道德来保证，必须依靠法律的外部强制进行保证。③ 正如杨良宜先生所言："既然仲裁是有司法精神，也有法律的管制，则表示

---

① 陈安：《中国涉外仲裁监督机制评析》，《中国社会科学》1995 年第 4 期。

② 见《仲裁法》第 58、63、702 条；《民事诉讼法》第 274 条。

③ 2016 年 3 月 21 日，据上海市纪委监察局网站消息，上海仲裁委员会原副主任、秘书长汪康武涉嫌严重违纪，目前正接受组织调查。汪康武所在的上海仲裁委员会于 1995 年 9 月 18 日成立，官方介绍称，该委员会"遵循中国法律、参照国际惯例、按照本会规则，独立、公正、专业、高效地仲裁国内或者涉外合同纠纷和其他财产权益纠纷"，毫无疑问，仲裁员的违法违纪行为对仲裁委的公正性、权威性会产生很大的负面影响。

任何仲裁员必须要做到司法上的公正，他不是想说什么就说什么，想做什么就做什么。"①

从程序上来说，广东高级人民法院对于李益民受贿情节的终审定论是没有直接造成国家和企业的重大经济损失。中国贸仲委却认定李益民利用职位之便为陈鸿道担任董事长的鸿道集团谋取补充协议的订立之利益，而补充协议的订立既损害广药集团的利益，也一定会导致国家利益的损失。姑且不论中国贸仲委的这种推论是否合理，事实上却僭越了刑事司法审判权。

仲裁裁决的效力来自于仲裁协议，而仲裁协议订立是基于当事人对仲裁裁决的信赖，那么，当信赖的基础不复存在的时候，法律强制当事人服从仲裁结果，赋予仲裁一裁终局的极大效力是存在严重问题的，当事人将失去通过司法机关维护自身合法权益的机会。仲裁裁决的终局性和司法审查范围的有限性将使得当事人的公平价值追求难以实现。因此，我国的涉外仲裁监督机制亟待进一步健全。

六、结语：定分止争——争议解决的根本目的

法律的宗旨是为了维持社会秩序和交易安全，对于长期履行的合同，如果贸然认定无效，不仅不符合鼓励交易的合同法基本原则，与市场经济的内在要求相背离，而且也会造成财富的损失和浪费。

公正是人们永恒的追求目标，是人们寻求纠纷解决的出发点和归宿点，当人们把他们之间的纠纷交付仲裁时，他们渴望的是公正的裁决。"法哲学家通常认为公正在解决冲突这一特殊过程中具有更高的价值"②，司法是维护社会公平正义的最后一道防线。英国哲学家培

---

① 杨良宜：《国际商务仲裁》，中国政法大学出版社 1997 年版。
② 〔美〕马丁·P. 戈尔丁：《法律哲学》，三联书店 1987 年中译本，第 232 页。

根说过:"一次不公正的审判,其恶果甚至超过十次犯罪。因为犯罪虽是无视法律——好比污染了水流,而不公正的审判则毁坏法律——好比污染了水源。"这其中的道理是深刻的,如果司法这道防线缺乏公信力,社会公正就会受到普遍质疑,社会和谐稳定就难以保障。

王老吉和加多宝谁动了谁的红罐

徐初萌　赵克峰　卢亮 [①]

一、序言

被称为"中国包装装潢第一案"的广药、加多宝"红罐之争"一审判决在过去的一个月中引起无数的讨论，那么到底是谁动了谁的"红罐"呢？广东高院认定，"红罐"属于广药，不属于加多宝。在〔2013〕粤高法民三初字第 1 号广东加多宝饮料食品有限公司（以下简称"加多宝"）诉广州王老吉大健康产业有限公司擅自使用知名商品特有包装装潢纠纷一案中，广东高院驳回了加多宝的全部诉讼请求。而在〔2013〕粤高法民三初字第 2 号即广州医药集团有限公司（以下简称"广药"）诉加多宝擅自使用知名商品包装装潢纠纷一案中，广东高院判决加多宝立即停止使用与王老吉红罐凉茶特有包装装潢相同或相近似的包装装潢；赔偿广药公司经济损失人民币 1.5 亿元及合理维权费用 265 210 元；在《南方日报》《广州日报》、人民网刊登声明公开消除影响；承担案件受理费、证据保全费及审计费。

本案的核心问题是知名商品特有包装装潢的归属，可以细化为三个问题：

（1）本案的知名商品是什么，是"王老吉凉茶"还是加多宝出品的"红罐凉茶"？

（2）特有包装装潢所指向的对象是什么，是包括黄色"王老吉"

---

① 徐初萌、赵克峰、卢亮：北京市君合律师事务所律师。

等文字商标、红色底色等色彩在内的包装装潢，还是仅仅是由红色、黄色、黑色色调组合而成的铁罐（铝罐）装潢？

（3）特有红罐包装装潢是否可与王老吉商标相分离，归属于不同的主体？

我们注意到，在一审判决作出后，专家学者及知识产权从业人士对此问题进行了大量的论述，观点各不一致。但是，学者多从学理出发，从学理到判理，来分析"知名商品"是什么、"知名商品包装装潢权"与商标权是否可以区分并且归属不同的主体，以及该权利到底是应该归属加多宝还是广药。

对此，我们认为有必要重新回顾本案的基本事实，考察当时历史条件下，双方当事人在签订履行王老吉商标许可协议时，在经营红罐过程当中，对红罐商业外观归属的预期与认知。

而且，在上述三个问题之外，我们认为还需要问一个更深层次的问题：在广药与加多宝的博弈过程中，消费者的地位在哪里？他们在看到"红罐"商业标识时，期待买到的是什么商品？消费者想喝的到底是谁的凉茶？我们在判断红罐归属的时候，是否也要从便利消费者、减少购买成本的角度，考虑红罐的归属问题？

二、广药与加多宝的合作背景及过程

我们首先回顾一下双方合作的历史进程：

（一）双方最初合作的背景

王老吉牌凉茶，始创于公元 1828 年（清道光八年），创始人是王泽邦。据考，清道光年间，广州爆发瘴疠，疫症蔓延。为挽救患者，王泽邦（即王老吉）历尽艰辛寻找良药，最终得一秘方，研制出一种凉茶配方，这种凉茶不仅解除了乡民的病痛，也帮助乡民躲过了天花、疫症等灾难。王老吉从此声名大振，被誉为岭南药侠，还被道光皇帝召入皇宫，封为太医院院令。1828年，王老吉在广州十三行开设第一间"王老吉凉茶铺"，深受街坊欢迎，被誉为"凉茶王"。可见，百年前，王老吉成名是作为"药侠"，官封"太医"院院令。王老吉的凉茶更大程度上是治病救人的"药"。

20世纪50年代初，由于政治原因，王老吉凉茶铺分成两支：一支完成公有化改造，发展为今天的广药系，另一支由王氏家族的后人带到香港。新中国成立后，广州中药九厂按原来的处方，继续生产"王老吉"凉茶。1991年5月9日，广州羊城药厂与广州市轻工研究所就"王老吉牌凉茶饮料"项目签订了《广州市技术开发合同书》，约定由广州市轻工研究所利用广州羊城药厂提供的王老吉牌广东凉茶浸膏，研究并确定可供工业生产的王老吉牌凉茶饮料配方、工艺技术条件及设备要求。1992年，广州羊城药业股份有限公司（以下简称"羊城药业"）成立，生产绿色纸盒装的王老吉凉茶。1992年11月，广东省著名商标评选委员会认定羊城药业"王老吉"商标为1992年广东省著名商标。1993年3月1日，广州市人民政府授予羊城药业"王老吉牌"商标为"广州市著名商标"称号。1995年9月，95中国（广东）十佳饮料推选活动组委会认定羊城药业生产经销的王老吉牌清凉茶（利乐包装）产品荣获"95中国（广东）首届最受欢迎的十佳饮料奖"。1998年2月，广东省工商行政管理局认定羊城药业"王老吉"商标为广东省著名商标。可见，在双方合作之前，由广药前身羊城药业生产并销售的盒装王老吉凉茶，已经在广东省地区内，在清凉茶（凉茶）这种特定市场上，具有了较高的知名度。

（二）双方最初进行合作的关键事实

1. 基本合作模式

1995年，羊城药业与鸿道集团签订《商标使用许可合同》，约定羊城药业许可鸿道集团独家使用第 626155 号"王老吉"注册商标，限于红色纸包装清凉茶饮料，鸿道集团可委托其他厂进行加工制造上述产品并送羊城药业备案；双方在各自生产的清凉茶商品上的所有包装图案和颜色均不得与另一方相同。鸿道集团生产的带有"王老吉"三个字的清凉茶产品，须符合中国食品卫生有关标准，其包装上须注明生产企业名称及地址，产品包装及商标使用样板经羊城药业认可才可生产。

1997 年，羊城药业与鸿道集团签订《商标许可使用合同》，其中约定，鸿道集团已于 1995 年从羊城药业处取得了独家使用"王老吉"商标生产销售红色纸包装及红色铁罐装凉茶饮料的使用权。在协议期间，鸿道集团有权在中华人民共和国境内为其生产或委托他人加工生产和销售的王老吉凉茶饮料和龟苓膏产品上使用第 626155 号"王老吉"商标，该项权利是专有的、独占的。"被许可商品"取用铁罐（或铝罐）装。双方还约定，本合同生效后，羊城药业可以保留生产和销售原已生产的用纸包装的王老吉清凉茶，但包装颜色不得取用红色，包装设计图案不得与鸿道集团生产的"被许可商品"相同。

2000 年 5 月 2 日，广药与鸿道集团签订了《商标许可协议》，其中约定，广药许可鸿道集团独占使用第 626155 号"王老吉"商标，使用的商品范围为生产及销售红色罐装及红色瓶装王老吉凉茶，地域范围为中国境内，不包括香港、澳门和台湾地区，使用期限自 2000 年 5 月 2 日至 2010 年 5 月 2 日。双方还约定，如鸿道集团知道任何第三者有任何侵权行为，可以书面形式将详细情况通知广药，在广药决定采取法律手段、制止侵权行为时，鸿道集团须向广药提供有关资料及予以协助，由此发生的一切费用（包括诉讼费用、律师费用和其他费用）及风险责任由鸿道集团承担，由此所获得的利益归鸿道集团享有；鸿道集团知道任何第三者有任何侵权行为时，可直接以鸿道集团的名义采取任何法律手段，制止任何侵权行为，由此引起的费用由鸿道集团负担，有关赔偿利益归鸿道集团享有。

2. 双方配方的差异

广药和加多宝的配方配比上有一定的区别，导致红罐凉茶更甜，绿盒凉茶略苦。那么二者的配方究竟有何不同？根据加多宝官方网站的介绍以及红罐凉茶产品背面的产品配料介绍，加多宝出品的红罐凉茶依据传统配方，采用上等本草材料配制，秉承传统的蒸煮工艺，经由现代科技提取本草精华、悉心调配而成；其内含菊花、甘草、仙草、金银花、鸡蛋花、夏枯草、布渣叶等具有预防上火作用的本草植物。而根据王老吉官方网站的介绍以及绿盒凉茶产品背面的产品配料介绍，绿盒凉茶配料包括鸡蛋花、菊花、金银花、甘草、夏枯草、仙草、布渣叶等。广东省食品行业协会会长张俊修曾对《三联生活周刊》解释，红罐和绿盒王老吉的成分表上都注明由水、白砂糖、仙草、鸡蛋花、布渣叶、菊花、金银花、夏枯草、甘草9种成分构成，但二者喝起来口感仍有区别，红罐王老吉入口更甜，绿盒则略带苦味。凉茶特有的香气是由香草和鸡蛋花形成的，配方只是一方面，更重要的是配比。配方和配比的不同不仅仅导致同样310毫升的加多宝比310毫升的王老吉能量和碳水化合物的营养成分都高，更导致二者口感上的差异。

对于配方来源，双方各执一词。广药一直宣称其配方来自于正宗王老吉。而2013年3月26日，王健仪等王泽邦后人在新浪微博上登载了一篇《王泽邦后人王健仪发布联合声明：从未将祖传配方授权广药集团》的报道，称：2013年3月26日，凉茶创始人王泽邦先生第五代玄孙女王健仪女士携家族成员在深圳召开"凉茶创始人王泽邦后人媒体见面会"。王氏家族发表联合声明，表示从未将祖传秘方授予广药使用。根据加多宝提供的《王健仪声明书及公证认证文件》以及王泽邦后人发布的联合声明，证明加多宝生产的红罐凉茶采用的才是王健仪女士授权的王泽邦正宗凉茶秘方，自 1992 年开始鸿道集团及之后的加多宝生产的标有王老吉商标的红罐凉茶及加多宝现在生产的标有加多宝商标的红罐凉茶配方均源自王泽邦的正宗秘方。因此加多宝凉茶包装上所称的"加多宝凉茶传承王泽邦创于清朝道光年间，已逾百年历史的凉茶配方"属实。而广药从未获得上述凉茶配方，其生产的凉茶产品为与加多宝完全不同的产品。加多宝亦提供其红罐凉茶产品的产品生产许可证及其说明、广药相关企业生产的绿色纸包装凉茶产品的生产许可证信息，证明加多宝生产的红罐凉茶产品与广药相关企业生产的绿盒凉茶产品不同，口味、品质有差异，消费者通过红罐和绿盒包装装潢及凉茶的口感品质已经能够区分二者的商品来源。

3. 红罐的起源和定型

广药和加多宝最初展开合作时，只是概括性地界定了包装的颜色，市场上只有绿纸盒王老吉这一款成熟的产品，并没有成型的红色包装凉茶，更没有红色罐装凉茶。加多宝基本属于"白手起家"。新灵印刷设计公司（SUNNING PRINTING& DESIGN CO）独资东主潘良生于 2012 年 8 月 15 日作出声明，证明红罐王老吉包装从 1995 年开始设计，1995 年为第一阶段设计，1996 年 2 月为第二阶段设计，1998 年 7 月为第三阶段设计。1995 年 12 月 18 日，陈鸿道向国家知识产权局申请名称为"饮料盒标贴"的外观设计专利，请求保护色彩。1996 年 6 月 5 日陈鸿道向国家知识产权局申请名称为"罐贴"的外观设计专利，1997 年 7 月 2 日予以公开，请求保护色彩。加多宝委托设计公司设计了红罐，并申请了外观专利。从公开信息来看，广药方面对加多宝将红罐申请外观专利是知情的，但并未提出异议。这是不是意味着，广药方面以自己的行为认可了红罐的设计权利属于加多宝？是不是意味着，广药方面默认了红罐上附着的商誉归属于加多宝？加多宝设计、使用红罐，是对商标许可协议的履行，还是属于自主经营行为？其经营红罐所获得的商誉，究竟应该归属商标许可人，还是应该归于红罐的自主经营人呢？

回到双方合作的本意，广药为什么不让加多宝做绿盒？显然，在广东市场上，绿盒已经是广药认为相对成熟有一定知名度的产品，而广药和加多宝最初的合作协议只是十分简单的商标许可协议，广药只给加多宝使用"王老吉"商标之授权，而从配方到质控、营销都全面放权，仅规定了达到国家的卫生标准即可。恰因为当时市场上并无成熟的红色包装王老吉产品，因此广药有意地划定了"红色包装／绿色包装"这样一条商誉防火墙。在保障自己能收取许可费并保护已有的绿盒王老吉商誉避免受到加多宝经营失败波及的同时，也客观上让加多宝有了可以放手一搏一款相对独立和区分明显的新款产品的空间。但加多宝果断弃用红色软盒，重新设计铁罐，也是希望强化红罐和绿盒两款商品之间的区分。后面会分析到，如此的初始格局是导致红罐和绿盒各自形成独立商誉的起因。

（三）双方合作的进展

（1）1997—2003年，加多宝经营的红罐销量不佳。一方面，王老吉品牌仅在广东地区有一定知名度，有较大的地域限制；另一方面，红罐产品相比绿盒是新款产品，且外观差异明显，红罐产品无法借力绿盒王老吉已有商誉。

（2）2003—2008年，红罐王老吉获得了快速发展。加多宝品牌团队创新使凉茶摆脱了"药品"的桎梏，将凉茶产品重新定位为预防上火的饮料，并包括在央视砸重金等方式广泛宣传"怕上火喝王老吉"，使得红罐取得飞速发展。2003年，鸿道集团通过国内投资公司投资数亿元首次竞标拿到中央电视台3个黄金时段"标王"广告播放权，启动"怕上火，喝王老吉"的品牌广告语宣传，以后长达近十年时间在中央电视台不间断进行广告投放。

（3）2008年，在汶川地震赈灾晚会上，加多宝捐出高达1亿元人民币的善款，并通过"封杀王老吉"的反向营销手段再一次大大增加了红罐王老吉凉茶的知名度，加多宝的知名度也大大提升。1998年至2011年上半年，加多宝生产和销售红罐王老吉产品，共支出建厂、广告、促销费共计84.5亿元。加多宝历年参加各种慈善、公益活动所支出的费用合计3.09亿元，其中，2008年汶川大地震时捐助1亿元，2009年玉树大地震时捐助1.1亿元。

（4）在红罐不断取得成功的同时，广药自营的绿盒王老吉也借力红罐王老吉之知名度，推出"王老吉也有绿盒"的营销语，借力红罐以期提升销量。

那么，在双方合作的历史中，究竟发生了什么？

① 加多宝生产的红色罐装、口味偏甜的王老吉凉茶初始知名度不高，对于广东本土市场都是一款陌生的新产品，而在广东省之外，近乎白手起家，谈不上有多借"王老吉"商标之力，而亟待商誉的原始积累。广药的"王老吉"仅仅为加多宝方面提供了一个故事背景，而故事主人公的命运则是靠加多宝的奋斗了。

② 红罐王老吉的崛起，跟加多宝从特定功能饮料到大众消费饮料的产品定位转变有很大关系，这又伴随着加多宝团队从配方到营销上和广药绿盒王老吉存在明显差异，并不断扩大这种差异有关。可以说，"求不同、求颠覆"是红罐"反客为主"成为凉茶中最成功一款商品的关键。在客观上，红罐凉茶的崛起过程中，消费者会自然而然地将绿盒王老吉凉茶与红罐王老吉凉茶进行区别对待。

③ 随着汶川地震赈灾晚会加多宝走向前台，加多宝作为"红罐凉茶"的实际生产者、经营者和提供者的身份也逐渐为公众所知悉。加多宝正式走向了前台，其商号开始为公众所知悉并经久不忘。在消费者的认知中，其所希望购买的商品，是由加多宝生产的、红色罐装

的、口味偏甜的、带有王老吉商标的凉茶产品。在这其中，"加多宝"生产占有重要地位，加多宝也竖立了自身的企业形象，红罐凉茶也成为知名度日益提高的独特的商业标识。

④广药的"王老吉也有绿盒"营销语反映出红罐和绿盒各自形成独立商誉的客观事实：①"也有绿盒"说明，在全国范围内，大部分公众知道王老吉凉茶有红色铁罐包装，红罐在全国范围内享有极高的知名度，而绿盒王老吉的知名度较低；②因为绿盒和红罐由于在包装、口味、定位等方面存在明显差异，已经形成了鲜明的"商誉隔离墙"，加多宝团队的营销和宣传一直集中于红罐，绿盒在"商誉隔离墙"的另一边，没有得到商誉的传导。"王老吉也有绿盒"营销语的目的正在于搭建绿盒和红罐的联系，从而帮助广药越过"商誉隔离墙"，分享红罐的商誉。

我们注意到，广东高院将本案的"知名商品"定义为"王老吉凉茶"。但是，如果本案的知名商品仅仅是"王老吉凉茶"，那么意味着红罐和绿盒两种商品的商誉是共同依附于"王老吉"商标来共享的，也意味着绿盒王老吉凉茶能够自然而然地受益于红罐王老吉凉茶的良好商誉，自然而然地获得销量的增长和知名度的提高。但是，广药"王老吉还有绿盒"的营销语表明，商誉并没有因为两种商品共享同一个"王老吉"商标而发生自然传导。可见，本案的"知名商品"，不宜简单地定义为"王老吉凉茶"。广东高院关于红罐包装与王老吉商标已经浑然一体、商誉不可分割的观点，也是值得商榷的。

三、法律观点

（一）焦点一：王老吉商标与红罐包装装潢是否可以分割？

笔者认为，红罐和绿盒两款商品在口味、消费者认知和市场定位等各方面差异明显，尽管两款商品共用"王老吉"一个商标，但红罐、绿盒均具有各自独立的商誉。红罐包装装潢与王老吉商标的商誉具有独立性，红罐包装装潢与王老吉商标应是可分的。

上文已经分析，首先，红罐在一开始根本不是知名商品，它就是从零开始，从无到有，自我原始创造和积累商誉。其次，红罐成功的原因恰恰在于摆脱"王老吉"商标原有品牌定位求新求变，红罐凉茶的口味、产品定位和营销均存在很大差异。红罐本身也是加多宝设计创造出来的独特的商业标识。由于红罐和绿盒两款商品存在明显差异，在"商誉隔离墙"的两边，红罐和绿盒的商誉各自独立积累，从消费者认可的结果来看，红罐凉茶无疑取得了比绿盒凉茶更大的市场成功。

那么，单独就红罐凉茶这一种商品来看，红罐凉茶的商誉到底源自加多宝的经营还是源自"王老吉"这块牌子呢？广药的"王老吉也有绿盒"营销语表明，知名的和被消费者认可的主要是加多宝经营的红罐凉茶。这句营销语可以解读为："红罐凉茶很好，但还有一款的绿盒王老吉也是王老吉，那款凉茶也不错，也请大家光顾下。"这句广告语可否理解为是将商誉从红罐凉茶商品—王老吉商标—绿盒凉茶商品进行依次传导？如果是，那么红罐、绿盒、王老吉商标并不存在一个整体的密不可分的商誉。王老吉商标和红罐包装装潢应是可分的。

（二）焦点二：红罐上的权利是否应当纳入商标许可关系中在商标许可到期后由广药一并收回？

在传统的商标许可模式下，使用授权商标的商品以及其上的商誉一般归商标许可人所有。大多数的商标许可经营模式比如肯德基、可口可乐等为：（1）许可人是知名商品和商标的缔造者，打下了知名商品之所以为知名商品的品质、品牌形象、营销渠道、消费者认可等良好基础；（2）在被许可人获得许可之时，被授权生产的对象已经是相对较为成熟的并有市场美誉度的商品；（3）许可人不但要与被许可人签署特许经营协议等，对被许可人的商业外观、商标的使用方式、商标标识的来源、原料和配方来源、质量监控、管理等事项进行一系列的协议控制和后续监督。整个过程中是许可人"劳心"、被许可人"劳力"的过程，被许可人的经营自主权很少，也并无对商标以及相应商品商誉的创造性贡献，主要是借助已有商誉进行经营获利。在这种模式下，商标以及相应授权商品上的商誉当然应当归属于许可人所有。

本案中，广药与加多宝许可经营模式存在诸多特殊之处，主要体现在：（1）在知名商品起源方面，原来并不存在红罐凉茶这一商品，这一商品的商誉是经由加多宝的经营从零开始积累而来的。（2）在经营自主权方面，广药与加多宝当初仅签订了框架性的合作合同，除了使用"王老吉"商标和包装颜色需为红色来与其本身的绿色纸盒包装相区别以外，广药没有对加多宝进行其他限制，加多宝弃用红色软包、独立设计红罐取得外观专利以及后续的营销等都得到了广药的默许。红罐的外观设计权利由加多宝申请，归加多宝所有。（3）广药和加多宝的《商标许可合同》中对于红色包装的生产问题，并不是以"授权"的方式进行约定的，更多是通过商品划分的方式进行约定的。即广药只能做绿而不能做红，加多宝只能做红而不能做绿。双方在订立合同之初就有两商品的商誉不分享、不影响的明确意图。（4）在一般的商标许可模式中，许可人是大名鼎鼎的品牌公司，而被许可人通常是默默无闻的代工商，而加多宝则具有较高的知名度，广大公众普遍知晓其为红罐凉茶的实际经营者。

笔者认为，本案中广药和加多宝之间的合作关系，与传统的商标许可模式中许可人和被许可人的关系存在很大的差别。应当依据知名商品的起源、经营自主权、双方的合意以及消费者认知等事实因素综合认定和判断红罐的归属。认为红罐归属应该参照商标归属处理的观点值得商榷。笔者认为，认定红罐归属，应当充分考虑加多宝作为红罐凉茶实际经营者并为红罐凉茶成为知名商品作出巨大贡献的事实。

（三）焦点三：在知名商品特有包装归属缺乏明确法律规定的情况下，本案如何确定适用法律？

广东高院的判决中，并没有明确提出认定红罐归属的法律规则。根据目前《反不正当竞争法》以及相关司法解释，也并没有针对知名商品包装权利人认定的具体法律规则。这种情况下，应当如何确定本案认定红罐归属所适用的法律呢？笔者认为，本案的法律适用和相应的争议焦点认定的问题，可以从以下四个角度展开讨论：

1. 反不正当竞争法角度

谈到《反不正当竞争法》，首先需要理清该法与商标法的关系。《反不正当竞争法》和《商标法》都是全国人大通过的法律，没有依附与被依附的关系。在两法中，也没有规定，知名商品的包装依附于商标，或者是适用、参照商标的权属来认定知名商品以及知名商品包装的归属。因此，关于知名商品包装权属的认定，应当结合《反不正当竞争法》的立法本意以及其他法律原则综合判断。笔者注意到，在《反不正当竞争法》以及反不正当竞争司法解释中，并没有"商标权人"或者"所有权人"的概念，只有"经营者"和"竞争者"的概念。

将《反不正当竞争法》与《商标法》对比分析，可以发现，《反不正当竞争法》和《商标法》在权利取得的规定上有本质区别，知名商品的一系列权利是通过经营商品获得知名度取得的，属于"使用取得"，商标权是向商标局申请取得的，属于"先申请注册取得"。商标权的取得和保护要兼顾程序正义，而知名商品权利的取得和行使更侧重实质正义，谁经营保护谁，因此，以实质贡献和经营行为来界定知名商品包装装潢权的归属，更符合《反不正当竞争法》的立法本意。

通常理解，经营意味着设计、制造、营销、广告等一系列市场行为。根据加多宝案的具体情况，认定加多宝是红罐凉茶的"经营者"也是符合客观事实的，似乎也更为适宜，而广药可以被认定为是绿盒凉茶的"经营者"。

2. 合同法角度

对于履行合同中产生的收益，应该按照双方约定进行分配，双方约定不明时，应当通过合同解释、合同履行等多方面探求合同缔约双方之真实意思。红罐在合同创立之开始，并无成熟产品，"红色包装"只是广药对加多宝生产产品的限定。由于并无法定和约定的"红罐经营权"，在合同履行过程中积累形成的红罐独立商誉，为合同约定不明，此时要探求双方真实意思。上文已经分析，广药主动建立商誉隔离墙、给予加多宝充分经营自主权并默许一系列自主经营行为等事实表明，广药在订约之初以及后续的履约过程中，目的只在于与加多宝建立单纯的商标许可关系，其期待的合同对价仅仅为商标权使用费。从加多宝一方来看，因为红绿划分，加多宝必须独立承担红罐凉茶所有的经营责任和风险，但也相应应享有其独立创造的商誉。合同双方权利义务的界定，应当以签约和履约时双方的真实意思为据。广药在合同终止后再主张收回"红罐经营权"，从合同法的角度分析，缺乏相应的合同依据和法律依据。

3. 一般民法角度

《民法通则》中规定了公平原则、诚实信用原则、财产权保护和权利不得滥用原则。广药和加多宝双方进行合作，根据在合作之初和合作过程中双方的协议安排，红罐经营的风险实际上由加多宝一方独力承担。红罐取得巨大成功后，广药主张收回红罐的权利，实际上是要求分享红罐经营的收益。综合合同条款和双方的履约情况来看，广药的行为不免有违反平等主体之间的公平原则和诚实信用原则之虞。

此外，广药作为王老吉商标权人，具有法律上的优势地位，广药主张红罐和商标权不可分割，实际上是要求扩张商标权的保护范围，这样的请求是否应当得到支持，是值得商榷的。民法通则和其他民事法律，都旨在保护公民、法人的合法财产权利不受侵犯。红罐之争案的法律适用，一方面，要遵循特殊优于一般，尽量寻求具体可适用的法律规则；另一方面，也应当注意在选择和适用具体法律规范的过程中，做到不违背民法的基本法律原则。

4. 消费者权益保护法角度

《消费者权益保护法》规定，消费者享有知情权、自主选择权、公平交易权。尽管本案是两个民事主体之间的不正当竞争纠纷，但是司法机关也应当将消费者权益保护作为判决案件的重要考虑因素。从知情权的角度，裁判者需要考虑，应当让红罐这一重要的视觉标记尽量准确地指示产品的实际来源，令消费者不至于错失他们真正想选择的产品。从自主选择权和公平交易权的角度，裁判者需要考虑，红罐归属的认定应当尽量便利消费者，降低消费者的辨认成本和选择成本，确保消费者能够以公平的条件获得商品。

进一步分析，本案应主要适用的《反不正当竞争法》其实与《消费者权益保护法》关系紧密。《反不正当竞争法》是一部公私兼顾之法，"私"在于协调竞争者之间并行不悖、有序竞争，各自通过诚实经营获利；"公"在于维护市场秩序，保护消费者权益。反不正当竞争之目的，恰为消费者权益保护，消费者权益保护法的实现，正是《反不正当竞争法》的目标。消费者权益保护关系到本案中一个核心问题，即"知名商品"的界定。笔者认为，"知名商品"的界定，应最大程度地保障消费者能够准确辨认产源，买到自己想买到的产品，无论是制止仿冒商标、包装、名称，还是要求产品上标注生产信息，落脚点只有一个，就是让消费者买到自己想买到的产品。在《消费者权益保护法》中，让消费者买到自己想买到的产品，则体现为消费者知情权、自主选择权和公平交易权的实现。

本案中的"知名商品"，红罐是其包装也是其独有的、自创的商业标识，独特口味和配方的红罐凉茶是其产品。不仅仅在本案，在其他案件中，消费者的认知习惯、呼叫习惯，都是以某个产品的识别标记为对象的，这没有错。但是，识别标记是为指示产品而服务的，知名商品的包装、品牌、名称都只是知名商品的"表"，而不是"里"，不能以"消费者认知习惯"为由，误将知名商品上的识别要素之一作为知名商品本身。知名商品的"里"是指商品的品质、文化、内涵、消费者体验和认同等等。法律为了实现消费者权益保护的目的，不需要关注商品的品质、文化、内涵、消费者体验和认同等这些经营者才需要去关注的事情，法律只需要关注一点：谁是真正的经营者和产品来源？谁为消费者买到的产品的质量负责？确保知名商品的实际经营者有权使用知名商品的特有包装，不仅仅是反不正当竞争法的立法本意，也是《消费者权益保护法》的内在要求。只有这样，才能确保消费者买到自己想买到的产品，知名商品的"里"才能真正地增加消费者的福利。

四、结语

红罐之争涉及极为复杂的事实和法律问题，知名商品特有包装装潢缺乏具体的法律规则，也给争议双方和裁判者提出了巨大的挑战。本文开辟了这样一个事实观察的角度，即通过探究双方在签订、履行合同过程中对自己合同权利与利益的认知，梳理事实、辨析焦点，逐步解读究竟是谁动了谁的红罐。笔者认为，本案中涉及的"知名商品是什么""红罐和王老吉能否分割"等疑难问题，固然涉及模糊不清的法律概念的辨析，但这些问题更多是事实问题，需要从事实、也只有从事实中才能找出答案。笔者也相信，在这场红罐之争的旷世大战中，裁判者能够充分考虑消费者的立场，维护消费者的权益，实现商业利益和公共利益的最佳平衡。在文章的最后，作为凉茶爱好者，笔者在此寄语未来中国的凉茶市场：红色有红色的热情，绿色有绿色的生机，何不花红柳绿，各自绚烂，这既是对法律的尊重，也是对消费者味觉和视觉的双重尊重。

论禁止动用刑事手段处理民事纠纷

李雅云 [1]

　　滥用刑事手段去处理民事纠纷实际上是没有区分公权力与私权利的界限。私权利的界限是以不损害他人合法权益为界，凡是不损害他人合法权益的行为，公权力都不得干涉。这就需要法律具体规定哪些是私人不可为、必须为的义务，即"权利的负面清单"。私人只要不违反义务，政府即无权干涉。这就是有的学者倡导的"义务先定论"[2]，认为仅仅规定权利没什么用。民商法代表私权利，是调整和保护社会关系的第一道屏障；刑法代表公权力，应当是调整和保护社会关系的最后一道屏障。

一、要把民法与刑法区别开来

　　民法与刑法有许多不同。刑法起于兵、起于军；民法起于商、起于市。民法是私法，刑法是公法。民法是任意法，又称任意性法律规范，指在法定范围内允许法律关系的参加者自己确定相互权利义务的具体内容。刑法是强行法，又称为强行性法律规范，指必须绝对执行的法律规范。刑法只有告诉才处理的情况下才具有任意法的性质；而民法主要是任意法，只有少数强行性法律规范。刑法由于是强行法，国家强制力体现得更为明显。违反民法触犯私人权益，违反刑法则触犯公共利益。

---

① 李雅云：中央党校政法教研部经济法教研室主任，教授，博士生导师。
② 张恒山：《义务先定论》，山东人民出版社 1999 年 1 版。

民法注重扬善，刑法注重惩恶。民法有善意取得、善良管理、好意施惠、反对恶意串通、恶意订立契约、诚实信用、公序良俗等原则和制度，都是扬善的。民法是行使权利和履行义务的规矩，不遵守民法是违法行为，民事责任的承担侧重于体现民法的恢复性正义。民事责任是财产责任为主，加上道义责任。民事案件以调解为主，双方和解并达成赔偿协议。

触犯刑法是犯罪行为，刑法是用来惩罚犯罪的，刑事责任的承担侧重于体现刑法的报复性正义。刑事责任是人身刑为主、财产刑为辅，加上剥夺政治权利。刑事案件原则上不能私了，受害人对嫌疑人的谅解仅仅供法院量刑时参考。

民事案件起诉主体是私人原告。民事案件是自诉案件，实行"民不举官不究"、不告不理。刑事案件是检察院作为公诉人，少数自诉案件。实行"民不举官也究"，不允许私了。

在举证责任上，民事案件实行优势证据、排除对方证据的规则。证据形成法律事实，即可判案。可以实行举证责任倒置。而刑事案件由警方、检察院侦查收集刑事证据。刑事证据要求必须排除一切合理怀疑（无罪推定）。刑事案件在定罪量刑时在证据上实行有利于被告原则（疑罪从无）。追求证据还原客观事实。不实行举证责任倒置。

二、掌握民事案件向刑事案件的转换条件

民事案件升级到刑事案件取决于人身伤害案件中伤害程度的轻重、财产损害案件中财产数额是否巨大、案件的情节是否严重。

一是在伤害案件中，伤残鉴定等级、伤残轻重程度，关系到刑事责任是否构成的问题。二是在财产犯罪、经济犯罪案件中，涉案财产的数额至关重要，关系到刑事责任是否构成的问题。三是在侵害对象方面，涉及执行公务的案件中，如果侵害对象（客体）是国家机关和

履行职务的公务员，就有可能构成妨害司法罪、危害公务罪。四是在交通事故中，在交通肇事罪的构成上，酒驾、毒驾、肇事逃逸直接关系到构成犯罪。

三、克服民事问题刑事解决的倾向

禁止将民事纠纷用刑事手段解决。民事案件不会直接转化为刑事案件。在民事案件审理过程中，诉讼参与人因违反诉讼、执行程序可能会被追究刑事责任，但这种刑事案件并不是民事案件本身转化的。例如，某人因一个民事案件被判决赔偿对方20万元，但是他现在还没有能力偿还。法院下达通知：如果15天内不偿还就要强制执行，或拘留。本案的性质属于民事纠纷，当事人没有赔偿能力也是不能转化为刑事案件的。拘留只是民事强制措施的一种，和刑罚有着本质的区别。

我国的政法机关一再发布法律性文件禁止将民事纠纷用刑事手段解决。1989年3月15日公安部发布《关于公安机关不得非法越权干预经济纠纷案件处理的通知》。1992年4月25日公安部发布《关于严禁公安机关插手经济纠纷违法抓人的通知》。2002年5月22日最高人民检察院办公厅发布《关于对合同诈骗、侵犯知识产权等经济犯罪案件依法正确适用逮捕措施的通知》。这些法律性文件总结了公安机关插手经济纠纷的错误做法，主要有：一是超越公安机关权限，插手合同、债务等经济纠纷案件；二是乱用收审手段拘禁企业法人代表和有关经办人作"人质"，强行索还款物；三是到外地抓人追赃不办法律手续，也不通过当地公安机关，搞"绑架式"行动，非法搜查住宅、侵犯公民人身权利；四是对当事人拷打虐待，逼迫"退赃"和承认"诈骗"；五是有的公安机关袒护本地犯罪分子，对外地来的正常办案不予配合，以种种借口设置障碍，横加阻挠，不让依法拘留逮捕本地的犯罪分子，不让追赃；六是对明显的诈编、投机倒把案件，不认真侦察调查，只追赃罚款，甚至与犯罪分子谈判"私了""退款放人"；七是向受害单位和当事人索取"办案费"，要款要物等。文件要求必须划清经济犯罪和经济纠纷的界限，严格依法办事。公安机关在打击严重经济犯罪时，决不能把经济纠纷当作诈骗等经济犯罪来处理。一时难以划清的，要慎重从事，切不可轻易采取限制人身自由的强制措施，以致造成被动和难以挽回的后果。对经济纠纷问题，应由有关企事业及其行政主管部门、仲裁机关和人民法院依法处理，公安机关不要去干预。更不允许以查处诈骗等经济犯罪为名，以收审、扣押人质等非法手段去插手经济纠纷问题。遇有到公安机关投诉的经济纠纷事项，应当告知当事人到有关主管机关去解决，或及时移送有关主管机关处理。禁止用非法手段提成牟利。有关罚没款提成问题，应严格依照财政部、公安部及地方政府财政部门的有关规定处理，不得随意超越职权范围，以查处诈骗罪为名，干预经济纠纷，替当事人追索欠债，从中提成牟利。绝对不允许非法动用强制措施，侵害经济纠纷当事人的合法权益，对借机中饱私囊的，要依法严肃处理。

检察机关在认定经济犯罪时，必须严格依照刑法规定的犯罪基本特征和犯罪构成要件，从行为的社会危害性、刑事违法性、应受惩罚性几个方面综合考虑。各级检察机关在审查批捕工作中，要严格区分经济犯罪与经济纠纷的界限，尤其要注意区分合同诈骗罪与合同违约、债务纠纷的界限，以及商业秘密与进入公知领域的技术信息、经营信息的界限，做到慎重稳妥、不枉不纵，依法打击犯罪者、保护无辜者，实现法律效果和社会效果的统一。不能把履行合同中发生的经济纠纷作为犯罪处理；对于造成本地企业利益受到损害的行为，要具体分析，不能一概作为犯罪处理，防止滥用逮捕权。对于合同和知识产权纠纷中，当事双方主体真实有效、行为客观存在、罪与非罪难以辨别、当事人可以行使民事诉讼权利的，更要慎用逮捕权。

例如，我国关于商业秘密纠纷案件越来越多，商业秘密犯罪案件也在激增。作为企业，一旦商业秘密受到侵害，便会运用各种诉讼手段，特别是刑事诉讼的手段进行保护，但作为执法者，应该考虑如何才能做到公平、公正。一般来说，商业秘密案件的审理可以适用《反不正当竞争法》，可以运用行政、民事、刑事手段。但最常见的人才流动引发的商业秘密泄露的纠纷，不应当适用刑法。因为在刑事手段解决此类案件的过程中，由于我国相关立法还不完善，商业秘密案件定性的尺度不够统一。一旦被举报人被刑事控制，无法进行举证，而仅由举报人提供的证据不足以反映客观事实。相比较民事诉讼，刑事判决商业秘密案不够科学全面。人才流动是现代市场经济发展的必然，如何在频繁的人才流动中，保护好企业的商业秘密？一是用人单位应做好员工管理工作，对掌握一定商业秘密的员工，应该签订保密协议或竞业禁止条款，加强员工保护本企业商业秘密的意识；二是用人单位应在法律许可的范围内善意挖掘人才，应当尊重跳槽人才在原单位创造的技术成果。从立法本意来讲，应该鼓励运用民事手段解决纠纷。刑事手段只适用于工业间谍、商业间谍等犯罪情节特别严重或是获利特别巨大的案件。

把刑事手段作为各种纠纷的首选项，使刑法显性化、刑法措施优先化，是敌我矛盾思维、强制专政至上心理的彰显，会造成刑法对其他部门法的架空和侵蚀，意味着刑法过度对社会关系进行全方位的干涉。例如，某人在工作期间失足高空坠下，摔死，责任单位和负责人拒绝支付赔偿费。死者家属认为某人系非正常情况下死亡，要求按刑事案件来处理。本案不能追究责任人的刑事责任，民事案件不能随便转化为刑事案件，对方不给医疗费，可以申请强制执行。又如，公民的信用卡刚刚透支，就被戴上信用卡诈骗罪的帽子，导致银行和警方一起滥用刑事程序催债的案例发生。明明是正常的履行合同违约，却直接报案对方合同诈骗；明明是因为客观原因信用卡透支未能及时还款，却直接报案对方信用卡诈骗；明明是自己项目经营风险过大导致预期利息未能兑现，却直接报案对方集资诈骗……如此种种，借助于警察动用刑事力量讨债，利用刑事手段快、准、狠地解决民商法律问题，将很多人从民事上的被告人变成了刑事上的被告人，这样的社会生存环境和市场经济环境，将大大制约法治国家、法治社会、法治政府的建成。

如果本来在民商事诉讼中就可以解决的问题，因为刑事司法程序的启动，加上公检法三机关规避国家赔偿风险的考虑，加上公检法三机关相互配合的实际，导致刑事程序缺乏刹车机制，背负罪犯恶名的民事当事人无处喊冤。

现实社会中，民事案件终审后执行率不高，打白条的民事判决书执行不了，危害司法机关的公正形象。民事诉讼程序中对民众权利的不予重视，会导致民众对民事诉讼及民事法律的不重视。如果政府、政府支持的一方当事人，习惯了用刑事手段解决民事问题，其恶果是，刑法将压缩真正体现民众权益的民商事法律的空间。

四、严禁地方官员擅用刑事手段"挟嫌报复""公器私用"

国家机器本来是用来为公民大众服务的工具。军队、警察、法院、检察院、安全部队、情报机关、政府机关、议会机构，都是国家的重器。可是，一些把党纪国法约束当作儿戏的官员，往往认为这些国家机器掌握在哪个人手里，就可以私用为这个人服务。即使在西方资本主义国家，也存在公权私用和公器私用的现象。例如，以政府的名义，动用政府的力量为资本集团的私利服务。西方国家的一些资本集团往往为了自身私利的需要，不惜牺牲国家的利益和信用，明目张胆地通过议会立法，实现公权私用。因此，如何改变公权私用和公器私用的现象，已经是各国民主政治必须改革的方向。

从民法的角度看，地方政府官员在"挟嫌报复"与"公器私用"方面，经常发生的最典型的案件是利用司法机关打击报复批评、揭发、检举、控告他的普通公民。因此针对这样的"公器私用"行为，习近平总书记指出："任何人都不得凌驾于国家法律之上、徇私枉法，任何人都不得把司法权力作为私器牟取私利、满足私欲。党纪国法的红线不能逾越。"①

第一，"诽谤"官员常常被非法治罪。

在县区一级的政府官员身上，往往发生"官员被诽谤"案件。这种案件在大多数情况下被做成"公诉案件"，是以"诽谤官员"的罪名对公民追责，却极少见"被诽谤"的官员作为刑事自诉案件或者民事侵权案件的原告出现。被认定的"诽谤者"，几乎没有机会与自己"诽谤"的官员对簿公堂。

诽谤罪是指故意捏造并散布虚构的事实，损害他人人格和名誉，情节严重的行为。根据我国刑法第 246 条第 2 款的规定，诽谤罪属于告诉才处理的案件，但是"严重危害社会秩序和国家利益的除外"。诽谤罪是以自诉为原则，以公诉为例外的罪名。只有诽谤行为"严重危害社会秩序和国家利益"时，才不受被害人"告诉才处理"的限制，可由公安机关立案侦查、检察机关提起公诉。但现实情况是，"诽谤官员案"一旦发生，政府有关部门不是尽快查清事实，核查内容真伪，而是按"有罪推断"的方式把矛头对准批评者，迅速地作出了公民诽谤罪成立的相关决定。被诽谤的"问题官员"往往利用其掌握的公权力，将公民的行为上纲上线，归入"严重危害社会秩序和国家利

① 习近平：《在省部级主要领导干部学习贯彻十八届四中全会精神　全面推进依法治国专题研讨班开班式上的讲话》，中央文献出版社 2015 年版，第 119 页。

益"之列，以打击"诽谤罪"为名，控制和消除对其不利言论的扩散。监督和批评政府的公民，往往就成为受害者。这种做法严重破坏了社会主义法治建设，在权力的驱使下违法办案，往往人为制造冤假错案，肆意侵犯公民合法权益。更为恶劣的是，这使本来的个人与个人之诉，变成个人与政府和国家司法公器的对垒，扩大并且激化了矛盾的范围，不但严重损害了法律的尊严和政府的公信力，也使公民的合法权益失去司法公平的保护。2009 年公安部下发《关于严格依法办理侮辱诽谤案件的通知》，指出："近年来，少数地方公安机关在办理侮辱、诽谤案件过程中，不能严格、准确依法办案，引起了新闻媒体和社会各界的广泛关注，产生了不良的社会影响，损害了公安机关形象和执法公信力。"该通知还指出："一些群众从不同角度提出批评、建议，是行使民主权利的表现。如果将群众的批评、牢骚以及一些偏激言论视作侮辱、诽谤，使用刑罚或治安处罚的方式解决，不仅于法无据，而且可能激化矛盾。"政府应当保护公民的批评监督权利，认识到以侮辱、诽谤的司法罪名控制言论自由的危害性。

例如，有的地方党政领导干部，认为老百姓编发的短信、发的网帖或者记者的报道对他们自己造成了诽谤，应该怎么办呢？他们应当向法院投起自诉，而不是动用公权力抓捕这些老百姓。公安机关以诽谤罪对老百姓进行抓捕和判刑，涉嫌侵犯公民的言论自由权、控告、揭发、检举、监督权；以诽谤罪对记者立案调查和拘传，侵犯了新闻报道自由权。这样的领导干部涉嫌挟嫌报复、公权私用，利用公权力"公报私仇"。

习近平总书记说："各级领导干部尤其要弄明白法律规定我们怎么用权、什么事能干、什么事不能干，而不能当'法盲'。其实，许多事情党纪国法都有明确规定，平时认真学一学、看一看，或者在做事情前认真查一查、看一看，就可以避免犯错误、走邪路。"①

第二，领导干部的隐私权范围比普通公众要小。

为了避免地方政府官员在"被诽谤案件"中"挟嫌报复"与"公器私用"，领导干部必须认识到领导干部的隐私权范围比普通公众要小。

高级领导干部作为政治公众人物，隐私权的范围因受到法律的限制而缩小。

隐私权是公民的人格权，它至少包括两个方面权能：一是隐私隐瞒权，公民对自己的隐私有权隐瞒，使其不为人所知。具体包括个人活动自由权、私人领域的保密权。二是隐私支配、利用权。

我国在隐私权保护方面的法律起步较晚，我国的隐私权保护法律基础与社会环境都还相对薄弱。目前对公民个人信息保护的规定涉及宪法、刑法、民商事法、行政法、诉讼法等法律。政府部门是个人信息的最大拥有者，在其采集、储存、处理公民个人信息等各个环节，这些部门的工作人员有侵犯个人信息和隐私权利的可能。一方面，"该公开的必须依法公开"，对个人信息隐私权的保护要求政府必须把有关特定当事人的个人信息向利害关系相对人公开，而且，这种公开应遵循法定程序。另一方面，"不该公开的，必须依法予以保密"。政府能够依法收集个人信息，法律必须约束有关政府部门采取措施以保证个人信息的安全。

"公众人物"在西方国家是个很重要的概念，很多公众人物的隐私权被排除在法律保护的范围之外，与普通人相比权利要缩小很多。公众人物通常包括在政治生活、经济生活、文化生活和社会生活中对公众有巨大影响或者引起公众极大兴趣的明星和名人。作为公众人物，必须接受舆论、媒体更加严厉苛刻的监督。

---

① 习近平：《在省部级主要领导干部学习贯彻十八届四中全会精神　全面推进依法治国专题研讨班开班式上的讲话》，中央文献出版社 2015 年版，第 123 页。

对于普通人而言，当公众知情权与个人隐私权发生冲突时，法律对个人隐私放置优先地位。普通的老百姓当自己的隐私被泄漏或者被侵害的时候，有权请求停止侵害、排除妨碍，有权寻求司法保护。

对于公众人物而言，维护隐私权就比较难，需要付出大量的人力、物力、财力和时间。因为公众人物保护自己的隐私权，涉及他们要让渡自己的部分权利，满足公众知情权的问题。

第三，高级领导干部作为政治公众人物，名誉权的范围因受到法律的限制而缩小。

政府机构完全应当而且完全有能力容忍错误的批评指责，而且应该习惯于此。用司法手段并不是政府维护"形象"的最好选择，按照刑法的规定，诽谤罪侵犯的是自然人的人格尊严、名誉权，政府不能是诽谤罪的对象。

侵害名誉权，主要是指一个人的社会声望和社会评价受到极大伤害的言论和行为。1993年最高人民法院在《关于审理名誉权案件若干问题的解答》中指出："是否构成侵害名誉权的责任，应当根据受害人确有名誉被损害的事实、行为人行为违法、违法行为与损害后果之间有因果关系、行为人主观上有过错来认定。以书面或者口头形式侮辱或者诽谤他人，损害他人名誉的，应认定为侵害他人名誉权。对未经他人同意，擅自公布他人的隐私材料或者以书面、口头形式宣扬他人隐私，致他人名誉受到损害的，按照侵害他人名誉权处理。因新闻报道严重失实，致他人名誉受到损害的，应按照侵害他人名誉权处理。"

构成侵害名誉权，在法律上有个重要标准，即是否造成某个当事人的社会评价降低，并不能以当事人自己的看法或者其周围少数人的看法来认定，而是要由一般人来看其社会评价降低了没有。名誉权诉讼增多，与我们的社会进步有密切关系。但是，不能够把名誉权扩大化，把与名誉权没有关系的一般评价也说成"侵害名誉权"。如果把名誉权无限扩大，反过来就会影响社会正常的批评、建议权和监督控告权等权利，甚至影响诸如新闻报道自由和文学创作自由。如果这些权利受到影响，对国家、社会和公民权利的发展不利。

民法上认为，侵犯名誉权是指散布虚假的信息，造成某个公民的社会评价降低和名誉降低。这里包含几层意思：一是信息有严格的范围，着重指有关道德评价方面，而不是一般的信息，因为道德、品质方面的评价是公民最容易受到伤害又最难以保护的部分，法律着重保护这方面的评价；二是着重保护自然人的权利，也就是公民的权利；三是只要信息真实，就不构成侵权；四是要造成严重侵害，才能说是侵犯了"名誉权"，而不是只说了一两句失真的话。

1993年最高人民法院在《关于审理名誉权案件若干问题的解答》中规定："因撰写、发表批评文章引起的名誉权纠纷，人民法院应根据不同情况处理：文章反映的问题基本真实，没有侮辱他人人格的内容的，不应认定为侵害他人名誉权。文章反映的问题虽基本属实，但有侮辱他人人格的内容，使他人名誉受到侵害的，应认定为侵害他人名誉权。文章的基本内容失实，使他人名誉受到损害的，应认定为侵害他人名誉权。"

《关于审理名誉权案件若干问题的解答》还规定："撰写、发表文学作品，不是以生活中特定的人为描写对象，仅是作品的情节与生活中某人的情况相似，不应认定为侵害他人名誉权。描写真人真事的文学作品，对特定人进行侮辱、诽谤或者披露隐私损害其名誉的；或者虽未写明真实姓名和住址，但事实是以特定人或者特定人的特定事实为描写对象，文中有侮辱、诽谤或者披露隐私的内容，致其名誉受到损害的，应认定为侵害他人名誉权。编辑出版单位在作品已被认定为侵害他人名誉权或者被告知明显属于侵害他人名誉权后，应刊登声明消除影响或者采取其他补救措施；拒不刊登声明，不采取其他补救措施，或者继续刊登、出版侵权作品的，应认定为侵权。"文艺创作，完全可以对某一个特定的群体进行一种讽刺，这是创作的权利和自由。法律规定，作家有创作的权利和自由；法律规定了不得滥用这种权利侵害别人的名誉，但法律并没规定，艺术作品应该怎样去创作。文艺作品是虚构的。虚构，岂能构成侵权？文艺作品如果整体上都是虚构的，就不是真实评价。即使是真实评价，没有损害也不构成侵权。如果连艺术作品都不敢开个玩笑、写个讽刺，那么，关于名誉权的法律规定岂不是让社会倒退了吗？虚构的文艺作品，即便是偶然点到了现实生活中真实单位的名字，也根本不构成侵权。如在小品中讽刺售货员；在漫画中讽刺一个穿中山装的官员；在相声中说某个行业的一个人不道德，那是否意味着整个售货员、政府官员群体的形象都受到损害，他们全体都可以提起名誉权诉讼？是否意味着某个售货员、政府官员可以对号入座，任意起诉索赔？显然不是。

除了公共机构的名誉权主体资格受到限制之外，公众人物的名誉权的范围也受到法律的限制。

一是公众人物的地位、风范、言谈举止对社会风气影响很大，甚至会影响整个社会安全。如果他们的隐私权、肖像权、名誉权都被严密地保护起来，导致的结果只能是，行使公共权力的政治人物不受监督。

二是公众人物的辩白机会更多。公众人物有闪光灯、摄像机、报刊等媒体的关注，面对一些他们认为不实的批评，他们完全可以通过媒体去不停地解释、澄清，从而表明个人的无辜和清白。普通人则不可能总有这种机会。公众人物受到媒体更多关注，同时也受媒体和大众的监督，这是符合权利对等原则的。

三是从法律上讲，每个人都有对公众人物的知情权。对公众人物的道德评价和名誉评价，是他们知情权的一部分。限制公众人物名誉权的范围也是顺理成章的。

第四,"团体诽谤"不违法。

凡是属于"团体诽谤"的,不构成侵犯名誉权。社会大众对于国家机关、非营利性质的公法人、公共机构、社会团体等进行笼统的批评、指责时,学术上被称为"团体诽谤(group defamation)"。"团体诽谤"针对某个机关或团体,不针对特定的个人,不构成侵犯这些机关、团体的名誉权,即这些机构团体不是名誉权的主体。"团体诽谤"不构成侵犯名誉权,目的是避免责任泛滥导致不正当地限制言论自由。

名誉权受侵害的当事人必须是特定的人,对具体被害人的认定应当没有困难。如果被害人难以确切认定,仅对某一团体进行诽谤,则不构成侵害名誉权。例如,笼统地称某地、某单位的政府官员皆为贪官污吏,律师皆为诉棍,医生皆为庸医,某寺庙的和尚不守清规……这时,被害人难以认定,此为"团体诽谤",不构成名誉权的侵害。我国《民法通则》第120条规定,公民和法人都享有名誉权,名誉权受到侵害,有权要求停止侵害。这里的"法人",主要是指商业公司、企业法人,不适用于公共权力机构。

商业公司的信誉,通常所说的商誉,对一个公司来说至关重要,它可以给公司带来经济效益,也可以给公司带来经济损失,类似于个人的名誉,所以法律要予以保护。公司的名誉受到侵害,它的产品的信誉就会受到影响,进而带来经济损失。但公共权力机构,管辖范围固定,管辖权稳定,比如某地的法院声誉受损,大家想到别的地方起诉,这是决不可能的,因为公民在此问题上没有选择权。同时又不存在给公共机构带来经济上的损失。

公共机构理应受到更为严厉的监督。一个组织体,存在于社会当中,服务于社会,就要接受人们的评价,包括为公众利益服务的社会团体。法律不承认一个组织体成为名誉权侵权的受害人。例如，在我国，妇联组织属于社会团体，但具有半官方机构、社会公共机构的色彩。作为社会公共机构，不应成为名誉权诉讼主体。

公共机构的名誉权主体资格必须加以严格限制。否则，舆论、传媒或者文学作品的监督，一定瞻前顾后、缩手缩脚，对发挥社会监督的功能不利，最终将危害社会利益。公共机构行使的是公共权力，法律要倡导采用各种方式，包括新闻舆论的、媒体的、文学作品的等方式，对公共机构进行更直接、更无所顾忌的监督。因为这同社会公共利益、社会公共安全和保障公民权利有密切关系。

论非公有制经济主体的刑事司法保护

——陈鸿道涉嫌行贿罪的法律解析

陈森国 [①]

改革开放 30 多年来，从公有制经济的"必要的有益的补充"到社会主义市场经济的"重要组成部分"，个体私营经济从无到有、从小到大、从弱到强，经历了波澜壮阔的发展历程，见证了中国社会主义市场经济体制的建立完善，推动了中国市场化改革的不断深入。

当前我国经济发展进入新常态，应当更加注重非公有制经济在促进经济发展中的重要作用，更加重视发挥企业家才能。

最高人民法院和最高人民法院先后发布意见，要求确保非公有制经济主体受到平等刑事保护。最高检着重指出依法打击侵犯非公有制企业权益和非公有制经济人士人身、财产权利的刑事犯罪，营造平安稳定的社会环境。

一、公检法机关不要任性随意地干预经济纠纷

禁止公检法机关随意插手经济纠纷，禁止将民商事纠纷用刑事手段解决，是我们国家一贯的政策。

（一）刑事立法不可泛化

刑事立法不可泛化、不可扩张，在理论上称为刑法的谦抑性原则，又称为刑罚的必要性原则，是指立法机关在制定新的刑法规范

---

① 陈森国：中央党校研究生院硕士研究生，律师。

时，该刑事立法和刑事规范确属必不可少，没有可以代替的既有刑罚手段，而且也缺乏其他适当的法律手段进行调整，在这样的情况下，才能将某种违反法律秩序的行为设定成犯罪行为，进行刑事处罚。

在立法上，对某一侵犯社会秩序的行为，当进行刑事立法与进行民商或经济行政立法"等效"时，就不作刑事立法的选择。立法价值取向如果是偏向政府对社会的管控，偏向专政式严打，通常作刑事立法的选择；立法价值取向如果是侧重于强化对个人权益的保护，把尊重和保障人权放在首位，通常作民事立法的选择。

一般而言，下列情况没有设置刑事立法的必要：第一，刑罚无效果。就是说，假如某种行为设定为犯罪行为后，仍然不能达到预防与控制该项犯罪行为的效果，则该项刑事立法即缺乏可行性。第二，可以其他法律替代。如果某项刑法规范的禁止性内容，可以用民事、商事、经济或其他行政处分手段来有效控制和防范，则该项刑事立法即为无必要性。那种将群众的违法行为动辄规定为犯罪的立法是不可取的。第三，无效益。指立法、司法与执法的消耗要大于其所得收益。

如果立法上不断花样翻新地创设新罪名，一时间刑事法网看似愈发严密，但是却造成刑法不再是后置的保障性手段，而成了很多人优先选择的解决纠纷的手段，这种将刑法显性化的做法，实为贻害无穷。这会在民众头脑中形成"民事问题刑事解决"最快最好，"先刑后民"可以置人于死地，"万法皆下策，唯有刑事高"的错误想法，产生对刑法和刑罚的迷信和迷恋。一个社会如果到了必须让刑法大显身手的境地，就说明我们的国家治理体系和治理能力出现严重问题了！

（二）刑事制裁手段的限制性

对于各种民商事纠纷，能够用民法手段解决问题的，不要轻易动用刑事制裁手段。英国哲学家边沁有一句名言："温和的法律能使一个民族的生活方式具有人性；政府的精神会在公民中间得到尊重。"对于有经济纠纷的当事人相互之间产生的犯罪揭发、检举和指控，司法机关应当遵循罪刑法定原则、罪责刑相适应原则、无罪推定原则、疑罪从无原则、辩护原则、法律面前人人平等原则等原则，去适度克减不必要的犯罪认定或抑制不必要的重刑主义。

（三）刑事处罚该出手时要出手

防止"花钱顶罪""金钱抵刑"。在司法、执法环节，假若某行为因其危害程度严重，不仅触犯了有关民商或经济法规范，更触犯了刑法规范，司法机关如果不适用刑法而仅适用民商法或经济法，就会放纵犯罪。当某种经济违法行为因其情节或后果严重而同时触犯刑法时，出于"地方保护主义"或者其他原因，执法与司法机关仅仅是直接适用经济行政制裁，不启动刑罚，就造成在执法和司法环节的"花钱顶罪""金钱抵刑"。

二、陈鸿道涉嫌行贿罪的法律解析

陈鸿道，现为香港鸿道（集团）有限公司及加多宝集团董事长。1995年，加多宝集团母公司香港鸿道集团与广药集团签署协议，获得"红罐王老吉"的生产经营权，使用权截止期限为2010年。2002年和2003年，鸿道集团与广药集团续签二份补充协议，广药集团允许鸿道集团将"红罐王老吉"的生产经营权延续到2020年。

广药集团为了提前解除合同，向检察院举报：当初签订两份补充协议时，时任广药集团副总经理的李益民收受了陈鸿道300万港元贿赂，从而将王老吉商标"严重贱租"，因此，两份补充协议无效。2004年法院以受贿罪终审判处李益民有期徒刑15年。

2004年12月27日广州市人民检察院以涉嫌行贿罪对陈鸿道刑

事立案。2005 年 10 月 19 日陈鸿道被取保候审。取保候审 7 年以后，2012 年 6 月 19 日广州市人民检察院在答复香港鸿道（集团）有限公司信访时，称"已对该案终止侦查"，但同年 6 月 21 日，改称"对该案中止侦查"。目前，该检察院称对本案恢复侦查，对陈鸿道实行"边控"。①

关于陈鸿道是否构成行贿罪，学界众说纷纭。高铭暄、陈兴良等学界泰斗曾以《专家论证法律意见书》的形式提出，陈鸿道虽然给付李益民 300 万元，但并没有谋取不正当利益；而且这 300 万元钱款的性质本身也尚未查明，不能直接理解为行贿。因此，陈鸿道的行为不构成行贿罪。笔者认为，就公开信息显示证据来看，陈鸿道确实不构成行贿罪，理由如下。

（一）刑事判决书没有对陈鸿道给付李益民的 300 万元港币定性

广东省高级人民法院对李益民受贿罪刑事判决书〔2005〕粤高法刑二终字第 370 号认定陈鸿道给付李益民 300 万元港币，是因为李益民的女儿意外受伤需要医疗费，因此陈鸿道通过支票转账方式将钱款给付李益民。刑事判决书同时确认"李益民收受贿赂的行为发生在其女儿意外受伤之后，与李益民辩称受贿为女儿治病的动机一致"，同时认定李益民虽然参与决策同意将"王老吉"商标使用许可协议的时间进行延长，但"并没有因为接受他人贿赂而直接给国家和企业造成重大经济损失，不构成情节严重"。同时，陈鸿道则认为该笔款项为借款。陈鸿道热衷慈善事业，因此该笔款项并非不可理解，在目前证据情况下，尚不能认定该款项系行贿款项。

---

① 边控即边境控制，它是为防止涉案的外国人或者中国公民因其借出境之机逃避司法机关追究法律责任，给境内的国家、集体或个人财产等带来重大损失，而通过法定程序在国边境口岸对之采取限制出境的一种保全措施。

（二）行贿罪与受贿罪并非必然对等成立

第一，商业贿赂并不一定构成行贿罪。

行贿罪是指为谋取不正当利益，给予国家工作人员以财物的行为。

首先，从行贿罪的主观方面来说，商业行贿的主观方面除了直接故意以外，还要求为了"谋取不正当利益"，也就是说，行贿者在经营中排斥公平竞争，最大限度地争取交易机会，以获得更多的非法利益为终极目标。陈鸿道并未谋取不正当利益，而是旨在延长许可期限和约定许可费用。补充协议是双方先前做法的自然延伸，许可费用按照当时的市场情况做了调整，并未脱离市场价格。1999 年，最高人民法院、最高人民检察院《关于在办理受贿犯罪大要案的同时要严肃查处严重行贿犯罪分子的通知》明确规定，"谋取不正当利益"包括两种情形：一是谋取违反法律、法规、国家政策和国务院各部门规章规定的利益，即"非法利益"；二是要求国家工作人员或者有关单位提供违反法律、法规、国家政策和国务院各部门规章规定的帮助或方便条件，即"非法手段利益"。陈鸿道谋取的是其所在单位与合同相对方合同期限的延长，是否属于法律规定的"非法利益"有待商榷。正如高铭暄、陈兴良等专家在意见书中所说：无论对香港鸿道集团还是陈鸿道个人而言，与广药集团协商继续使用"王老吉"商标权，属于正当的商业行为，并没有谋取违反法律、法规、规章或者政策规定的利益，或者要求对方违反法律法规规定提供帮助或者方便条件，因而根本不属于谋取不正当利益。

其次，商业贿赂犯罪的行贿主体，是在商业活动中为了获取商业利益、商业机会、商业地位而实施行贿行为的一切自然人或者单位，即"经营者"。关于"经营者"的概念，《反不正当竞争法》第 2 条规定："本法所称的经营者，是指从事商品经营或者营利性服务（以下所称商品包括服务）的法人、其他经济组织和个人。"结合该条款及刑法规定可见，进行经营活动的单位或个人都可以成为商业贿赂犯罪的行贿主体。《反不正当竞争法》1993 年颁布施行。《反不正当竞争法》制定时，我国实行的是计划经济体制、价格双轨制。禁止商业贿赂是为了保护国家、集体经济利益，是防止国家、集体经济组织的负责人和相关人员利用权力和便利条件收受贿赂，中饱私囊或者谋取小集体利益，损害国家、集体利益，客观上造成不正当竞争。

2004 年我国第四次修改《宪法》，明确提出国家保护个体经济、私营经济等非公有制经济的合法权益和利益。国家鼓励、支持和引导非公有制经济的发展，并对非公有制经济依法实行监督和管理。目前，我国实行完全的市场经济，虽然国企在经济总量上仍然占据主导地位，但非公有制经济主体在数量上却远远超出了国企，成为了市场交易的主体。《反不正当竞争法》对商业贿赂的界定已经不能适应新形势下管理经济运行的需要。

第二，行贿罪与索贿罪并非一一对应的关系。

《刑法》第 385 条规定："国家工作人员利用职务上的便利，索取他人财物，或者非法收受他人财物，为他人谋取利益的，是受贿罪。"《刑法》第 389 条规定："为谋取不正当利益，给予国家工作人员以财物的，是行贿罪。"由此我们不难看出，受贿罪的成立，特别是索贿型受贿罪的成立，只要行为人具备主体身份，利用了职务上的便利，实施了索取他人财物的行为，其国家公职行为的廉洁性就受到了侵害，按照《刑法》第 385 条的规定，即成立受贿罪。国家工作人员的索贿行为突出反映了行为人以权谋私的强烈愿望和贪婪性，并且往往带有对他人的要挟、强制性质，使他人慑于其手中的权力而不得不提供财物，以满足其要求，较之单纯的收贿性的受贿罪具有更大的客观危险性和主观恶性，正因为如此，刑法规定，只要行为人利用职务之便，有索取他人财物的行为，即可构成受贿罪，这种规定也是与索贿行为本身的社会危害性紧密联系的。

从被国家工作人员勒索财物的一方而言，如果被勒索人没有获取不正当利益，则被勒索一方不构成行贿罪，所谓的行贿受贿犯罪的对向关系也就隔断了，就会出现只有受贿罪而没有行贿罪的情况。因为：其一，被勒索一方没有侵犯行贿罪的客体——职务的廉洁性。行为人并不是为了获取不正当利益而主动收买国家公职的公正性与廉洁性，也并不是在进行一场权与利的交易；其二，被勒索一方在客观方面不具有危害社会的行为，他所获得的利益是法律允许的；其三，被勒索一方不具有谋取不正当利益的意图。所以，如果被勒索一方没有获得不正当利益，就不构成行贿罪。

因此，李益民虽然已经构成受贿罪，陈鸿道却并不一定构成行贿罪。刑事判决书及中国贸仲委〔2012〕中国贸仲京裁字第 0240 号裁决书关于陈鸿道贿送目的部分确认了这一事实：在回答与李益民有何经济往来的询问时，陈鸿道承认"李益民叫我给他 300 万元"。李益民此举是否属于索贿需要司法机关的认定，可以肯定的是，即使李益民构成受贿罪，陈鸿道也并非必然构成行贿罪。

（三）检察院对案件久拖不决，程序存在严重瑕疵

2012 年 6 月 19 日，广州市人民检察院在答复香港鸿道（集团）有限公司信访时，称"已对该案终止侦查"，但同年 6 月 21 日，改称"对该案中止侦查"。这种做法要么是出尔反尔、极不严肃的；要么就是受到干预，硬要把案子"悬"在加多宝董事长头上。

取保候审是《中华人民共和国刑事诉讼法》规定的一种刑事强制措施。在我国，指人民法院、人民检察院或公安机关责令某些犯罪嫌疑人、刑事被告人提出保证人或者交纳保证金，保证随传随到的强制措施。

《中华人民共和国刑事诉讼法》第 77 条规定："人民法院、人民检察院和公安机关对犯罪嫌疑人、被告人取保候审最长不得超过十二个月，监视居住最长不得超过六个月。"

最高人民法院、最高人民检察院、公安部、国家安全部《关于取保候审若干问题的规定》第 20 条规定："取保候审即将到期的，执行机关应当在期限届满十五日前书面通知决定机关，由决定机关作出解除取保候审或者变更强制措施的决定，并于期限届满前书面通知执行机关。执行机关收到决定机关的《解除取保候审决定书》或者变更强制措施的通知后，应当立即执行，并将执行情况及时通知决定机关。"

而广州市人民检察院在 2005 年 10 月 19 日作出取保候审决定后，即将此案搁置，取保候审期满后亦未采取任何措施。直到 2012 年 6 月，在鸿道集团进行信访查询时，先是称"已对该案终止侦查"，但时隔两日又改称"对该案中止侦查"。检察院把一个非公有制经济人士的身家性命，玩忽于股掌之间，出尔反尔，司法的严肃性和公正性被破坏得可见一斑。众所周知，"终止"和"中止"在法律程序上是截然不同的两种性质，广州市人民检察院却以笔误来解释，实在难以服众，也让当事人及社会公众对该检察院的权威性、公信力产生强烈质疑。

综上所述，陈鸿道涉嫌行贿案在法律上存在诸多疑点，按照我国"法无明文规定不为罪，法无规定不处罚"的基本原则，以及无罪推定、疑罪从无的司法精神，应当尽快解除对陈鸿道的刑事措施，还当事人清净和有预期的稳定生活。给非公有制经济人士乱扣行贿罪的帽子，结果是使民营企业的头上悬着一把达摩克利斯之剑。如果有民事纠纷的一方当事人都用莫须有的罪名充当悬顶之剑，迫使另一方当事人屈服就范，就难免留下强梁之名。

促进非公有制经济健康发展

——政 策 篇

党和国家关于鼓励非公有制经济
健康发展的主要政策

课题组

一、党的十八届四中全会强调 "市场经济就是法治经济"

2014 年 10 月发布的《中共中央关于全面推进依法治国若干重大问题的决定》指出："社会主义市场经济本质上是法治经济。使市场在资源配置中起决定性作用和更好发挥政府作用，必须以保护产权、维护契约、统一市场、平等交换、公平竞争、有效监管为基本导向，完善社会主义市场经济法律制度。健全以公平为核心原则的产权保护制度，加强对各种所有制经济组织和自然人财产权的保护，清理有违公平的法律法规条款。创新适应公有制多种实现形式的产权保护制度，加强对国有、集体资产所有权、经营权和各类企业法人财产权的保护。国家保护企业以法人财产权依法自主经营、自负盈亏，企业有权拒绝任何组织和个人无法律依据的要求。加强企业社会责任立法。完善激励创新的产权制度、知识产权保护制度和促进科技成果转化的体制机制。加强市场法律制度建设，编纂民法典，制定和完善发展规划、投资管理、土地管理、能源和矿产资源、农业、财政税收、金融等方面法律法规，促进商品和要素自由流动、公平交易、平等使用。依法加强和改善宏观调控、市场监管，反对垄断，促进合理竞争，维护公平竞争的市场秩序。加强军民融合深度发展法治保障。"

二、"非公有制经济 36 条"

2005 年 2 月 24 日国务院发布了《关于鼓励支持和引导个体私营等非公有制经济发展的若干意见》(以下简称《若干意见》或者"非公有制经济 36 条")。"非公有制经济"是官方语言或者说是官方的公开表述，其实质主要是指民营经济。曾几何时，非公有制经济在许多产业领域存在着"限制进入"的情况。在有的地方，国有经济、外资可以进入的行业，私营资本却不能进入。金融部门对中小企业的拒贷率极高，银行资金主要贷给了国有企业，得不到银行资金支持的私营经济，却创造了 50% 以上的 GDP 和 70% 的就业机会。

对私营企业"原罪"的讨伐和有产者财富品质的质疑，一度使得很多民营企业家情绪低迷，纷纷加入移民潮，大量财富外流。围绕"非公有制经济 36 条"，甚至社会上一度有不少人在讨论姓社姓资的问题。

事实上，民营企业为解决就业、企业创新作出了巨大贡献。如果不大力发展非公有制经济，如何解决就业、民生和社会稳定问题？"非公有制经济 36 条"的出台，真可谓"恰逢其时"。

"非公有制经济 36 条"是新中国成立以来第一次以中央政府的名义发布的鼓励支持和引导非公有制经济发展的政策性文件，是促进中国民营企业、非公有制经济发展的一份纲领性文件。

该文件的重要意义是：

（1）"非公有制经济 36 条"出台后，带动了一大批相关的具体措施和配套办法的出台。

2005 年 2 月 24 日，新华社全文播发《国务院关于鼓励支持和引导个体私营等非公有制经济发展的若干意见》。截至 2005 年底，各省市累计出台贯彻落实"非公有制经济 36 条"的实施意见共计 13 件，相关法规政策性文件达到 200 多件；国务院有关部门也相继出台了贯彻落实《若干意见》的具体措施和配套办法17件。主义内容是改进政府监督和管理工作，扩大市场准入。

2005年各部门下发的主要文件如下：

3月21日，国家工商总局下发《关于发挥工商行政管理职能作用促进个体私营等非公有制经济发展的通知》。

4月18日，国务院减负办下发《关于治理向个体私营等非公有制企业乱收费、乱罚款和各种摊派等问题的通知》。

6月15日，国防科工委发布《武器装备科研生产许可实施办法》，允许非公有制经济申请第二类许可，从事武器、装备的一般分系统和其他专用配套产品；支持非公有制企业按有关规定参与军工科研生产任务的竞争以及军工企业的改组改制，鼓励非公有制企业参与军民两用高技术开发及其产业化。

7月22日，铁道部出台了贯彻"非公有制经济36条"的《关于鼓励支持和引导非公有制经济参与铁路建设经营的实施意见》，允许民间资本进入铁路建设、铁路运输、铁路运输装备制造、铁路多元经营四大领域。

7月28日，银监会下发《银行开展小企业贷款业务指导意见》。

7月29日，国家民航总局正式对外公布《国内投资民用航空业规定（试行）》，从8月15日开始，民航业将向民营资本全面放开，各种投资主体都可以投资除空中交通管制系统外的所有民用航空领域。

8月，国务院下发了《关于非公有资本进入文化产业的若干决定》，明确了非公有资本进入文化产业的具体领域。

9月20日，商务部和中国出口信用保险公司下发了《关于实行出口信用保险专项优惠措施支持个体私营等非公有制企业开拓国际市场的通知》。

9月26日，商务部出台了《商务部关于促进中小流通企业改革和发展的指导意见》。

10月18日,文化部出台了《关于鼓励支持和引导非公有制经济发展文化产业的意见》等。

12月6日,国家发改委等八部委下发了《关于进一步推进城镇供热体制改革的意见》,允许非公有资本参与热源厂、供热管网的投资、建设、改造和运营。

12月22日,央行公布《黄金制品进出口管理办法(征求意见稿)》,明确规定只要注册资金在3000万元以上的企业都可以申请黄金进出口业务。

(2)公平地实现市场准入。

《若干意见》提出"消除影响非公有制经济发展的体制性障碍,确立平等的市场主体地位",对改革开放以来非公有制经济发展取得的成绩予以充分肯定,对非公有制经济的市场主体地位予以确立和保障。

诺贝尔获得者斯帝格勒提出公平的市场准入有四个条件:一是取消政府补贴。二是减少行政许可。三是市场的竞争环境、配套条件要公平。四是取消价格的管制。

市场准入并不是说随便就进,市场准入资格还是有门槛的,政府必须对一个产业的经济规模、环保、安全等作出要求。但是准入的"门槛"必须明确,必须是公平的。不管是什么类型的企业,只要符合法定条件,就应该允许它进入。从实际操作层面上,许多产业领域,民营企业是进不去的。《若干意见》为非公有制经济发展清障。近1/3的内容是放宽非公有制经济市场准入和加大对非公有制经济的财税金融支持的内容。文件要求扩大市场准入,意味着民营经济可以向昔日的垄断领域进军。

(3)中国改革开放的历史,从某种意义上讲,实际就是中国非公有制经济不断发展壮大的历史,是中国非公有制经济争取合法身份的"正名史"。

党和政府为非公有制经济"正名",为非公有制经济的健康发展"铺路清障""开闸放水",一个重要的举措就是把鼓励非公有制经济健康发展的政策上升为法律,体现在法律的制定和修改中。例如,《合伙企业法》《个人独资企业法》《中小企业促进法》《物权法》《反垄断法》《国资法》《融资租赁法》和《行政许可法》的出台,修改《公司法》《证券法》和《破产法》等,一系列体现市场化导向的法律与"非公有制经济 36 条"一起,塑造了市场经济法律制度的框架。

非公有制经济不断发展壮大的过程,就是中国社会主义市场经济体系不断建立和完善的过程,也是中国特色社会主义建设的过程。

(4)《若干意见》强调"引导非公有制企业提高自身素质"。促进非公有制经济发展不是无原则的,而是要在遵守法律和道德准则的基础上,促进非公有制经济发展。《若干意见》强调非公企业要"维护非公企业职工的合法权益"。非公企业应"建立健全企业工会组织","保障职工依法参加和组建工会的权利"。

《若干意见》的颁布为非公有制经济发展提供了广阔的发展空间,有利于进一步完善市场经济机制、化解经济快速增长时期面临的各种不平衡问题,为中国经济持续增长、构建和谐社会奠定了基础。

根据"非公有制经济 36 条"这个划时代的文件,民营企业本以为由此可以大显身手,但事实并不如想象得那么简单。打破体制性障碍,必将打破原有的利益格局,这就使得既得利益者很不欢喜。所以市场准入对民营企业来说,仍然是存在许多"玻璃门、天花板",仍然是困难重重,甚至很多事情在发展中反而事与愿违。

三、国务院批转国家发展改革委《关于 2016 年深化经济体制改革重点工作的意见》

2016 年 3 月 25 日国务院批转国家发展改革委《关于 2016 年深

化经济体制改革重点工作意见的通知》（国发〔2016〕21号）。《意见》指出，要牢固树立并贯彻落实新发展理念，紧扣促发展，聚焦惠民生，围绕防风险，大力推进结构性改革，抓紧推动有利于创造新供给、释放新需求的体制创新，推出一批具有重大牵引作用的改革举措，着力抓好已出台改革方案的落地实施，推动形成有利于引领经济发展新常态的体制机制和发展方式。要更加突出供给侧结构性改革，更加突出问题导向和目标导向，更加突出基层实践和创新，更加突出抓改革措施落地，用改革的办法解决经济社会发展中的突出问题，使人民群众有更多获得感。

《意见》提出了10个领域50项年度经济体制改革重点任务。

一是大力推进国有企业改革，改革完善国有资产管理体制，推进混合所有制改革，加快重点行业改革，激发非公有制经济活力和创造力。

二是完善创新驱动发展体制机制，深化科技管理体制改革，完善创新人才激励机制，营造保障大众创业、万众创新的制度环境，加快新动能成长和传统动能提升。

三是持续推进政府职能转变，深入推进"放、管、服"改革，健全有利于去产能、去库存、去杠杆的体制机制，强化降成本、补短板的制度保障。

四是加快财税体制改革，完善事权和支出责任相适应的制度，深化预算制度改革，推进税收制度改革，为结构性改革营造适宜的财税环境。

五是深化金融体制改革，深入推进金融机构、利率汇率市场化、资本市场等改革，改革完善现代金融监管体制，提高金融服务实体经济效率。

六是推进新型城镇化和农业农村等体制创新，深化土地管理制度改革，完善扶贫机制，促进城乡区域协调发展。

七是加快构建对外开放新体制，深化外商投资体制改革，完善"一带一路"和国际产能合作体制，推进高水平双向开放。

八是加快生态文明体制改革，建立国土空间开发保护制度，完善资源总量管理和节约制度，完善环境治理保护制度，推进生态文明基础制度建设，推动形成绿色生产和消费方式。

九是深化社会保障、收入分配、教育、医药卫生、文化体育等改革，完善社会组织管理体制，守住民生底线和社会稳定底线。

十是加强改革试点和改革督查评估。

《意见》要求牢固树立并贯彻落实创新、协调、绿色、开放、共享的新发展理念，引领经济发展新常态，坚持改革开放，坚持稳中求进工作总基调，坚持稳增长、调结构、惠民生、防风险，大力推进结构性改革，着力加强供给侧结构性改革，抓紧推动有利于创造新供给、释放新需求的体制创新，推出一批具有重大牵引作用的改革举措，着力抓好已出台改革方案的落地实施，推动形成有利于引领经济发展新常态的体制机制和发展方式，努力实现"十三五"时期经济社会发展良好开局。

更加突出供给侧结构性改革。围绕提高供给体系质量和效率深化改革，使市场在资源配置中起决定性作用和更好发挥政府作用，矫正要素配置扭曲，降低制度性交易成本，激发企业家精神，提高全要素生产率，实现由低水平供需平衡向高水平供需平衡的跃升。

《意见》提出着力增强市场微观主体活力。要求激发非公有制经济活力和创造力。进一步放宽非公有制经济市场准入，废除制约非公有制经济发展的不合理规定，消除各种隐性壁垒，改善和优化服务。鼓励民营企业参与国有企业改革，鼓励发展非公有资本控股的混合所有制企业。从典型案例入手，总结保护产权好的做法和经验，纠正破坏产权的行为，出台进一步完善产权保护制度推进产权保护法治化的意见，让各种所有制经济权益、企业家财产权和创新收益等依法得到保护。

《意见》提出营造保障大众创业万众创新的制度环境。构建对企业和个人创新创业活动的普惠性政策支撑体系，落实研发费用加计扣除、高新技术企业税收优惠政策，完善科技企业孵化器税收优惠政策，统筹研究对包括天使投资在内的投资种子期、初创期企业的税收优惠政策，研究建立新材料、关键零部件首批次应用保险保费补偿机制。借助互联网等新技术，构建新型的创新创业支撑平台，创新监管方式，为新兴领域创新创业营造宽松环境。创新通用航空新兴业态运行监管模式，出台促进通用航空发展相关政策。

《意见》提出完善服务业发展体制。进一步放宽服务业领域市场准入，营造公平竞争的环境。落实和完善支持政策，推动生产性服务业向专业化转变、向价值链高端延伸，推动生活性服务业加快向精细化和高品质提升。启动新一轮国家服务业综合改革试点，及时推广可复制的经验和做法。大力发展服务贸易和服务外包，开展服务贸易创新发展试点，增加服务外包示范城市。深化养老服务业综合改革试点，全面放开养老服务市场，鼓励民间资本、外商投资进入养老健康领域，提高养老服务质量，推进多种形式的医养结合，增加有效供给。

《意见》提出健全保护企业家精神的体制机制。研究制定进一步激发和保护企业家精神的指导意见，健全相关体制机制和政策体系，充分发挥企业家精神在创新驱动和产业转型升级等方面的重要作用。

《意见》要求深化金融机构改革。进一步扩大民间资本进入银行业，发展民营银行。推进农村信用社省联社改革。大力发展普惠金融和绿色金融，规范发展互联网金融。选取部分符合条件的银行业金融机构和地区开展科创企业投贷联动试点。创新小微企业信贷风险分担模式，建立政府、银行和担保机构、保险机构合作机制，设立国家融资担保基金，建立全国农业信贷担保体系。推进不良资产证券化试点。建立银行卡清算服务市场化机制。将消费金融公司试点推广至全国。

四、国务院《关于促进市场公平竞争维护市场正常秩序的若干意见》

2014 年国务院颁布的《关于促进市场公平竞争维护市场正常秩序的若干意见》（国发〔2014〕20 号文件），在鼓励非公有制经济法治方面主要有以下内容：

（一）指导思想

围绕使市场在资源配置中起决定性作用和更好发挥政府作用，着力解决市场体系不完善、政府干预过多和监管不到位问题，坚持放管并重，实行宽进严管，激发市场主体活力，平等保护各类市场主体合法权益，维护公平竞争的市场秩序，促进经济社会持续健康发展。

（二）基本原则和总体目标

简政放权。充分发挥市场在资源配置中的决定性作用，把该放的权力放开放到位，降低准入门槛，促进就业创业。法不禁止的，市场主体即可为；法未授权的，政府部门不能为。

依法监管。更好发挥政府作用，坚持运用法治思维和法治方式履行市场监管职能，加强事中事后监管，推进市场监管制度化、规范化、程序化，建设法治化市场环境。

公正透明。各类市场主体权利平等、机会平等、规则平等，政府监管标准公开、程序公开、结果公开，保障市场主体和社会公众的知情权、参与权、监督权。

权责一致。科学划分各级政府及其部门市场监管职责；法有规定的，政府部门必须为。建立健全监管制度，落实市场主体行为规范责任、部门市场监管责任和属地政府领导责任。

社会共治。充分发挥法律法规的规范作用、行业组织的自律作用、舆论和社会公众的监督作用，实现社会共同治理，推动市场主体自我约束、诚信经营。

总体目标是立足于促进企业自主经营、公平竞争，消费者自由选择、自主消费，商品和要素自由流动、平等交换，建设统一开放、竞争有序、诚信守法、监管有力的现代市场体系，加快形成权责明确、公平公正、透明高效、法治保障的市场监管格局，到2020年建成体制比较成熟、制度更加定型的市场监管体系。

（三）放宽市场准入，改革市场准入制度

凡是市场主体基于自愿的投资经营和民商事行为，只要不属于法律法规禁止进入的领域，不损害第三方利益、社会公共利益和国家安全，政府不得限制进入。

制定市场准入负面清单，国务院以清单方式明确列出禁止和限制投资经营的行业、领域、业务等，清单以外的，各类市场主体皆可依法平等进入；地方政府需进行个别调整的，由省级政府报经国务院批准。（发展改革委、商务部牵头负责）改革工商登记制度，推进工商注册制度便利化，大力减少前置审批，由先证后照改为先照后证。（工商总局、中央编办牵头负责）简化手续，缩短时限，鼓励探索实行工商营业执照、组织机构代码证和税务登记证"三证合一"登记制度。（县级以上地方各级人民政府负责）完善节能节地节水、环境、技术、安全等市场准入标准。探索对外商投资实行准入前国民待遇加负面清单的管理模式。（发展改革委、商务部牵头负责）

（四）大力减少行政审批事项，禁止变相审批

投资审批、生产经营活动审批、资质资格许可和认定、评比达标表彰、评估等，要严格按照行政许可法和国务院规定的程序设定；凡违反规定程序设定的应一律取消。（中央编办、法制办、人力资源社会保障部牵头负责）放开竞争性环节价格。（发展改革委牵头负责）省级人民政府设定临时性的行政许可，要严格限定在控制危险、配置有限公共资源和提供特定信誉、身份、证明的事项，并须依照法定程序设定。（省级人民政府负责）对现有行政审批前置环节的技术审查、评估、鉴证、咨询等有偿中介服务事项进行全面清理，能取消的尽快予以取消；确需保留的，要规范时限和收费，并向社会公示。（中央编办、发展改革委、财政部负责）建立健全政务中心和网上办事大厅，集中办理行政审批，实行一个部门一个窗口对外，一级地方政府"一站式"服务，减少环节，提高效率。（县级以上地方各级人民政府负责）

严禁违法设定行政许可、增加行政许可条件和程序；严禁以备案、登记、注册、年检、监制、认定、认证、审定、指定、配号、换证等形式或者以非行政许可审批名义变相设定行政许可；严禁借实施行政审批变相收费或者违法设定收费项目；严禁将属于行政审批的事项转为中介服务事项，搞变相审批、有偿服务；严禁以加强事中事后监管为名，变相恢复、上收已取消和下放的行政审批项目。（中央编办、发展改革委、财政部、法制办按职责分工分别负责）

（五）打破地区封锁和行业垄断

对各级政府和部门涉及市场准入、经营行为规范的法规、规章和规定进行全面清理，废除妨碍全国统一市场和公平竞争的规定和做法，纠正违反法律法规实行优惠政策招商的行为，纠正违反法律法规对外地产品或者服务设定歧视性准入条件及收费项目、规定歧视性价格及购买指定的产品、服务等行为。（发展改革委、财政部、商务部牵头负责）对公用事业和重要公共基础设施领域实行特许经营等方

式，引入竞争机制，放开自然垄断行业竞争性业务。(发展改革委牵头负责)

(六) 完善市场退出机制

对于违反法律法规禁止性规定的市场主体，对于达不到节能环保、安全生产、食品、药品、工程质量等强制性标准的市场主体，应当依法予以取缔，吊销相关证照。(各相关市场监管部门按职责分工分别负责) 严格执行上市公司退市制度，完善企业破产制度，优化破产重整、和解、托管、清算等规则和程序，强化债务人的破产清算义务，推行竞争性选任破产管理人的办法，探索对资产数额不大、经营地域不广或者特定小微企业实行简易破产程序。(证监会、法制办按职责分工分别负责) 简化和完善企业注销流程，试行对个体工商户、未开业企业以及无债权债务企业实行简易注销程序。(工商总局负责) 严格执行金融、食品药品、安全生产、新闻出版等领域违法人员从业禁止规定。抓紧制定试行儿童老年用品及交通运输、建筑工程等领域违法人员从业禁止规定。(人民银行、银监会、证监会、保监会、食品药品监管总局、安全监管总局、新闻出版广电总局、质检总局、交通运输部、住房城乡建设部等部门按职责分工分别负责)

五、最高人民法院发布关于非公有制经济的《意见》

2014 年 12 月最高人民法院发布《关于依法平等保护非公有制经济促进非公有制经济健康发展的意见》(以下简称《意见》)。《意见》包括 6 部分，共 20 条。这是最高人民法院首次以司法指导意见的形式，对依法保障非公有制经济健康发展的相关问题进行规定。

(1)《意见》要求，在审理涉及非公有制经济民商事纠纷时，要正确认定民商事合同效力，处理好意思自治与行政审批的关系。

为保障非公有制经济的合法交易,《意见》要求,在审理涉及非公有制经济民商事纠纷时,要正确认定民商事合同效力,处理好意思自治与行政审批的关系,对法律、行政法规规定应当办理批准、登记等手续生效的合同,应当允许当事人在判决前补办批准、登记手续,尽量促使合同合法有效。

(2)《意见》要求,在审理涉及非公有制经济权属纠纷时,对产权有争议的挂靠企业,要在认真查明投资事实的基础上明确所有权,防止非法侵占非公有制经济主体财产。

(3)《意见》提出,对非公有制经济主体在生产、经营、融资活动中的创新性行为,要依法审慎对待,只要不违反法律和司法解释的规定,不得以违法论处。为帮助化解非公有制经济面临的融资难问题,《意见》还要求依法支持非公有制经济主体多渠道融资。

(4)《意见》要求,最大限度减少对涉案非公有制经济主体正常生产经营活动的影响。《意见》还要求依法慎重决定是否适用强制措施以及适用强制措施的种类,是否采取查封、扣押、冻结、处理涉案财物措施以及涉案财物的范围,最大限度减少对涉案非公有制经济主体正常生产经营活动的影响。

(5)《意见》要求,对非公有制经济主体在生产、经营、融资活动中的创新性行为,要依法审慎对待,只要不违反法律和司法解释的规定,不得以违法论处;违反有关规定,但尚不符合犯罪构成条件的,不得以犯罪论处。在合同签订、履行过程中产生的争议,如无确实、充分的证据证明行为人有非法占有的目的,不得以合同诈骗罪论处。

(6)《意见》要求,依法维护非公有制经济主体行政相对人合法权益,依法纠正对非公有制经济主体乱收费、乱罚款、乱摊派等违法干预非公有制企业自主经营的行为。

如行政机关为公共利益的需要,依法变更或者撤回已经生效的行政许可、行政审批，人民法院应依法支持关于补偿财产损失的合理诉求。

（7）对于困扰包括非公有制经济主体在内的执行难问题，《意见》要求采取有效措施积极破解，同时要维护非公有制经济的正常生产经营，采取诉讼保全和查封、冻结、扣押、拘留等强制执行措施时，要注意考量非公有制经济主体规模相对较小、抗风险能力相对较低的客观实际，对因宏观经济形势变化、产业政策调整所引起的涉诉纠纷或者因生产经营出现暂时性困难无法及时履行债务的被执行人，严格把握财产保全、证据保全的适用条件，依法慎用拘留、查封、冻结等强制措施。

六、最高人民检察院发布关于非公有制经济的《意见》

2016 年 3 月最高人民检察院出台《关于充分发挥检察职能依法保障和促进非公有制经济健康发展的意见》（以下简称《意见》），共 6 个部分 18 条。《意见》主要内容如下：

（1）坚持法治思维和历史眼光，做到讲法律和讲政策相结合。

现实中，对民营企业在经营中出现了违法、违约的问题，尚没有构成犯罪的，但是地方政府、涉事的国企当事人，对已经做大、做强的企业出于"下山摘桃子""红眼病"的心理，往往不讲罪与非罪界限、不讲法律与政策的界限、不讲方式与方法，对民营企业进行强行"征收"。对于没有做大、做强的企业，采取"杀鸡取卵"、一棍子打死的方式，不懂得"放水养鱼"、让"企业复养生息"的道理。采取"选择性执法""选择性司法"任意侵犯非公有制企业的合法权益。不努力营造有利于非公有制经济发展的法治化营商环境。

针对上述情况，最高人民检察院出台的《意见》，要求检察院准确把握法律政策界限，严格执行宽严相济的刑事政策，坚持法治思维和历史眼光，做到讲法律和讲政策相结合，处理民营企业在经营中出现的违法的问题。

（2）改进执法方式和规范执法、司法行为，确保办案"三个效果"有机统一。针对非公有制经济的特点和优势，准确把握法律政策界限，严格规范政府执法、司法机关办案的程序和方式，最大限度地实现政治效果、法律效果和社会效果的有机统一。

（3）坚持既充分履行职能、严格依法办案，又防止办案对非公有制企业正常生产经营活动造成负面影响。

执法部门和司法机关要坚持深入查办案件与规范自身司法行为并重。对非公有制经济人士采取强制措施、侦查措施时要维护非公有制企业正常经营秩序、合法权益，把打击经济犯罪、查办职务犯罪与依法帮助非公有制企业挽回和减少经济损失结合起来，做到公正廉洁执法和司法与理性、公平、文明和规范执法、司法并重。

（4）依法打击侵犯非公有制企业权益和非公有制经济人士人身、财产权利的刑事犯罪，为非公有制经济发展营造平安稳定的社会环境。

（5）依法惩治破坏市场秩序、侵犯非公有制企业产权和合法权益的经济犯罪，为非公有制经济发展营造诚信有序的市场环境。

（6）依法打击侵犯非公有制企业合法权益的职务犯罪，推动构建有利于非公有制经济发展的新型政商关系。

（7）强化人大、检察院、新闻媒体对涉及非公有制企业和非公有制经济人士诉讼活动的法律监督，维护非公有制企业合法权益和司法公正。

（8）对民营企业进行法治教育和犯罪预防。例如，检察院要为非公有制经济发展提供法律服务。结合查办侵害非公有制企业合法权益的犯罪案件以及非公有制企业在生产经营活动中发生的犯罪案件，深入剖析典型案件和发案规律，及时提出检察建议。

帮助非公有制企业建章立制、堵塞漏洞，完善内部监督制约和管理机制，提高依法经营管理水平，增强非公有制企业在经济发展新常态下的竞争力和发展后劲。

建立举报网络平台，畅通民营企业的诉求表达渠道，为非公有制企业、非公有制经济人士寻求法律咨询、司法救济等提供更加便捷高效的服务。对涉及非公有制企业、非公有制经济人士维护自身合法权益的控告、申诉和举报，依法及时审查办理。

对可能影响非公有制经济健康发展、存在犯罪风险隐患的苗头性、倾向性问题及时开展预防调查和预警预测，提出对策建议，帮助企业防控法律风险。使非公有制企业、非公有制经济人士强化依法经营意识，明确法律红线和法律风险。

国务院关于鼓励支持和引导个体私营等非公有制经济发展的若干意见

国发〔2005〕3号

各省、自治区、直辖市人民政府，国务院各部委、各直属机构：

公有制为主体、多种所有制经济共同发展是我国社会主义初级阶段的基本经济制度。毫不动摇地巩固和发展公有制经济，毫不动摇地鼓励、支持和引导非公有制经济发展，使两者在社会主义现代化进程中相互促进、共同发展，是必须长期坚持的基本方针，是完善社会主义市场经济体制、建设中国特色社会主义的必然要求。改革开放以来，我国个体、私营等非公有制经济不断发展壮大，已经成为社会主义市场经济的重要组成部分和促进社会生产力发展的重要力量。积极发展个体、私营等非公有制经济，有利于繁荣城乡经济、增加财政收入，有利于扩大社会就业、改善人民生活，有利于优化经济结构、促进经济发展，对全面建设小康社会和加快社会主义现代化进程具有重大的战略意义。

鼓励、支持和引导非公有制经济发展，要以邓小平理论和"三个代表"重要思想为指导，全面落实科学发展观，认真贯彻中央确定的方针政策，进一步解放思想，深化改革，消除影响非公有制经济发展的体制性障碍，确立平等的市场主体地位，实现公平竞争；进一步完善国家法律法规和政策，依法保护非公有制企业和职工的合法权益；进一步加强和改进政府监督管理和服务，为非公有制经济发展创造良好环境；进一步引导非公有制企业依法经营、诚实守信、健全管理，不断提高自身素质，促进非公有制经济持续健康发展。为此，现提出以下意见：

一、放宽非公有制经济市场准入

（一）贯彻平等准入、公平待遇原则。允许非公有资本进入法律法规未禁入的行业和领域。允许外资进入的行业和领域，也允许国内非公有资本进入，并放宽股权比例限制等方面的条件。在投资核准、融资服务、财税政策、土地使用、对外贸易和经济技术合作等方面，对非公有制企业与其他所有制企业一视同仁，实行同等待遇。对需要审批、核准和备案的事项，政府部门必须公开相应的制度、条件和程序。国家有关部门与地方人民政府要尽快完成清理和修订限制非公有制经济市场准入的法规、规章和政策性规定工作。外商投资企业依照有关法律法规的规定执行。

（二）允许非公有资本进入垄断行业和领域。加快垄断行业改革，在电力、电信、铁路、民航、石油等行业和领域，进一步引入市场竞争机制。对其中的自然垄断业务，积极推进投资主体多元化，非公有资本可以参股等方式进入；对其他业务，非公有资本可以独资、合资、合作、项目融资等方式进入。在国家统一规划的前提下，除国家法律法规等另有规定的外，允许具备资质的非公有制企业依法平等取得矿产资源的探矿权、采矿权，鼓励非公有资本进行商业性矿产资源的勘查开发。

（三）允许非公有资本进入公用事业和基础设施领域。加快完善政府特许经营制度，规范招投标行为，支持非公有资本积极参与城镇供水、供气、供热、公共交通、污水垃圾处理等市政公用事业和基础设施的投资、建设与运营。在规范转让行为的前提下，具备条件的公用事业和基础设施项目，可向非公有制企业转让产权或经营权。鼓励非公有制企业参与市政公用企业、事业单位的产权制度和经营方式改革。

（四）允许非公有资本进入社会事业领域。支持、引导和规范非公有资本投资教育、科研、卫生、文化、体育等社会事业的非营利性和营利性领域。在放开市场准入的同时，加强政府和社会监管，维护公众利益。支持非公有制经济参与公有制社会事业单位的改组改制。通过税收等相关政策，鼓励非公有制经济捐资捐赠社会事业。

（五）允许非公有资本进入金融服务业。在加强立法、规范准入、严格监管、有效防范金融风险的前提下，允许非公有资本进入区域性股份制银行和合作性金融机构。符合条件的非公有制企业可以发起设立金融中介服务机构。允许符合条件的非公有制企业参与银行、证券、保险等金融机构的改组改制。

（六）允许非公有资本进入国防科技工业建设领域。坚持军民结合、寓军于民的方针，发挥市场机制的作用，允许非公有制企业按有关规定参与军工科研生产任务的竞争以及军工企业的改组改制。鼓励非公有制企业参与军民两用高技术开发及其产业化。

（七）鼓励非公有制经济参与国有经济结构调整和国有企业重组。大力发展国有资本、集体资本和非公有资本等参股的混合所有制经济。鼓励非公有制企业通过并购和控股、参股等多种形式，参与国有企业和集体企业的改组改制改造。非公有制企业并购国有企业，参与其分离办社会职能和辅业改制，在资产处置、债务处理、职工安置和社会保障等方面，参照执行国有企业改革的相应政策。鼓励非公有制企业并购集体企业，有关部门要抓紧研究制定相应政策。

（八）鼓励、支持非公有制经济参与西部大开发、东北地区等老工业基地振兴和中部地区崛起。西部地区、东北地区等老工业基地和中部地区要采取切实有效的政策措施，大力发展非公有制经济，积极吸引非公有制企业投资建设和参与国有企业重组。东部沿海地区也要继续鼓励、支持非公有制经济发展壮大。

二、加大对非公有制经济的财税金融支持

（九）加大财税支持力度。逐步扩大国家有关促进中小企业发展专项资金规模，省级人民政府及有条件的市、县应在本级财政预算中设立相应的专项资金。加快设立国家中小企业发展基金。研究完善有关税收扶持政策。

（十）加大信贷支持力度。有效发挥贷款利率浮动政策的作用，引导和鼓励各金融机构从非公有制经济特点出发，开展金融产品创新，完善金融服务，切实发挥银行内设中小企业信贷部门的作用，改进信贷考核和奖惩管理方式，提高对非公有制企业的贷款比重。城市商业银行和城市信用社要积极吸引非公有资本入股；农村信用社要积极吸引农民、个体工商户和中小企业入股，增强资本实力。政策性银行要研究改进服务方式，扩大为非公有制企业服务的范围，提供有效的金融产品和服务。鼓励政策性银行依托地方商业银行等中小金融机构和担保机构，开展以非公有制中小企业为主要服务对象的转贷款、担保贷款等业务。

（十一）拓宽直接融资渠道。非公有制企业在资本市场发行上市与国有企业一视同仁。在加快完善中小企业板块和推进制度创新的基础上，分步推进创业板市场，健全证券公司代办股份转让系统的功能，为非公有制企业利用资本市场创造条件。鼓励符合条件的非公有制企业到境外上市。规范和发展产权交易市场，推动各类资本的流动和重组。鼓励非公有制经济以股权融资、项目融资等方式筹集资金。建立健全创业投资机制，支持中小投资公司的发展。允许符合条件的非公有制企业依照国家有关规定发行企业债券。

（十二）鼓励金融服务创新。改进对非公有制企业的资信评估制

度，对符合条件的企业发放信用贷款。对符合有关规定的企业，经批准可开展工业产权和非专利技术等无形资产的质押贷款试点。鼓励金融机构开办融资租赁、公司理财和账户托管等业务。改进保险机构服务方式和手段，开展面向非公有制企业的产品和服务创新。支持非公有制企业依照有关规定吸引国际金融组织投资。

（十三）建立健全信用担保体系。支持非公有制经济设立商业性或互助性信用担保机构。鼓励有条件的地区建立中小企业信用担保基金和区域性信用再担保机构。建立和完善信用担保的行业准入、风险控制和补偿机制，加强对信用担保机构的监管。建立健全担保业自律性组织。

三、完善对非公有制经济的社会服务

（十四）大力发展社会中介服务。各级政府要加大对中介服务机构的支持力度，坚持社会化、专业化、市场化原则，不断完善社会服务体系。支持发展创业辅导、筹资融资、市场开拓、技术支持、认证认可、信息服务、管理咨询、人才培训等各类社会中介服务机构。按照市场化原则，规范和发展各类行业协会、商会等自律性组织。整顿中介服务市场秩序，规范中介服务行为，为非公有制经济营造良好的服务环境。

（十五）积极开展创业服务。进一步落实国家就业和再就业政策，加大对自主创业的政策扶持，鼓励下岗失业人员、退役士兵、大学毕业生和归国留学生等各类人员创办小企业，开发新岗位，以创业促就业。各级政府要支持建立创业服务机构，鼓励为初创小企业提供各类创业服务和政策支持。对初创小企业，可按照行业特点降低公司注册资本限额，允许注册资金分期到位，减免登记注册费用。

（十六）支持开展企业经营者和员工培训。根据非公有制经济的不同需求，开展多种形式的培训。整合社会资源，创新培训方式，形成政府引导、社会支持和企业自主相结合的培训机制。依托大专院校、各类培训机构和企业，重点开展法律法规、产业政策、经营管理、职业技能和技术应用等方面的培训，各级政府应给予适当补贴和资助。企业应定期对职工进行专业技能培训和安全知识培训。

（十七）加强科技创新服务。要加大对非公有制企业科技创新活动的支持，加快建立适合非公有制中小企业特点的信息和共性技术服务平台，推进非公有制企业的信息化建设。大力培育技术市场，促进科技成果转化和技术转让。科技中介服务机构要积极为非公有制企业提供科技咨询、技术推广等专业化服务。引导和支持科研院所、高等院校与非公有制企业开展多种形式的产学研联合。鼓励国有科研机构向非公有制企业开放试验室，充分利用现有科技资源。支持非公有资本创办科技型中小企业和科研开发机构。鼓励有专长的离退休人员为非公有制企业提供技术服务。切实保护单位和个人知识产权。

（十八）支持企业开拓国内外市场。改进政府采购办法，在政府采购中非公有制企业与其他企业享受同等待遇。推动信息网络建设，积极为非公有制企业提供国内外市场信息。鼓励和支持非公有制企业扩大出口和"走出去"，到境外投资兴业，在对外投资、进出口信贷、出口信用保险等方面与其他企业享受同等待遇。鼓励非公有制企业在境外申报知识产权。发挥行业协会、商会等中介组织作用，利用好国家中小企业国际市场开拓资金，支持非公有制企业开拓国际市场。

（十九）推进企业信用制度建设。加快建立适合非公有制中小企业特点的信用征集体系、评级发布制度以及失信惩戒机制，推进建立企业信用档案试点工作，建立和完善非公有制企业信用档案数据库。对资信等级较高的企业，有关登记审核机构应简化年检、备案等手续。要强化企业信用意识，健全企业信用制度，建立企业信用自律机制。

四、维护非公有制企业和职工的合法权益

（二十）完善私有财产保护制度。要严格执行保护合法私有财产的法律法规和行政规章，任何单位和个人不得侵犯非公有制企业的合法财产，不得非法改变非公有制企业财产的权属关系。按照宪法修正案规定，加快清理、修订和完善与保护合法私有财产有关的法律法规和行政规章。

（二十一）维护企业合法权益。非公有制企业依法进行的生产经营活动，任何单位和个人不得干预。依法保护企业主的名誉、人身和财产等各项合法权益。非公有制企业合法权益受到侵害时提出的行政复议等，政府部门必须及时受理，公平对待，限时答复。

（二十二）保障职工合法权益。非公有制企业要尊重和维护职工的各项合法权益，要依照《中华人民共和国劳动法》等法律法规，在平等协商的基础上与职工签订规范的劳动合同，并健全集体合同制度，保证双方权利与义务对等；必须依法按时足额支付职工工资，工资标准不得低于或变相低于当地政府规定的最低工资标准，逐步建立职工工资正常增长机制；必须尊重和保障职工依照国家规定享有的休息休假权利，不得强制或变相强制职工超时工作，加班或延长工时必须依法支付加班工资或给予补休；必须加强劳动保护和职业病防治，按照《中华人民共和国安全生产法》等法律法规要求，切实做好安全生产与作业场所职业危害防治工作，改善劳动条件，加强劳动保护。要保障女职工合法权益和特殊利益，禁止使用童工。

（二十三）推进社会保障制度建设。非公有制企业及其职工要按照国家有关规定，参加养老、失业、医疗、工伤、生育等社会保险，缴纳社会保险费。按照国家规定建立住房公积金制度。有关部门要根据非公有制企业量大面广、用工灵活、员工流动性大等特点，积极探索建立健全职工社会保障制度。

（二十四）建立健全企业工会组织。非公有制企业要保障职工依法参加和组建工会的权利。企业工会组织实行民主管理，依法代表和维护职工合法权益。企业必须为工会正常开展工作创造必要条件，依法拨付工会经费，不得干预工会事务。

五、引导非公有制企业提高自身素质

（二十五）贯彻执行国家法律法规和政策规定。非公有制企业要贯彻执行国家法律法规，依法经营，照章纳税。服从国家的宏观调控，严格执行有关技术法规，自觉遵守环境保护和安全生产等有关规定，主动调整和优化产业、产品结构，加快技术进步，提高产品质量，降低资源消耗，减少环境污染。国家支持非公有制经济投资高新技术产业、现代服务业和现代农业，鼓励发展就业容量大的加工贸易、社区服务、农产品加工等劳动密集型产业。

（二十六）规范企业经营管理行为。非公有制企业从事生产经营活动，必须依法获得安全生产、环保、卫生、质量、土地使用、资源开采等方面的相应资格和许可。企业要强化生产、营销、质量等管理，完善各项规章制度。建立安全、环保、卫生、劳动保护等责任制度，并保证必要的投入。建立健全会计核算制度，如实编制财务报表。企业必须依法报送统计信息。加快研究改进和完善个体工商户、小企业的会计、税收、统计等管理制度。

（二十七）完善企业组织制度。企业要按照法律法规的规定，建立规范的个人独资企业、合伙企业和公司制企业。公司制企业要按照《中华人民共和国公司法》要求，完善法人治理结构。探索建立有利于个体工商户、小企业发展的组织制度。

（二十八）提高企业经营管理者素质。非公有制企业出资人和经营管理人员要自觉学习国家法律法规和方针政策，学习现代科学技术和经营管理知识，增强法制观念、诚信意识和社会公德，努力提高自身素质。引导非公有制企业积极开展扶贫开发、社会救济和"光彩事业"等社会公益性活动，增强社会责任感。各级政府要重视非公有制经济的人才队伍建设，在人事管理、教育培训、职称评定和政府奖励等方面，与公有制企业实行同等政策。建立职业经理人测评与推荐制度，加快企业经营管理人才职业化、市场化进程。

（二十九）鼓励有条件的企业做强做大。国家支持有条件的非公有制企业通过兼并、收购、联合等方式，进一步壮大实力，发展成为主业突出、市场竞争力强的大公司大集团，有条件的可向跨国公司发展。鼓励非公有制企业实施品牌发展战略，争创名牌产品。支持发展非公有制高新技术企业，鼓励其加大科技创新和新产品开发力度，努力提高自主创新能力，形成自主知识产权。国家关于企业技术改造、科技进步、对外贸易以及其他方面的扶持政策，对非公有制企业同样适用。

（三十）推进专业化协作和产业集群发展。引导和支持企业从事专业化生产和特色经营，向"专、精、特、新"方向发展。鼓励中小企业与大企业开展多种形式的经济技术合作，建立稳定的供应、生产、销售、技术开发等协作关系。通过提高专业化协作水平，培育骨干企业和知名品牌，发展专业化市场，创新市场组织形式，推进公共资源共享，促进以中小企业集聚为特征的产业集群健康发展。

六、改进政府对非公有制企业的监管

（三十一）改进监管方式。各级人民政府要根据非公有制企业生产经营特点，完善相关制度，依法履行监督和管理职能。各有关监管部门要改进监管办法，公开监管制度，规范监管行为，提高监管水平。加强监管队伍建设，提高监管人员素质。及时向社会公布有关监管信息，发挥社会监督作用。

（三十二）加强劳动监察和劳动关系协调。各级劳动保障等部门要高度重视非公有制企业劳动关系问题，加强对非公有制企业执行劳动合同、工资报酬、劳动保护和社会保险等法规、政策的监督检查。建立和完善非公有制企业劳动关系协调机制，健全劳动争议处理制度，及时化解劳动争议，促进劳动关系和谐，维护社会稳定。

（三十三）规范国家行政机关和事业单位收费行为。进一步清理现有行政机关和事业单位收费，除国家法律法规和国务院财政、价格主管部门规定的收费项目外，任何部门和单位无权向非公有制企业强制收取任何费用，无权以任何理由强行要求企业提供各种赞助费或接受有偿服务。要严格执行收费公示制度和收支两条线的管理规定，企业有权拒绝和举报无证收费和不合法收费行为。各级人民政府要加强对各类收费的监督检查，严肃查处乱收费、乱罚款及各种摊派行为。

七、加强对发展非公有制经济的指导和政策协调

（三十四）加强对非公有制经济发展的指导。各级人民政府要根据非公有制经济发展的需要，强化服务意识，改进服务方式，创新服务手段。要将非公有制经济发展纳入国民经济和社会发展规划，加强对非公有制经济发展动态的监测和分析，及时向社会公布有关产业政策、发展规划、投资重点和市场需求等方面的信息。建立促进非公有制经济发展的工作协调机制和部门联席会议制度，加强部门之间配合，形成促进非公有制经济健康发展的合力。要充分发挥各级工商联在政府管理非公有制企业方面的助手作用。统计部门要改进和完善现行统计制度，及时准确反映非公有制经济发展状况。

（三十五）营造良好的舆论氛围。大力宣传党和国家鼓励、支持和引导非公有制经济发展的方针政策与法律法规，宣传非公有制经济

在社会主义现代化建设中的重要地位和作用，宣传和表彰非公有制经济中涌现出的先进典型，形成有利于非公有制经济发展的良好社会舆论环境。

（三十六）认真做好贯彻落实工作。各地区、各部门要加强调查研究，抓紧制订和完善促进非公有制经济发展的具体措施及配套办法，认真解决非公有制经济发展中遇到的新问题，确保党和国家的方针政策落到实处，促进非公有制经济健康发展。

国务院

二〇〇五年二月十九日

国务院关于鼓励和引导民间投资
健康发展的若干意见

国发〔2010〕13号

各省、自治区、直辖市人民政府，国务院各部委、各直属机构：

改革开放以来，我国民间投资不断发展壮大，已经成为促进经济发展、调整产业结构、繁荣城乡市场、扩大社会就业的重要力量。在毫不动摇地巩固和发展公有制经济的同时，毫不动摇地鼓励、支持和引导非公有制经济发展，进一步鼓励和引导民间投资，有利于坚持和完善我国社会主义初级阶段基本经济制度，以现代产权制度为基础发展混合所有制经济，推动各种所有制经济平等竞争、共同发展；有利于完善社会主义市场经济体制，充分发挥市场配置资源的基础性作用，建立公平竞争的市场环境；有利于激发经济增长的内生动力，稳固可持续发展的基础，促进经济长期平稳较快发展；有利于扩大社会就业，增加居民收入，拉动国内消费，促进社会和谐稳定。为此，提出以下意见：

一、进一步拓宽民间投资的领域和范围

（一）深入贯彻落实《国务院关于鼓励支持和引导个体私营等非公有制经济发展的若干意见》（国发〔2005〕3号）等一系列政策措施，鼓励和引导民间资本进入法律法规未明确禁止准入的行业和领域。规范设置投资准入门槛，创造公平竞争、平等准入的市场环境。市场准入标准和优惠扶持政策要公开透明，对各类投资主体同等对待，不得

单对民间资本设置附加条件。

（二）明确界定政府投资范围。政府投资主要用于关系国家安全、市场不能有效配置资源的经济和社会领域。对于可以实行市场化运作的基础设施、市政工程和其他公共服务领域，应鼓励和支持民间资本进入。

（三）进一步调整国有经济布局和结构。国有资本要把投资重点放在不断加强和巩固关系国民经济命脉的重要行业和关键领域，在一般竞争性领域，要为民间资本营造更广阔的市场空间。

（四）积极推进医疗、教育等社会事业领域改革。将民办社会事业作为社会公共事业发展的重要补充，统筹规划，合理布局，加快培育形成政府投入为主、民间投资为辅的公共服务体系。

二、鼓励和引导民间资本进入基础产业和基础设施领域

（五）鼓励民间资本参与交通运输建设。鼓励民间资本以独资、控股、参股等方式投资建设公路、水运、港口码头、民用机场、通用航空设施等项目。抓紧研究制定铁路体制改革方案，引入市场竞争，推进投资主体多元化，鼓励民间资本参与铁路干线、铁路支线、铁路轮渡以及站场设施的建设，允许民间资本参股建设煤运通道、客运专线、城际轨道交通等项目。探索建立铁路产业投资基金，积极支持铁路企业加快股改上市，拓宽民间资本进入铁路建设领域的渠道和途径。

（六）鼓励民间资本参与水利工程建设。建立收费补偿机制，实行政府补贴，通过业主招标、承包租赁等方式，吸引民间资本投资建设农田水利、跨流域调水、水资源综合利用、水土保持等水利项目。

（七）鼓励民间资本参与电力建设。鼓励民间资本参与风能、太阳能、地热能、生物质能等新能源产业建设。支持民间资本以独资、控股或参股形式参与水电站、火电站建设，参股建设核电站。进一步

放开电力市场，积极推进电价改革，加快推行竞价上网，推行项目业主招标，完善电力监管制度，为民营发电企业平等参与竞争创造良好环境。

（八）鼓励民间资本参与石油天然气建设。支持民间资本进入油气勘探开发领域，与国有石油企业合作开展油气勘探开发。支持民间资本参股建设原油、天然气、成品油的储运和管道输送设施及网络。

（九）鼓励民间资本参与电信建设。鼓励民间资本以参股方式进入基础电信运营市场。支持民间资本开展增值电信业务。加强对电信领域垄断和不正当竞争行为的监管，促进公平竞争，推动资源共享。

（十）鼓励民间资本参与土地整治和矿产资源勘探开发。积极引导民间资本通过招标投标形式参与土地整理、复垦等工程建设，鼓励和引导民间资本投资矿山地质环境恢复治理，坚持矿业权市场全面向民间资本开放。

三、鼓励和引导民间资本进入市政公用事业和政策性住房建设领域

（十一）鼓励民间资本参与市政公用事业建设。支持民间资本进入城市供水、供气、供热、污水和垃圾处理、公共交通、城市园林绿化等领域。鼓励民间资本积极参与市政公用企事业单位的改组改制，具备条件的市政公用事业项目可以采取市场化的经营方式，向民间资本转让产权或经营权。

（十二）进一步深化市政公用事业体制改革。积极引入市场竞争机制，大力推行市政公用事业的投资主体、运营主体招标制度，建立健全市政公用事业特许经营制度。改进和完善政府采购制度，建立规范的政府监管和财政补贴机制，加快推进市政公用产品价格和收费制度改革，为鼓励和引导民间资本进入市政公用事业领域创造良好的制

度环境。

（十三）鼓励民间资本参与政策性住房建设。支持和引导民间资本投资建设经济适用住房、公共租赁住房等政策性住房，参与棚户区改造，享受相应的政策性住房建设政策。

四、鼓励和引导民间资本进入社会事业领域

（十四）鼓励民间资本参与发展医疗事业。支持民间资本兴办各类医院、社区卫生服务机构、疗养院、门诊部、诊所、卫生所（室）等医疗机构，参与公立医院转制改组。支持民营医疗机构承担公共卫生服务、基本医疗服务和医疗保险定点服务。切实落实非营利性医疗机构的税收政策。鼓励医疗人才资源向民营医疗机构合理流动，确保民营医疗机构在人才引进、职称评定、科研课题等方面与公立医院享受平等待遇。从医疗质量、医疗行为、收费标准等方面对各类医疗机构加强监管，促进民营医疗机构健康发展。

（十五）鼓励民间资本参与发展教育和社会培训事业。支持民间资本兴办高等学校、中小学校、幼儿园、职业教育等各类教育和社会培训机构。修改完善《中华人民共和国民办教育促进法实施条例》，落实对民办学校的人才鼓励政策和公共财政资助政策，加快制定和完善促进民办教育发展的金融、产权和社保等政策，研究建立民办学校的退出机制。

（十六）鼓励民间资本参与发展社会福利事业。通过用地保障、信贷支持和政府采购等多种形式，鼓励民间资本投资建设专业化的服务设施，兴办养（托）老服务和残疾人康复、托养服务等各类社会福利机构。

（十七）鼓励民间资本参与发展文化、旅游和体育产业。鼓励民间资本从事广告、印刷、演艺、娱乐、文化创意、文化会展、影视制

作、网络文化、动漫游戏、出版物发行、文化产品数字制作与相关服务等活动，建设博物馆、图书馆、文化馆、电影院等文化设施。鼓励民间资本合理开发旅游资源，建设旅游设施，从事各种旅游休闲活动。鼓励民间资本投资生产体育用品，建设各类体育场馆及健身设施，从事体育健身、竞赛表演等活动。

五、鼓励和引导民间资本进入金融服务领域

（十八）允许民间资本兴办金融机构。在加强有效监管、促进规范经营、防范金融风险的前提下，放宽对金融机构的股比限制。支持民间资本以入股方式参与商业银行的增资扩股，参与农村信用社、城市信用社的改制工作。鼓励民间资本发起或参与设立村镇银行、贷款公司、农村资金互助社等金融机构，放宽村镇银行或社区银行中法人银行最低出资比例的限制。落实中小企业贷款税前全额拨备损失准备金政策，简化中小金融机构呆账核销审核程序。适当放宽小额贷款公司单一投资者持股比例限制，对小额贷款公司的涉农业务实行与村镇银行同等的财政补贴政策。支持民间资本发起设立信用担保公司，完善信用担保公司的风险补偿机制和风险分担机制。鼓励民间资本发起设立金融中介服务机构，参与证券、保险等金融机构的改组改制。

六、鼓励和引导民间资本进入商贸流通领域

（十九）鼓励民间资本进入商品批发零售、现代物流领域。支持民营批发、零售企业发展，鼓励民间资本投资连锁经营、电子商务等新型流通业态。引导民间资本投资第三方物流服务领域，为民营物流企业承接传统制造业、商贸业的物流业务外包创造条件，支持中小型民营商贸流通企业协作发展共同配送。加快物流业管理体制改革，鼓

励物流基础设施的资源整合和充分利用，促进物流企业网络化经营，搭建便捷高效的融资平台，创造公平、规范的市场竞争环境，推进物流服务的社会化和资源利用的市场化。

七、鼓励和引导民间资本进入国防科技工业领域

（二十）鼓励民间资本进入国防科技工业投资建设领域。引导和支持民营企业有序参与军工企业的改组改制，鼓励民营企业参与军民两用高技术开发和产业化，允许民营企业按有关规定参与承担军工生产和科研任务。

八、鼓励和引导民间资本重组联合和参与国有企业改革

（二十一）引导和鼓励民营企业利用产权市场组合民间资本，促进产权合理流动，开展跨地区、跨行业兼并重组。鼓励和支持民间资本在国内合理流动，实现产业有序梯度转移，参与西部大开发、东北地区等老工业基地振兴、中部地区崛起以及新农村建设和扶贫开发。支持有条件的民营企业通过联合重组等方式做大做强，发展成为特色突出、市场竞争力强的集团化公司。

（二十二）鼓励和引导民营企业通过参股、控股、资产收购等多种形式，参与国有企业的改制重组。合理降低国有控股企业中的国有资本比例。民营企业在参与国有企业改制重组过程中，要认真执行国家有关资产处置、债务处理和社会保障等方面的政策要求，依法妥善安置职工，保证企业职工的正当权益。

九、推动民营企业加强自主创新和转型升级

（二十三）贯彻落实鼓励企业增加研发投入的税收优惠政策，鼓励民营企业增加研发投入，提高自主创新能力，掌握拥有自主知识

产权的核心技术。帮助民营企业建立工程技术研究中心、技术开发中心，增加技术储备，搞好技术人才培训。支持民营企业参与国家重大科技计划项目和技术攻关，不断提高企业技术水平和研发能力。

（二十四）加快实施促进科技成果转化的鼓励政策，积极发展技术市场，完善科技成果登记制度，方便民营企业转让和购买先进技术。加快分析测试、检验检测、创业孵化、科技评估、科技咨询等科技服务机构的建设和机制创新，为民营企业的自主创新提供服务平台。积极推动信息服务外包、知识产权、技术转移和成果转化等高技术服务领域的市场竞争，支持民营企业开展技术服务活动。

（二十五）鼓励民营企业加大新产品开发力度，实现产品更新换代。开发新产品发生的研究开发费用可按规定享受加计扣除优惠政策。鼓励民营企业实施品牌发展战略，争创名牌产品，提高产品质量和服务水平。通过加速固定资产折旧等方式鼓励民营企业进行技术改造，淘汰落后产能，加快技术升级。

（二十六）鼓励和引导民营企业发展战略性新兴产业。广泛应用信息技术等高新技术改造提升传统产业，大力发展循环经济、绿色经济，投资建设节能减排、节水降耗、生物医药、信息网络、新能源、新材料、环境保护、资源综合利用等具有发展潜力的新兴产业。

十、鼓励和引导民营企业积极参与国际竞争

（二十七）鼓励民营企业"走出去"，积极参与国际竞争。支持民营企业在研发、生产、营销等方面开展国际化经营，开发战略资源，建立国际销售网络。支持民营企业利用自有品牌、自主知识产权和自主营销，开拓国际市场，加快培育跨国企业和国际知名品牌。支持民营企业之间、民营企业与国有企业之间组成联合体，发挥各自优势，共同开展多种形式的境外投资。

（二十八）完善境外投资促进和保障体系。与有关国家建立鼓励和促进民间资本国际流动的政策磋商机制，开展多种形式的对话交流，发展长期稳定、互惠互利的合作关系。通过签订双边民间投资合作协定、利用多边协定体系等，为民营企业"走出去"争取有利的投资、贸易环境和更多优惠政策。健全和完善境外投资鼓励政策，在资金支持、金融保险、外汇管理、质检通关等方面，民营企业与其他企业享受同等待遇。

十一、为民间投资创造良好环境

（二十九）清理和修改不利于民间投资发展的法规政策规定，切实保护民间投资的合法权益，培育和维护平等竞争的投资环境。在制订涉及民间投资的法律、法规和政策时，要听取有关商会和民营企业的意见和建议，充分反映民营企业的合理要求。

（三十）各级人民政府有关部门安排的政府性资金，包括财政预算内投资、专项建设资金、创业投资引导资金，以及国际金融组织贷款和外国政府贷款等，要明确规则、统一标准，对包括民间投资在内的各类投资主体同等对待。支持民营企业的产品和服务进入政府采购目录。

（三十一）各类金融机构要在防范风险的基础上，创新和灵活运用多种金融工具，加大对民间投资的融资支持，加强对民间投资的金融服务。各级人民政府及有关监管部门要不断完善民间投资的融资担保制度，健全创业投资机制，发展股权投资基金，继续支持民营企业通过股票、债券市场进行融资。

（三十二）全面清理整合涉及民间投资管理的行政审批事项，简化环节、缩短时限，进一步推动管理内容、标准和程序的公开化、规范化，提高行政服务效率。进一步清理和规范涉企收费，切实减轻民营企业负担。

十二、加强对民间投资的服务、指导和规范管理

（三十三）统计部门要加强对民间投资的统计工作，准确反映民间投资的进展和分布情况。投资主管部门、行业管理部门及行业协会要切实做好民间投资的监测和分析工作，及时把握民间投资动态，合理引导民间投资。要加强投资信息平台建设，及时向社会公开发布国家产业政策、发展建设规划、市场准入标准、国内外行业动态等信息，引导民间投资者正确判断形势，减少盲目投资。

（三十四）建立健全民间投资服务体系。充分发挥商会、行业协会等自律性组织的作用，积极培育和发展为民间投资提供法律、政策、咨询、财务、金融、技术、管理和市场信息等服务的中介组织。

（三十五）在放宽市场准入的同时，切实加强监管。各级人民政府有关部门要依照有关法律法规要求，切实督促民间投资主体履行投资建设手续，严格遵守国家产业政策和环保、用地、节能以及质量、安全等规定。要建立完善企业信用体系，指导民营企业建立规范的产权、财务、用工等制度，依法经营。民间投资主体要不断提高自身素质和能力，树立诚信意识和责任意识，积极创造条件满足市场准入要求，并主动承担相应的社会责任。

（三十六）营造有利于民间投资健康发展的良好舆论氛围。大力宣传党中央、国务院关于鼓励、支持和引导非公有制经济发展的方针、政策和措施。客观、公正宣传报道民间投资在促进经济发展、调整产业结构、繁荣城乡市场和扩大社会就业等方面的积极作用。积极宣传依法经营、诚实守信、认真履行社会责任、积极参与社会公益事业的民营企业家的先进事迹。

各地区、各部门要把鼓励和引导民间投资健康发展工作摆在更加重要的位置，进一步解放思想，转变观念，深化改革，创新求实，根据本意见要求，抓紧研究制定具体实施办法，尽快将有关政策措施落

到实处，努力营造有利于民间投资健康发展的政策环境和舆论氛围，切实促进民间投资持续健康发展，促进投资合理增长、结构优化、效益提高和经济社会又好又快发展。

国务院

二〇一〇年五月七日

最高人民法院关于依法平等保护非公有制经济促进非公有制经济健康发展的意见

法发〔2014〕27号

非公有制经济作为社会主义市场经济的重要组成部分，与公有制经济共同构成我国经济社会发展的重要基础。改革开放以来，非公有制经济不断发展壮大，在支撑增长、促进创新、扩大就业、增加税收等方面都发挥了重要作用，成为促进经济社会发展的重要力量。支持非公有制经济健康发展是坚持和完善我国基本经济制度的必然要求，也是人民法院为经济社会发展提供司法保障的重要方面。各级人民法院要充分发挥司法审判的职能作用，为非公有制经济健康发展提供有力的司法保障。

一、提高认识，切实增强依法保障非公有制经济健康发展的主动性和责任感

1. 贯彻党的十八届三中全会精神，正确认识非公有制经济的重要地位。公有制为主体、多种所有制经济共同发展的基本经济制度，是中国特色社会主义制度的重要支柱，也是社会主义市场经济体制的根基。党的十八届三中全会进一步明确了非公有制经济在社会主义市场经济中的重要地位，提出必须毫不动摇鼓励、支持、引导非公有制经济发展，激发非公有制经济活力和创造力。各级人民法院要深入学习贯彻十八届三中全会精神，依法支持、保障、促进非公有制经济的健康发展。

2. 贯彻党的十八届四中全会精神，依法平等保护各种所有制经济共同发展。法律面前人人平等是我国宪法确立的基本原则。非公有制经济与公有制经济一样，是社会主义市场经济的重要组成部分，都是我国经济社会发展的重要基础。党的十八届四中全会决定指出，平等是社会主义法律的基本属性。人民法院在依法保障公有制经济发展，不断增强国有经济活力、控制力和影响力的同时，要依法平等保护非公有制经济的合法权益，坚持各类市场主体的诉讼地位平等、法律适用平等、法律责任平等，为各种所有制经济提供平等司法保障。

3. 及时审理执行相关案件，有效化解非公有制经济发展中的各类纠纷。当前，非公有制经济发展迅速，投资经营过程不可避免会产生一些纠纷，这些纠纷将有相当部分通过诉讼程序进入人民法院。各级人民法院要充分考虑非公有制经济的特点，依法公正高效审理执行相关案件，及时化解非公有制经济投资经营中的各类纠纷。

二、加强民商事审判工作，依法维护公开平等的市场交易秩序

4. 正确认定民商事合同效力，保障非公有制经济的合法交易。要处理好意思自治与行政审批的关系，对法律、行政法规规定应当办理批准、登记等手续生效的合同，应当允许当事人在判决前补办批准、登记手续，尽量促使合同合法有效。要正确理解和适用合同法第五十二条关于无效合同的规定，严格限制认定合同无效的范围。对故意不履行报批手续、恶意违约的当事人，依法严格追究其法律责任，保护守信方的合法权益。要依法审理涉及非公有制经济主体的金融借款、融资租赁、民间借贷等案件，依法支持非公有制经济主体多渠道融资。要根据物权法定原则的最新发展，正确认定新型担保合同的法律效力，助力提升非公有制经济主体的融资担保能力。

5.妥善审理权属及劳动争议纠纷案件，保护非公有制经济的合法权利。充分发挥民商事审判职能，理顺产权关系，既要依法保护公有制经济，有效防止国有资产流失，也要防止超越法律规定和合同约定，不当损害非公有制经济主体的正当权利。对产权有争议的挂靠企业，要在认真查明投资事实的基础上明确所有权，防止非法侵占非公有制经济主体财产。要严格按照有关法律、法规和政策，审理企业改制纠纷案件，准确界定产权关系，保护非公有制经济主体的合法权益。妥善审理涉及境外投资案件，保障非公有制企业实施"走出去"战略，扩大对外投资。妥善审理涉及非公有制企业的劳动争议案件，依法维护劳动者的合法权益，支持非公有制企业依法管理。

6.妥善审理破产、清算案件，促进生产要素的优化组合和非公有制经济的转型升级。依法受理企业破产案件和强制清算案件，积极引导非公有制经济主体依法有序退出市场，实现优胜劣汰。充分发挥破产重整程序的特殊功能，帮助非公有制企业压缩和合并过剩产能，推动企业业务流程再造和技术升级改造，优化资金、技术、人才等生产要素配置，帮助和支持符合国家产业政策要求的企业恢复生机，重返市场。要依法保障非公有制经济参与各类企业的破产重组，通过生产要素的优化组合，实现经济效率的整体提升。

7.妥善审理各类知识产权案件，保障和推动非公有制经济的自主创新。充分运用知识产权司法保护手段，加大对各种侵犯知识产权行为的惩治力度。妥善审理技术改造升级过程中引发的技术开发、技术转让、技术咨询和技术服务合同纠纷案件，鼓励非公有制经济主体通过技术进步和科技创新实现产业升级，提升核心竞争力。及时受理反不正当竞争纠纷案件，依法制裁各种形式的不正当竞争行为，保障非公有制经济主体平等地参与市场竞争。加强反垄断案件的审理，依法制止占有市场支配地位的垄断者滥用垄断地位，严格追究违法垄断行为的法律责任，为各种所有制经济主体提供竞争高效公平的市场环境。

三、严格执行刑事法律和相关司法解释，确保非公有制经济主体受到平等刑事保护

8. 平等适用刑法，依法维护非公有制经济主体合法权益。对非法侵害非公有制经济主体合法权益，构成犯罪的，要依法追究刑事责任；对犯罪分子非法占有、处置非公有制经济主体的财产，要依法予以追缴或者责令退赔；犯罪分子非法毁坏非公有制经济主体财产，非公有制经济主体提起附带民事诉讼的，依法予以支持。非公有制经济主体或者其工作人员实施诈骗、非法集资、行贿等行为，构成犯罪的，要依法追究刑事责任。

9. 坚持罪刑法定，确保无罪的非公有制经济主体不受刑事追究。准确把握立法精神，正确适用法律和司法解释，严格区分罪与非罪、犯罪与行政违法、犯罪与民商事纠纷。对非公有制经济主体在生产、经营、融资活动中的创新性行为，要依法审慎对待，只要不违反法律和司法解释的规定，不得以违法论处。违反有关规定，但尚不符合犯罪构成条件的，不得以犯罪论处。在合同签订、履行过程中产生的争议，如无确实、充分的证据证明行为人有非法占有的目的，不得以合同诈骗罪论处。

10. 严格办案程序，切实保障非公有制经济主体的诉讼权利。对于确已涉嫌犯罪的，要根据所涉犯罪的性质、危害程度等具体案件情况，依法慎重决定是否适用强制措施以及适用强制措施的种类，是否采取查封、扣押、冻结、处理涉案财物措施以及查封、扣押、冻结、处理涉案财物的范围，最大限度减少对涉案非公有制经济主体正常生产经营活动的影响。要坚持证据裁判原则，对非公有制经济主体或者其工作人员涉嫌犯罪的案件，经审理认为事实、证据存在疑问，不能排除合理怀疑的，应当依法宣告无罪。

四、切实发挥行政审判职能，依法维护非公有制经济主体行政相对人合法权益

11. 监督和促进行政机关依法行使职权，依法纠正违法行政行为。非公有制经济主体起诉认为行政机关作出的行政行为逾越法定权限、违背法定程序，侵犯其合法权益，其主张事实依据充分的，人民法院应依法纠正相关行政行为。要正确审理涉及税收、工商管理、质量监督、物价、海关监管、经营自主权等行政案件，依法纠正对非公有制经济主体乱收费、乱罚款、乱摊派等违法干预非公有制企业自主经营的行为。对非公有制经济主体实施的行政强制措施和行政处罚，要与违法行为的性质、情节及危害后果相适应，显失公正的，人民法院要依法撤销或者变更。行政机关违法侵权并给非公有制经济主体造成损失的，要依法承担赔偿责任。

12. 坚持审判中立，确保非公有制经济与行政机关同受法律保护和约束。促进行政机关转变职能，维护行政机关与非公有制经济主体在行政管理过程中依法达成的行政合同的有效性和稳定性。审理好政府招商引资合同案件，监督政府机关诚实守信地履行政府文件和合同所约定的义务。妥善审理政府采购过程中发生的政府采购合同案件和其他行政诉讼案件，落实非公有制经济主体的平等待遇，促进公平竞争。依法保护非公有制经济主体由于对行政机关的信赖而形成的利益，维护行政行为的稳定性。行政机关为公共利益的需要，依法变更或者撤回已经生效的行政许可、行政审批，或者提前解除国有土地出让等自然资源有偿使用合同的，人民法院应依法支持非公有制经济主体关于补偿财产损失的合理诉求。

13. 维护非公有制经济主体的合法权益和经营自主权，推动建立公平公正的市场竞争秩序。人民法院审理行政案件，要正确处理好权利与权力的关系，对非公有制经济主体要坚持"法无禁止即可为"的

原则，对行政权力要坚持"法无授权不可为"的原则。正确处理政府与市场的关系，完善产权保护制度，尊重非公有制经济主体经营自主权。要通过裁判推动社会主义市场经济体制进一步完善，依法支持行政机关规范和整顿市场经济秩序，依法打击制售假冒伪劣商品，支持行政机关对违法侵权行为进行治理整顿，切实维护非公有制经济主体的商标、专利等知识产权。加大对行政机关不作为、不依法履行法定职责行政案件的审理力度，帮助防范少数行政机关懒政、惰政。

14. 依法受理和审理政府信息公开案件，推动建立公开透明的市场环境。依法受理和审理非公有制经济主体提起的政府信息公开行政案件，推动政府信息的主动公开和依申请公开。非公有制经济主体因为自身生产和科研等特殊需要，申请获取不涉及国家秘密、商业秘密、个人隐私的政府信息，人民法院应予支持。非公有制经济主体请求撤销行政机关以未经事先公布的规范性文件为依据作出的行政行为，事实依据充分的，人民法院应予支持。非公有制经济主体要求行政机关提供在履行职责过程中制作或者获取的本地区、本行业企业生产经营信息，人民法院亦应依法予以支持。

五、加强执行工作，依法保障非公有制经济主体合法权益

15. 坚持平等原则，确保非公有制经济合法权益及时实现。对非公有制经济主体与国有经济、集体经济主体同等对待，不得因申请执行人和被执行人的所有制性质不同而在执行力度、执行标准上有所不同，树立市场诚信，公正高效地保护守信方当事人的合法权益。要紧紧围绕依法突出执行工作强制性、全力推进执行工作信息化、大力加强执行工作规范化的总体思路，充分发挥执行联动机制、公布失信被执行人名单等制度的作用，确保生效法律文书确定的非公有制经济主

体的债权及时得以实现。

16. 采取有效措施，积极破解执行难问题。以执行工作信息化建设为依托，逐步实现执行信息查询和共享，力求破解被执行人难找、被执行财产难查问题；将失信被执行人名单信息向社会公布，同时向相关单位定向通报，及时予以相应的信用惩戒，挤压被执行人的生存空间，迫使其自动履行；对规避执行和拒不执行生效裁判文书的坚决予以打击；对不积极协助法院执行甚至阻碍执行的要及时向有关单位及其上级主管部门进行反映并依法追究其法律责任；因地方保护主义和部门保护主义的干扰无法及时执结的，要采取协调、督促、提级执行等方式，努力使非公有制经济主体申请执行人的债权及时得到实现。

17. 保护申请执行人的合法权益，切实维护非公有制经济的正常生产经营。在采取诉讼保全和查封、冻结、扣押、拘留等强制执行措施时，要注意考量非公有制经济主体规模相对较小、抗风险能力相对较低的客观实际，对因宏观经济形势变化、产业政策调整所引起的涉诉纠纷或者因生产经营出现暂时性困难无法及时履行债务的被执行人，严格把握财产保全、证据保全的适用条件，依法慎用拘留、查封、冻结等强制措施，尽量减少对企业正常生产经营活动可能造成的不当影响，维持非公有制经济主体的经营稳定。

六、完善审判工作机制，不断提高司法保障水平

18. 改进司法工作作风，切实保障非公有制经济主体的诉讼权利。要依法保障非公有制经济主体的诉权，对符合法律规定应当受理的案件要及时立案，并尽快做出裁判。依法适用督促程序，进一步落实便利诉讼原则，不断扩展适用简易程序的范围，减轻当事人诉累。完善诉讼代理人出庭制度，为非公有制企业参加诉讼提供便利。规范庭审程序，平等地听取包括非公有制经济主体在内的各方当事人的意见，

依法全面审查各方当事人提供的证据。依法纠正确有错误的裁判，维护当事人的合法权益。支持和推动非公有企业人士担任人民陪审员，妥善审理涉非公有企业的各类案件。充分发挥商会、行业协会等组织的作用，建立适合于非公有制经济特点的多元纠纷解决机制，构建诉调对接工作平台，促进非公有制经济主体纠纷的及时有效化解。

19. 加大司法公开力度，不断提升信息化服务水平。要加快推进人民法院信息化建设，全面提升司法公开水平。要充分发挥"中国审判流程信息公开网"等载体作用，向包括非公有制经济主体在内的社会公众依法全面公开审判执行活动。借助失信被执行人数据库平台，会同有关部门和社会组织共同开展诚信建设。大力推进裁判文书上网，加强裁判文书对案件事实认定和法律适用理由的论证，增强各类所有制主体对其经营行为及其法律后果的可预测性。要通过公开审判、以案说法、发布重要新闻和典型案例等形式，宣传涉及非公有制经济的法律法规，提高非公有制企业的法律意识。

20. 加强司法建议工作，积极为非公有制企业提供司法服务。要加强调查研究，及时总结经验，结合审判工作实际，对非公有制经济主体在经济发展新常态中加快转型升级和"走出去"过程中遇到的法律风险和法律问题进行深入研究，及时向工商联、相关行业商协会、有关政府部门发出司法建议。要牢固树立服务意识，充分发挥司法裁判的规范、指引作用，促进非公有制企业切实增强法治观念和依法经营意识，不断完善生产经营管理制度，提升行业管理水平，增强国际竞争力和影响力，保障非公有制经济健康顺利发展。

最高人民法院
2014 年 12 月 17 日

最高人民检察院关于充分发挥检察职能依法保障和促进非公有制经济健康发展的意见

为深入贯彻党的十八大及十八届三中、四中、五中全会精神和习近平总书记系列重要讲话精神，认真落实中央经济工作会议和中央政法工作会议部署，坚持平等保护公有制经济与非公有制经济，依法履行检察职能，充分发挥保障和促进非公有制经济健康发展的积极作用，提出如下意见：

一、充分认识非公有制经济的重要地位，切实增强保障和促进非公有制经济健康发展的主动性和责任感

1.依法保护非公有制企业产权和合法权益，是检察机关的重要责任。非公有制经济是社会主义市场经济的重要组成部分，也是推动我国经济转型升级的重要依托，对于支撑增长、促进创新、扩大就业、增加税收等发挥重要作用。检察机关要切实把思想和行动统一到中央决策部署和要求上来，围绕服务经济建设和发展大局，找准检察工作保障和促进非公有制经济健康发展和非公有制经济人士健康成长的切入点，积极履职尽责，为非公有制经济发展提供有力司法保障。

2.牢固树立平等保护的理念，加强对非公有制经济的司法保护。对公有制经济和非公有制经济平等保护，是我国宪法规定的一项重要原则。要把平等保护各类市场主体合法权益作为检察工作服务改革发展稳定大局的重要着力点，坚持诉讼地位和诉讼权利平等、法律适用

和法律责任平等、法律保护和法律服务平等，主动适应非公有制经济发展的司法需求，依法保护非公有制企业产权和合法权益，依法保护企业家和从业人员创新创业的积极性，增强发展预期和信心，激发活力，促进创新发展。

二、积极履行检察职能，依法保障非公有制企业产权和合法权益

3. 依法打击侵犯非公有制企业权益和非公有制经济人士人身、财产权利的刑事犯罪，营造平安稳定社会环境。依法履行批捕、起诉职能，突出工作重点，依法惩治侵犯非公有制经济投资者、管理者和从业人员人身安全、财产安全的犯罪活动。依法惩治黑社会性质犯罪组织和恶势力犯罪团伙以暴力、胁迫等方式向非公有制企业收取"保护费"，欺行霸市、强买强卖的犯罪。依法惩治盗窃、抢夺、敲诈勒索、哄抢非公有制企业财物的犯罪。依法惩治利用职务便利侵占、挪用非公有制企业财产的犯罪。依法惩治由经济纠纷引发的暴力讨债、绑架、非法拘禁等犯罪。积极配合有关部门加强对非公有制企业周边治安乱点的专项整治，维护企业管理秩序，保障企业生产经营活动正常进行。

4. 依法惩治破坏市场秩序、侵犯非公有制企业产权和合法权益的经济犯罪，营造诚信有序的市场环境。依法惩治侵犯非公有制企业合法权益的金融诈骗、合同诈骗、商业贿赂等破坏市场经济秩序的犯罪。依法惩治强揽工程、串通投标、强迫交易、官商勾结垄断经营以及故意损害商业信誉等破坏公平竞争的犯罪。依法惩治侵犯商标专用权、专利权、著作权、商业秘密等破坏非公有制企业创新发展的侵犯知识产权犯罪。依法惩治集资诈骗、非法吸收公众存款等涉众型犯罪。依法惩治利用互联网金融平台、打着金融创新旗号从事非法活动

等增加金融风险的犯罪。通过惩治各种经济犯罪，有力维护公平竞争、健康有序的市场秩序，提高非公有制企业投资信心，激发资本参与热情。

5.依法打击侵犯非公有制企业合法权益的职务犯罪，推动构建新型政商关系。依法惩治国家工作人员利用市场准入、市场监管、招商引资、证照颁发审验、项目审批、土地征用、工商管理、税收征管、金融贷款以及国家财政补贴等职务之便，向非公有制企业通过明示、暗示等方式索贿、受贿的犯罪。依法惩治电力、电信、交通、石油、天然气、市政公用等领域非公有制企业资本参股、参与经营活动等公私合营过程中发生的贪污受贿、失职渎职等犯罪。

6.强化对涉及非公有制企业和非公有制经济人士诉讼活动的法律监督，维护非公有制企业合法权益和司法公正。重点监督纠正涉及非公有制企业的案件该立不立、不该立乱立、违法使用刑事手段插手经济纠纷，以及适用强制措施、查封扣押冻结财物不当等问题。着力加强对涉及非公有制企业债务纠纷、股权分配、知识产权、职工工资、劳动争议、工伤赔偿等案件审判、执行活动的法律监督。切实加强对涉及市场准入、不正当竞争等问题的法律监督。坚持把加强对诉讼活动的法律监督与查处司法腐败结合起来，注重查办执法不严、司法不公背后的虚假诉讼、贪赃枉法等司法人员违法犯罪案件，加大对虚假诉讼、恶意诉讼的打击惩治力度，促进和优化非公有制经济发展环境，努力适应经济发展新常态。

三、准确把握法律政策界限，努力营造法治化营商环境

7.准确把握法律政策界限，严格执行宽严相济刑事政策。坚持法治思维，充分考虑非公有制经济的特点，优先考虑企业生存发展，防止不讲罪与非罪界限、不讲法律政策界限、不讲方式方法，防止选择

性司法，防止任意侵犯非公有制企业合法权益问题的发生。注意严格区分经济纠纷与经济犯罪的界限，个人犯罪与企业违规的界限，企业正当融资与非法集资的界限，经济活动中的不正之风与违法犯罪的界限，执行和利用国家政策谋发展中的偏差与钻改革空子实施犯罪的界限，合法的经营收入与违法犯罪所得的界限，非公有制企业参与国企兼并重组中涉及的经济纠纷与恶意侵占国有资产的界限。对于法律政策界限不明，罪与非罪、罪与错不清的，要慎重妥善处理，加强研究分析，注意听取行业主管、监管部门意见，坚决防止把一般违法违纪、工作失误甚至改革创新视为犯罪，做到依法惩治犯罪者、支持创业者、挽救失足者、教育失误者，确保办案的质量和效果。

8.注意研究新情况新问题，鼓励和支持非公有制经济主体投入到创新发展中去。注重研究创新发展中出现的新兴产业、新兴业态、新型商业模式、新型投资模式和新型经营管理模式等新变化，慎重对待创新融资、成果资本化、转化收益等不断出现的新问题，坚持"法无明文规定不为罪"。对法律规定不明确、法律政策界限不清晰的，要及时向上级人民检察院请示报告。

四、改进办案方式和规范司法行为，确保办案"三个效果"有机统一

9.更加注重改进办案方式方法。坚持既充分履行职能、严格依法办案，又注意改进办案方式方法，防止办案对非公有制企业正常生产经营活动造成负面影响。坚持深入查办案件与规范自身司法行为并重，采取强制措施、侦查措施与维护非公有制企业正常经营秩序、合法权益并重，打击经济犯罪、查办职务犯罪与依法帮助非公有制企业挽回和减少经济损失并重，严格公正廉洁司法与理性平和文明规范司法并重。慎重选择办案时机和方式，慎重使用搜查、扣押、冻结、拘

留、逮捕等措施；不轻易查封企业账册，不轻易扣押企业财物。对于有自首、立功表现，认罪态度较好，社会危险性不高、积极配合的非公有制企业涉案人员，一般不采取拘留、逮捕措施。对于查办非公有制企业经营管理者和关键岗位工作人员的犯罪案件，主动加强与涉案企业或者当地政府有关部门、行业管理部门的沟通协调，合理掌控办案进度，严格慎用拘留、逮捕措施，帮助涉案非公有制企业做好生产经营衔接工作；确需查封扣押冻结的，预留必要的流动资金和往来账户，减少对正常生产经营活动的影响；对于涉案非公有制企业正在投入生产运营或者正在用于科技创新、产品研发的设备、资金和技术资料等，原则上不予查封、扣押、冻结，确需提取犯罪证据的，可以采取拍照、复制等方式提取。慎重发布涉及非公有制企业案件的新闻信息，对涉及知名的非公有制企业或者上市公司的案件一般不对外报道，在法律允许的范围内合理顾及非公有制企业关切，最大限度维护非公有制企业声誉、促进长远发展。对于涉及非公有制企业和企业经营人员的举报，经查证失实的，应当按照检察机关举报工作规定，及时采取适当方式澄清事实，最大限度维护非公有制企业和企业经营人员的声誉，最大限度减少对非公有制企业正常生产经营活动的影响。

10. 严格规范司法行为。强化规范司法意识，明确司法行为不规范必然损害非公有制企业的合法权益。严禁越权办案、插手经济纠纷，严禁以服务为名到发案单位吃拿卡要报，严禁使用涉案单位的交通通讯工具和办公设备，严禁乱拉赞助和乱摊派，严禁干预发案单位的正常生产经营活动，严禁干预非公有制企业合法自主经济行为。对于知法犯法、违法办案的，发现一起、处理一起、通报一起，让司法不规范行为见人、见事、见案件，依法保护非公有制企业合法权益。

五、结合办案加强法制教育和犯罪预防，延伸职能为非公有制经济发展提供法律服务

11. 认真落实"谁执法谁普法"的普法责任制，积极开展法律普及教育。结合司法办案，加强法制宣传，采取普法讲座、以案释法等方式，帮助和促进非公有制企业、非公有制经济人士强化依法经营意识，明确法律红线和法律风险，促进非公有制企业及从业人员做到既依法办事、守法经营，又提高自我保护意识，有效防控重大法律风险，提高经营管理的法治化水平。

12. 积极拓展法律服务渠道，加强对非公有制企业合法权益的司法救济。及时办理非公有制企业的控告、申诉和举报，加强检察监督。充分发挥检察机关视频接访系统、12309举报网络平台等诉求表达渠道的作用，为非公有制企业、非公有制经济人士寻求法律咨询、司法救济等提供更加便捷高效的服务。对涉及非公有制企业、非公有制经济人士维护自身合法权益的控告、申诉和举报，依法及时审查，严格按照法律的管辖规定、诉求性质和相应的法律程序办理。对于检察机关和检察人员提出的不合理、不合法要求，非公有制企业有权拒绝并及时向本级检察机关或上级检察机关反映。更加注重从非公有制经济界人士、工商联及商会工作人员中选聘特约检察员、人民监督员，认真听取非公有制企业的意见和建议，深入倾听非公有制经济界的声音，努力为非公有制经济健康发展服务。

13. 加强典型案例剖析和警示教育，紧紧围绕非公有制企业生产经营活动开展预防。结合查办侵害非公有制企业合法权益的犯罪案件以及非公有制企业在生产经营活动中发生的犯罪案件，深入剖析典型案件和发案规律，及时提出检察建议，帮助非公有制企业建章立制，堵塞漏洞，完善内部监督制约和管理机制，提高依法经营管理水平，增强非公有制企业在经济发展新常态下的竞争力和发展后劲。通过开

展预防咨询、预防宣传等工作，及时告知非公有制企业享有的合法权益，帮助非公有制企业依法维护自身合法权益。加大对促进经济增长、发展方式转变、科技创新、吸纳就业、居民增收等贡献大的非公有制企业的预防服务力度，增强预防工作的整体效果。

14.创新预防方式和工作机制，增强预防实效。坚持从适应经济发展新常态的实际出发，立足办案积极创新预防工作的方式和机制，及时收集分析非公有制经济运行中的各种有效信息，对可能影响非公有制经济健康发展、存在犯罪风险隐患的苗头性、倾向性问题及时开展预防调查和预警预测，提出对策建议，不断增强预防工作的预见性和针对性。结合办案，对非公有制企业生产经营活动中存在的普遍性问题，探索组织区域性、系统性、规模性的专题预防活动，促进有效解决，最大限度地保障非公有制企业生产经营和资本运作的正常活动，以及生产要素和资本要素的有效配置、流动，努力服务、保障和促进非公有制经济健康发展。

六、加强组织领导和协作配合，确保对非公有制经济发展各项保障和促进措施落到实处

15.加强对保障和促进非公有制经济发展的组织领导。坚持把充分发挥职能作用、积极服务非公有制经济发展作为当前检察机关的一项重要工作任务，切实加强领导，强化措施，狠抓落实，增强保障和促进非公有制经济发展的主动性、针对性和实效性。加强与行政执法机关的协作配合，进一步完善行政执法与刑事司法衔接机制，整合执法司法资源，充分发挥保护和促进非公有制经济发展的作用。上级人民检察院特别是省级人民检察院要深入研究分析保障和促进非公有制经济发展中遇到的新情况新问题，加强对下业务指导和宏观指导，及时出台指导性意见，总结推广下级人民检察院的典型经验。下级人民

检察院对于在办理非公有制企业或非公有制经济人士涉嫌犯罪案件过程中遇到的困难和问题，应当及时向上级人民检察院请示报告，必要时层报最高人民检察院。

16. 加强重大情况报告、通报和建议。结合司法办案，深入分析和把握影响非公有制经济发展的深层次问题，对于办案工作中发现的体制性、政策性、策略性、方向性等重大问题，要及时向党委报告，提出解决的建议。对于机制性、管理性以及政策执行中的问题，要及时向政府通报，积极协助政府完善制度、强化管理。对于影响非公有制经济运行、妨碍非公有制经济发展的立法不完善问题，要及时提出修改完善法律法规的建议，推动完善有利于非公有制经济发展的法律体系。

17. 加强工作宣传和舆情引导。增强主动宣传的意识、知识和能力，进一步加强与主流媒体和新媒体的联系沟通，充分利用报刊、广播电视和门户网站、微信、微博等新闻宣传平台，加强宣传检察机关保障和促进非公有制经济发展的新思路、新举措和新成效，传播检察机关保障和促进非公有制经济发展的"好声音"和法治"正能量"，增强司法办案工作保障和促进非公有制经济发展的主动权、话语权。发布涉及非公有制企业和非公有制经济人士涉嫌违法犯罪的有关新闻，应严肃纪律，统一口径，把握好尺度，必要时请示汇报，避免影响非公有制企业的正常经营和发展。对于查办非公有制企业及从业人员案件引发的舆情，要树立积极回应理念，加强舆情收集、分析、研判，善于把握时、度、效，及时快速应对，正面引导疏解。

18. 加强与工商联的沟通协调，形成保障和促进非公有制经济发展的合力。主动加强与各级工商联的密切联系，建立健全联席会议、定期通报情况、共同开展调研等常态化机制，及时了解非公有制经济最新政策和发展情况，全面把握非公有制企业的司法需求，不断增强服务的针对性和有效性。对于工商联反映的突出问题，要高度关注、认真督办，建立处理结果反馈机制。对于办案中发现的非公有制企业经营管理存在的典型性、普遍性的问题，要及时向工商联通报。支持工商联依法开展法律维权工作，充分发挥工商联联系面广、信息来源多、整合各方面资源能力强的优势，共同研究解决经济发展新常态下非公有制经济转型升级和"走出去"遇到的法律风险及法律问题，积极采取保障和促进非公有制经济发展的有效措施，形成工作合力，增强整体效果。